國家社科基金重大項目《荆楚全書》編纂成果

荊楚文庫

周弘祖集

〔明〕周弘祖 著 屈萃濱 整理

周弘𥳽集

〔明〕周弘𥳽 著 屈萃濱 整理

荊楚文庫編纂出版委員會
華中師範大學出版社

荊楚文庫

周弘祖集　周弘禴集

ZHOUHONGZU JI　ZHOUHONGYUE JI

圖書在版編目 (CIP) 數據

周弘祖集　周弘禴集 /（明）周弘祖，（明）周弘禴著；屈葦濱整理.
—武漢 : 華中師範大學出版社 , 2022.12
（荊楚文庫）
ISBN 978-7-5622-9903-5
Ⅰ.①周…
Ⅱ.①周…　②周…　③屈…
Ⅲ.①周弘祖—文集　②周弘禴—文集
Ⅳ.① C52
中國版本圖書館 CIP 數據核字（2022）第 184839 號

責任編輯：魏耀武
整體設計：范漢成　曾顯惠　思　蒙
責任校對：張建英
責任印製：劉　敏
出版發行：華中師範大學出版社（湖北・武漢）
地址：湖北省武漢市洪山區珞喻路 152 號
電話：027-67863426（發行部）　郵政編碼：430079
録排：桂子工藝
印刷：湖北新華印務有限公司
開本：720mm × 1000mm　1/16
印張：20.75
字數：300 千字
版次：2022 年 12 月第 1 版　2022 年 12 月第 1 次印刷
定價：89.00 圓

ISBN 978-7-5622-9903-5
9 787562 299035 >

出版説明

湖北乃九省通衢，北學南學交會融通之地，文明昌盛，歷代文獻豐厚。守望傳統，編纂荆楚文獻，湖北淵源有自。清同治年間設立官書局，以整理鄉邦文獻爲旨趣。光緒年間張之洞督鄂後，以崇文書局推進典籍集成，湖北鄉賢身體力行之，編纂《湖北文徵》，集元明清三代湖北先哲遺作，收兩千七百餘作者文八千餘篇，洋洋六百萬言。盧氏兄弟輯録湖北先賢之作而成《湖北先正遺書》。至當代，武漢多所大學、圖書館在鄉邦典籍整理方面亦多所用力。爲傳承和弘揚優秀傳統文化，湖北省委、省政府决定編纂大型歷史文獻叢書《荆楚文庫》。

《荆楚文庫》以“搶救、保護、整理、出版”湖北文獻爲宗旨，分三編集藏。

甲、文獻編。收録歷代鄂籍人士著述，長期寓居湖北人士著述，省外人士探究湖北著述。包括傳世文獻、出土文獻和民間文獻。

乙、方志編。收録歷代省志、府縣志等。

丙、研究編。收録今人研究評述荆楚人物、史地、風物的學術著作和工具書及圖册。

文獻編、方志編録籍以 1949 年爲下限。

研究編簡體横排，文獻編繁體横排，方志編影印或點校出版。

《荆楚文庫》編纂出版委員會

2015 年 11 月

前　　言

明末曾任甘肅巡撫的麻城人梅之煥，在爲馮夢龍《麟經指月》一書所作的序言中說："敝邑麻，萬山中手掌地耳，而明興獨爲麟經藪。未暇遐溯，即數十年内，如周，如劉，如耿，如田，如李，如吾宗，科第相望，途皆由此。"① 事實確乎如此。《麻城縣志》亦言："獨至有明一代，人物傑出埒於文獻大邦，蓋數千年鍾毓之奇，於兹始一洩也。"② 有明一代，載於《麻城縣志》"文科表"中的舉人達四百五十人，其中進士及第一百零一人③。而周弘祖、周弘禴"弘"或作"宏"，乃清乾隆後避"弘曆"之諱。昆仲無疑是這個群體中的佼佼者。

一

周氏兄弟出生於一個官宦世家。其高祖鑑爲明正統十年進士，官至山東按察使；曾祖洙爲景泰元年舉人，官知縣；其祖父廷徵爲弘治二年舉人，官至九江兵備副使；其父鈇爲國子監生，官縣丞。周家至弘祖、弘禴這一輩纔八世，科舉登鄉榜以上者便已達十九人，是真正的簪笏之家。大約正因爲此，梅之煥將周家列爲麻城明朝"科第相望"的第一家。

周弘祖，字元孝，號少魯，生於嘉靖八年（1529）。嘉靖三十八年進士。始任吉安府推官；行徵授御史，出督屯田、馬政。隆慶時改任福建提學副使，不久貶安順判官，又量移廣平推官。萬曆中，歷任光禄寺少

① 馮夢龍：《〈麟經指月〉序》，《荆楚文庫·梅中丞遺稿》，凌禮潮整理，華中師範大學出版社 2019 年版，第 112 頁。

② 清光緒八年刻本《麻城縣志》卷七"耆舊志"。

③ 清光緒八年刻本《麻城縣志》卷六"選舉志"第一之"文科表"。

卿、南京尚寶卿、鴻臚寺卿、太常寺少卿、南京光禄寺卿。萬曆十三年八月，因“朱衣謁陵”被免職。次年卒於家，享年五十八。

周弘綸，字元孚，號二魯，生於嘉靖二十四年（1545）。萬曆二年進士。初授户部主事，降無爲州同知，漸陞順天通判。萬曆十三年再謫代州判官，一年後量移處州推官，漸遷南京兵部主事。萬曆十七年召爲尚寶丞。萬曆十八年冬以京卿兼陝西道監察御史，閱視寧夏邊務。萬曆二十年謫爲澄海典史，隨即辭官歸里。萬曆三十八年七月卒於武昌洪山寺，享年六十六。天啓初，贈太僕少卿。

從上面這兩份簡歷不難看出，周氏兄弟的宦途都極其坎坷跌宕。究其原因，蓋在於二人皆尊崇正統的儒家思想，以修齊治平爲職志，以“文死諫”爲本分，加以生性耿介，不肯稍屈己志，所以不免招權臣忌恨，惹皇帝不快。更何況嘉靖、隆慶、萬曆也絶非明主。嘉靖、萬曆是明朝在位時間超過四十五年的兩位皇帝，且性格怪異。在他們當政的時期，屢興大獄，侮辱甚至濫殺大臣；宦官、權臣相互勾結，竊柄弄權，朝臣内鬥，黨争不斷；邊患孔棘，海寇日熾。這樣的内外環境，對於周氏兄弟這種立志做直臣、諍臣的人來説，顯然是不利的。

據《明通鑑》隆慶二年記載：

> 夏，四月，癸未，河南懷慶、南陽、汝寧及陝西、寧夏同日地震。乙酉，陝西鳳翔、平涼、西安、慶陽地震，壞城傷人。
>
> 時屯田御史周弘祖言：“近四方地震，土裂成渠，旂杆數火，天鼓再鳴，隕星旋風，天雨黑豆，此皆陰盛之徵也。陛下嗣位二年，未嘗接見大臣，咨訪治道。邊患孔棘，備禦無方，事涉内廷，輒見撓阻。皇莊則親取子粒，太和則榷取香錢，織造之使累遣，糾劾之疏留中；内臣爵賞，謝詞温旨，遠出六卿之上，尤祖宗朝所絶無者。”疏入，不報。①

① 夏燮：《明通鑑》第六册卷六十四，中華書局1959年版，第2563頁。

周弘祖借天變言事，對皇帝疏遠大臣、親近宦官、巧取豪奪、與民争利、邊備廢弛、内憂外患等等弊政提出了尖鋭的批評，其鋒芒直指宦官。據周弘祖曾孫周維蹇後來所寫的傳記追述："司禮監尚文持其疏，至目瞬而舌摇焉，遂中寢不報。"① 不久，徐階致仕，高拱掌吏部，考察言官，忌恨弘祖，致謫弘祖爲安順判官。

周弘褕萬曆二年進士及第即授户部主事，起點可謂不低，但不久就降爲無爲州同知，個中原因正史無載。《周氏宗譜》中由周弘祖曾孫周維蹇執筆撰寫的《二魯公科貢蟬聯傳》篇寫道："時江陵子溷登鼎甲，公欲上疏，而其謀先泄，遂謫無爲州。"② 這應該是指萬曆五年，張居正的次子張嗣修被欽定爲一甲第二名進士及第的事。這個説法應該是可信的。

萬曆十三年，時任順天通判的周弘褕上疏指斥朝貴，矛頭直指兵部尚書張學顔、權勢熏天的司禮太監張鯨、萬曆寵臣太僕少卿李植等人，甚至將矛頭指向萬曆皇帝本人。他説："陛下以學颜故，逐一給事中、三御史，此人心所共憤也。"又説："夫逐一人之言者，其罪小；禁諸臣之言者，其罪大。"③ 這樣的披鱗之舉，必然惹得皇帝動怒。疏上，弘褕即被謫代州判官。代州判官這個職務只是一個名分，周弘褕在其《代州志序》中説："然褕註銜於代，非代之額官，故官無事，亦無舍，僦居於民，旦夕閉户。"如此待遇可比之於北宋時蘇軾之謫黄州團練副使。

萬曆十三年秋八月，周弘祖因"朱衣謁陵"而被免職。這件事頗有點蹊蹺。《明史・禮志》關於謁陵之禮詳有記載，如：正統"十年謁三陵，諭百官具淺色衣服，如洪武、永樂例"；隆慶二年，皇帝詣天壽山春祭，隨詣永陵行禮，"是日遣官六員，俱青服，分祭六陵"④。可見，官員謁陵应着淺色衣服。周弘祖其時已官至光禄寺卿，作爲一個有二十多

---

① 《亞中大夫三代進士傳》，民國癸丑年五續《周氏宗譜》卷之五。

② 《二魯公科貢蟬聯傳》，民國癸丑年五續《周氏宗譜》卷之五。

③ 俱見《明史・列傳第一百二十二》。

④ 俱見《明史・志第三十六》"禮十四"。

年仕宦經歷的從三品高官，不應該不知道這個起碼的規矩，惟一合理的解釋是有意爲之。在周維蹇所撰的傳中是這樣寫的："時糾儀御史，公門生也，私啓公曰：'謁陵失儀，例應罰俸三月。'公曰：'吾蓋心病也。'即於軒輿上市，蔗食之，旋告病歸。"① 看來他對當時的朝政已經完全失望，決意求退了。

時隔未七年，周弘禴亦因"寧夏哱拜反"，再謫澄海典史，遂辭職歸家。關於哱拜造反這件事，弘禴確有薦舉失察之過，但時任寧夏巡撫黨馨更有激變之嫌。《明通鑑》載："十九年，洮、河告警，上遣科臣巡九邊。尚寶丞周弘禴，以御史往寧夏，舉承恩及指揮土文秀並博拜義子布延等。"博拜即哱拜，本西部人，嘉靖中來降，屢立戰功，歷陞都指揮，萬曆十七年加副總兵致仕。其子承恩襲職。"博拜雖告老，居恒多蓄倉頭軍，聲稱報國。會經略鄭洛檄夏鎮調發，巡撫黨馨奉檄遣文秀率千騎西援。博拜驚曰：'文秀雖經戰陣，恐不能獨將。'乃詣洛轅門，願以所部三千人與子承恩從征，洛壯而許之。馨惡其自薦，馬羸老不與易，有餘馬亦不給，博拜怏怏去。""黨馨每裁抑之，且欲覈博拜冒糧罪，而以承恩强娶民女爲妾，箠之二十。布延、文秀又以陞授事怨馨。"② 就是在黨馨這種不識大體的步步刺激下，直接引發寧夏兵變。兵變發生在萬曆二十年二月，萬曆遷罪於周弘禴，立即將他貶謫到邊遠蠻荒的澄海縣，做一個没有品級的典史。

縱觀周弘禴的一生，比乃兄弘祖更其不順，起於户部主事，官階六品，而終其一生，未有陞遷。且三度貶謫，其代州、澄海，一北一南，遠處邊徼，間關萬里，歷盡艱難。

二

周弘祖的著作，據光緒八年《麻城縣志·藝文志》，"子目"類有

---

① 《亞中大夫三代進士傳》，民國癸丑年五續《周氏宗譜》卷之五。

② 夏燮：《明通鑑》第六册卷六十九，中華書局 1959 年版，第 278 頁，281 頁。

《内外篇》，“集目”類有《水竹居詩集》，宣統《湖北藝文志》所載相同，只是將“水竹居”誤作“水足居”。但這兩部著作已然遺失。本書收集到的著作包括：

甲、《古今書刻》；二卷，長沙葉德輝影寫明刻本。

乙、《皇明將略》；五卷，北京圖書館藏明刻套印本。

丙、明張文炎輯《國朝名公經濟文鈔》所録之文稿三十五篇；

丁、《湖北文徵》所録之文稿三篇。

周宏綸的著作，宣統《湖北藝文志》載有《詩經解》《代州志》《何之子》《澄海集》四種。光緒八年《麻城縣志·藝文志》則僅録《何之子》一卷屬“子目”。《澄海集》屬“集目”。二部。另縣志之《耆舊志》“名賢”下，谓“有《周冏卿詩集》刊行”云。由於戰亂兵燹，其著作多有遺失。據《周氏宗譜》中《洙分少魯公三代進士傳》言：“至其奏議剴切，史稱爲一代之儁。並生平文集，每爲湯若士先生諱顯祖。所極稱。惜至觀政公時，以崇禎乙亥秋暮，遇賊火其居，並二魯公合刻集稿板，同歸一燼耳，所幸存者惟《孤山阻雨》一詩。”所謂“崇禎乙亥”，就是崇禎八年，公元一六三五年；所謂“賊”，就是張獻忠等人領導的造反的陝西民軍。乾隆六十年《麻城縣志》卷之二“古大事記”：“（崇禎）八年乙亥春二月，流賊始寇麻城……掠傷甚慘。”就是説，周弘祖收集在家裏的著作，包括他與周弘綸合刻的詩文集，連同刻板一起，都被焚毁於張獻忠民軍的戰火中了。我想這些被毁的著作，至少應該包括周弘祖的《水竹居詩集》、周弘綸的《澄海集》和《周冏卿詩集》；這應該是我們目前完全没有看到周宏祖有詩流傳，同時也較少看到周宏綸詩流傳的主要原因。本書將所能收集者並爲一集，包括《何之子》一卷中國社科院圖書館藏明崇禎刻《廣快書》本。以及從各處收集到的零散詩文若干篇。

三

本書乃《周弘祖集》與《周弘綸集》之合輯。

《周弘祖集》收入《古今書刻》上下編、《皇明將略》五卷及零章若干。《古今書刻》爲清葉德輝影寫明刻本，前附葉氏序言。古典文學出版社曾於1957年6月影印出版，上海古籍出版社又於2005年11月影印出版；兩個版本皆一本原貌，不加點校。本書以古典文學出版社版本爲底本，加以標點及必要校注。《皇明將略》五卷爲北京圖書館藏的明刻套印本，收在《四庫禁燬書叢刊補編》第25册内。全書五卷四十二篇，分述明朝四十二名軍事人才的主要事跡。每篇末加有按語，以寥寥數語對傳主生平予以點評，實爲點睛之筆。周弘祖之《皇明將略》向不爲人所知，此次點校出版，當屬首次。《周弘祖集》零章三十八篇，有三十五篇出自《國朝名公經濟文鈔》。該書由明張文炎纂輯，收在《北京圖書館古籍珍本叢刊》第120册内。這些文章都是針對當時朝政的策論，涉及宗藩、塞防、海防、天文、地理、禮制、財計、兵馬等方面，從中不難看出作者的政治見解和憂國之思。

《周弘禴集》含《何之子》一卷及詩文零章若干。《何之子》一卷，收入明崇禎年间所刻《廣快書》，现藏中國科學院圖書館，该藏本曾于1995年纳入《四庫全書存目丛書》子部第88册，由齊魯書社影印出版。该本爲删節本，卷前署“西湖何偉然仙臞纂、延陵吴從先寧野定”，卷後附四庫之《何之子》提要。周弘禴主編的《代州志》是迄今能看到的最早的代州志書；其實，在周氏纂修此志時，舊志已蕩然無存，完全是從頭開始。所以代人對此志評價極高。此志有刻本和鈔本兩種，刻本文字多有磨滅，且多處次序顛倒；鈔本本刻本而來，凡刻本模糊不辨處，鈔本均付闕如，且多鈔寫錯誤之處。2004年，代縣史志辦公室與遠方出版社聯合出版了點校本。由於《代州志》是周弘禴的編修之作，又係湖北之外的地方志，不合“荆楚文庫”的入選要求，故本集未予收録。

兩集皆有附録，除作者的傳記外，主要是當時人與作者往來之函札、詩詞及相關文字。這裏要説明的是，《周弘禴集》中附録了其夫人董少玉所作的三十六首詩。董少玉出生於麻城的一個官宦家庭，其生平見馮夢禎《董夫人傳》。董少玉是周弘禴的續弦夫人，本不習文，在嫁給周弘禴以後，受丈夫的影響開始習詩而終有所成。據載，時人對少玉之詩多有贊譽，認爲其詩不在弘緰之下。周弘緰任處州推官一年後，少玉病逝，年僅二十九歲。少玉死後，周弘緰集其詩刻印成帙，請王世貞作序。世事沧桑，其集已惜乎不存，其詩目前僅散見於幾部總集、選集之中，如錢謙益編訂的《列朝詩集》，收少玉詩十七首，《明詩正聲》《明詩妙絶》等亦有少量收録。因其詩與周弘緰關係至密，亦因其詩流傳之不易，故本書將所能搜集到的少玉之詩悉數録入。

四

本書的編纂，實有賴於淩禮潮先生的規劃和指導。去年八月初，淩先生自武漢歸麻城，説已與華中師範大學周國林教授商議，争取將“荆楚文庫”目録中所收入的麻城人著作讓麻城人做，並要求我首先做周弘祖、周弘緰的合集。我對自己能不能做好不夠自信，且於資料搜集頗有擔心，他説給我提供參考文本，並幫我搜集資料，鼓勵我大膽做去。十月底，他又再次回麻城，督促我加快進度，並談了未來的構想，我們相談甚歡。不料十一月六日，從武漢傳來噩耗，淩先生竟於當日猝然離世。值此書編訖之際，回想當時情景，不禁泛起對淩先生深深的感激與悲悼之情。願此書之成，能稍慰淩先生於九原之下。

本書在資料搜集方面，得到金培植、羅衛華二君協力幫助，在此並致謝忱！

麻城屈葦濱
壬寅年春杪

總　目　録

荆楚文库

周弘祖集

目　録

古今書刻

重刊古今書刻序

《古今書刻》上下編二卷，明周弘祖撰。弘祖，湖廣麻城人。嘉靖三十八年進士，除吉安推官，徵授御史，出督屯田、馬政。隆慶改元，司禮、中貴及藩邸近侍廕錦衣指揮以下至二十餘人，弘祖馳疏請止賞金帛，停世襲。後屢言事，遷福建提學副使。大學士高拱惡之，謫安順判官。事蹟具《明史》本傳。

此書上編載各直省所刊書籍，下編録各直省所存石刻。其書《明史・藝文志》及各家藏書目均不著録，葉氏此言有誤，《國史經籍志》曾著録，私家藏書則黄虞稷、錢謙益並有其書。四庫未經采入，亦未存目，殆由傳本甚少耳。日本駐湘領事井原真澄君曾以島田翰君所著《古文舊書考》贈余，後附刻此書上編，而下編未刻。適白岩龍平君來湘，又贈余以島田君所刻宋本《寒山拾得詩》《薩天錫詩集補遺》，因爲余言君板刻之學之精，家中藏書之富。遂托其介紹，相假重刊。去未一月，而郵書來。古色斑爛，如覩琅嬛秘笈。

書中偶有誤字，如上編内府下《步天歌》，“歌”誤作“高”；都察院下《五音海篇》，“五”誤作“玉”；大名府下《王太傅詩選》，“傅”誤作“傳”；淮安府下《世説新語》，“語”誤作“話”；弋陽王府下《文章歐冶》，“冶”誤作“治”；下編蘇州府下“米友仁書”，“米”誤作“宋”；西安府下“朝邑縣北”，“北”誤作“此”。皆顯然訛誤。今一仍其舊，以明無所擅改。至常州府下《錢氏三華集》，“華”書作苹，池州下《九華山志》，“華”亦作苹，或疑刻時筆誤，然以余所見宋本書，“華”字多如此書，乃知非手民之訛，蓋宋時别體有此書法也。

總之，書式行格一無所迻，則此等處當並存其真，俾讀者如見四百年前古物。抒懷舊之蓄念，發思古之幽情，井原、白岩、島田三君當引余爲同志也。光緒三十有二年丙午閏四月長沙葉德輝序並書。

古今書刻上編　古黄周弘祖集

内府

皇明祖訓	孝慈録	稽古定制	御製文集
爲善陰騭	寶訓	孝順事實	禮儀定式
大誥三篇	洪武禮制	大誥武臣	大明一統志
洪武正韻	諸司職掌	歷代臣鑒	洪武聖政記
洪武儀式	大明律	大明令	官制
軍政條例	大明日曆	永樂大典	憲綱
教民文榜	資世通典	勸善書	女訓
内訓	明倫大典	大明會典	五倫書
恩記含春堂詩	聖學心法	敬一箴	五箴注
欽明大獄録	大明集禮	興都大志	五經大全
四書大全	朱子綱目	宋元綱目	昭鑒
海篇直音	續資治通鑒	養生類纂	詩韻釋義
君鑒	神課金口訣	名臣奏議	文獻通考
歐蘇文集	五經集註	四書集註	大學衍義
歷代通鑒纂要	步天高[1]	天文祥異賦	道藏經
佛藏經	貞觀政要	廣韻	玉篇
李詩	杜詩	直説通略	爾雅
埤雅	釋文三註	五經白文	素問
事文類聚	經史海篇	通書	難經
居家必用	周易占法	許氏説文	唐詩鼓吹
唐詩三體	飲膳正要	對類	

禮部

大狩龍飛集	大禮集義	歷科會試録	歷朝登科録

素問鈔

兵部

大閲録隆慶二年刊。 九邊圖説隆慶三年刊。

九邊圖 歷科武舉録

工部

御製詩

都察院

史記	文選	潛夫論	杜詩集註
詩林廣記	千家註蘇詩	盛世新聲	太古遺音
唐音	臞仙神奇秘譜	玉[2]機微義	詩對押韻
武經直解	孝經註疏	適情録	算法大全
琴韻啓蒙	三國志演義	水滸傳	千金寶要
太平樂府	悟真篇	玉音海篇	七政曆
毓慶勳懿集	雍熙樂府	爛柯經	萬化玄機
披圖測海	中原音韻	參同契	王氏藏集
杜研岡集			

國子監

臨川文集	淮海集	東萊集	樊川集
四書	書傳	周易	四書集義
論語白文	孟子節文	周易音訓	通鑒正誤
喪禮	古史	西林詩集	韻略
青雲賦	務本書	楚詞	外篇衍義
忠經	幼小方	珍珠囊	唐詩
詩對押韻	玉浮圖	字苑撮要	本草方
朱子語略	孟四元賦	小學	脚氣治方
國子監志	山海經	官箴	四書抄釋
儀禮圖解	詩韻圖譜	四時候氣圖	大都志
世史正綱			

欽天監

天文刻

太醫院

銅人針灸圖　大明律直引　醫林集要

隆福寺

詞林摘艷　五音海篇集韻

南京國子監

孝經集解	孝經明解	孝經註疏	玄宗孝經
魯齋孝經	范氏孝經	大學疏義	大學明解
大學叢説	大學白文	魯齋大學	中庸白文
中庸叢説	論語白文	論語註疏	論語旁通
論語考證	孟子白文	孟子節文	文公四書
小學註疏	小學訓疏	周易註疏	周易本説
周易本義	周易音訓	復齋易説	尚書釋文
尚書註疏	尚書表註	尚書會選	周易程傳
周易啓蒙	詩傳註疏	詩經集傳	春秋辨疑
春秋綱領	春秋公羊傳	穀梁傳	春秋諸國統紀
春秋本義	春秋正文	左氏註疏	春秋或問
左氏集解	息齋春秋	儀禮經傳	儀禮註疏
儀禮	禮書	樂書	周禮句解
周禮集説	書經補遺	小學白文	

以上書經

顔子	曾子	列子	老子
孫子	武經七書	太玄經	温公太玄註
太玄索隱	揚子法言	文中子註	説苑
太極圖説	周子書	朱子三書	諸儒鳴道
朱子大全	程氏遺書	朱子語略	近思録

以上子書

史記	前漢書	後漢書	兩漢會要
兩漢詔令	蜀本末	諸葛武侯傳	三國志
晋書	南史	宋書	南齊書
梁書	陳書	北史	魏書
北齊書	周書	隋書	唐書
貞觀政要	五代史	南唐書	吴越春秋
子由古史	吕氏春秋	資治通鑒	通鑒綱目
通鑒音釋	通鑒問疑	通鑒紀事本末	通鑒外紀
通鑒釋文	宋史	通鑒前編	元史
遼史	金史	宋遼金統論	通鑒考異
史略	讀史管見	歷代帝王統論	
百將傳	將鑒論斷	諸史會編	宋名臣奏議
通志略			

以上史書

雅頌正書	詩譜	詩序註	陳先生詩集
檜庭詩稿天台丁復撰		選詩演義	樂府詩集
六朝樂府	文則	文法	文選
歐文	晦菴文集	文章正宗	續文章正宗
宋文鑒	國朝文類	朱子行狀	淮陽獻武王詩
會稽三賦	逃虚子集	南唐蒲先生叢稿	
鳴秋後集	文章辯體	皇明文衡	曾文質公集
白沙詩教	唐音	古今會編	羅圭峯文集
甘泉文集	元文類	懷麓堂稿	戴石屏詩集

以上詩文集

玉海	文獻通考	天文志	大事記通釋
博古圖	爾雅	爾雅註疏	五禮新儀
禮編	文公家禮	家禮儀節	鄉飲酒禮圖
祭禮從宜	了齋年譜	河防通議	金陀粹編

釋文三註	新序	玄教	壽親養老書
金陀續編	困學記聞	讀書叢説	東萊讀書記
讀書法言	讀書工程	禮部韻	玉篇
廣韻	韻府羣玉	書學正韻	真西山讀書記
毛晃韻	存古正學	廟堂忠告	牧民忠告
風憲忠告	憲臺記	南臺備記	國語
諭俗編	斷獄律文	唐刑統	刑統賦
夢莱録	洗冤録	厚德志	許氏説文
白虎通	論衡	營造法式	算法
農桑衣食	農桑撮要	栽桑圖	篆書體
六書統	洪武正韻	六書正訛	百忍箴
東萊法源	黄氏日抄	草木子	杜氏通典
西漢詔令	皇明政要	脉訣刊誤	草韻
平宋志	昭潭志	金陵舊志	金陵新志圖
集慶志	象臺志	容州志	龍川鄉飲志
柳州志	賓陽志	蒼梧志	景定建康志
建武志	長安志	斟鄩志	瑞陽志
桂林志	臨川志	玉融志	救荒活民書
風俗通	古文苑	大觀本草	

以上雜書

大明令	大明律	大誥三篇	存心録
永鑒録	孝慈録	勸善書	洪武禮制
大明官制	五倫書	資世通訓	古今列女傳
水馬驛程			

以上本朝書

四箴字體	千文	虞世南百家姓	鮮于真草千文
趙孟頫千文	九成宫帖	率更千文	小字帖
草韻			

以上法帖

南京提學察院

通鑒纂要

北直隸

順天府

史鉞	東草亭詩	寰宇通志	金臺八景詩
大寶箴帖	稽古定制	觀梅數	南園燕集詩

保定府

府志	祁州志	安州志	杜律五言白文
困學記聞	師律提綱	金匱鈎玄	劉静修文集
武經註解	雄地乘	家塾事親	十三家兵法
丹溪鈎玄			

真定府

九邊圖	痘疹方	埤雅	雅音會編
譚子化書	直古文集	風紀集覽	劉静修文集
漢紀	性理三解	陽王大傳記	

永平府

府志	古文精選	啓蒙對偶	

河間府

河間志	任丘志	飲膳正要	宋潛溪文集
通鑒分類	忠節録	董子文集	慎言集訓
表則			

大名府

府志	經驗方	山海經	遵道録
國語	此事難知	格致餘論	何子十二論
元城語録	家規輯要	長垣縣志	王太傅[3]詩選
褚氏遺書	古篆體	正蒙會稿	楊誠齋易傳

文公字刻	經驗藥方		

廣平府

府志	大學明解	事業紀原	錢氏小兒方
選詩	杜詩類選	聲律發蒙	衛生寶鑒
家禮四要	射禮節儀	祥刑要覽	保生育嬰録
古直文集			

順德府

府志	薛文清集	康齋集	

南直隸

應天府

句容志	茅山志	草韻	文選六臣註
左傳註解	禮記纂言	南畿通志	宋明臣言行録
近思録			

蘇州府

史記	文選	唐文粹	三禮
六子	韓文	柳文	王荆公文集
楚辭	水經	國語	戰國策
舊唐書	藝文類聚	空同文集	何仲默文集
陽明文集	孟有涯集	蔡林屋集	舊四十家小説
王履吉集	白孔六帖	六家唐詩	四十家唐詩
唐詩正聲	左傳	三蘇文粹	十二家唐詩
大戴禮	韓詩外集	虞初志	左粹類選
百川學海	花間集	皇甫湜集	王文恪文集
五經旁註	直音	賈誼新書	吴匏菴文集
世説新語	吴越春秋	秦漢文	張篠菴文集
博雅	覆瓿集	周禮	徐迪功文集

傳響集	二陸集	申鑒	樊川文集
近思録	讀書録	禮記	吴郡志
通鑒續編	通鑒總類	小學	姑蘇志
伊洛淵源	輿地圖	四書集註	吕氏鄉約
六經圖	心政經	周易尚占	周易奥文
棠陰比事	原音	通書	刑統賦
周易集説	群書鉤玄	作邑事箴	六書正訛
説文字源	禮制榜册	二范集	四書講義
四書解説	文章辨體	通鑒前編	道園學古録
舉要新書	大字四書	百首唐詩	吴草廬文粹
劉向説苑	東里詩集	參同契	蚓竅集
鳳山八詠毛維瞻、蘇轍等詠。		丁鶴年集元末西域人，寓武昌。	
晦菴文抄	晦菴詩抄	覓藻集	范文正公文集
怡菴文集	崇明志	金堂集	范忠宣文集
祥刑要覽	小學集解	永嘉集	湖海奇異集
存誠齋稿	憲綱	五經	高太史全集
通書圖	天文圖	地理圖	青城先生集
祭器圖	春秋權輿	意林	三先生詩集
詩律鈎玄	蒙菴詩	忠經	性理群書補註
中庸輯略	和靖語録	缶鳴集	韋蘇州詩
格古要論	逃虚子集	學古詩	學鳴集
衛生寶鑑	脾胃論	三體唐詩長門承天寺。	
珍珠囊	内外傷辨	格致論	東垣試效書
新效方	水東日記	韻學集成	太玄經
活民書	論衡	孔叢子	兩廣平蠻録
長洲縣志	直道編	梓吴	皮日休文藪
譚纂	列女傳	正學階梯	李空同詩集
吴越春秋	吴中記聞	文公家禮	當代名臣録

本草南宋時刻。	姑蘇雜詠	春秋纂例	萬首唐人絶句
震澤長語	李太白詩	欣賞編	新四十家小説
杜詩	説林	陳後岡集	七十二子粹言
申心里	黄省要家	兩漢記	八十家唐詩
袁永之集	孫可之文集	唐太宗帝範	高楊張徐詩集

松江府

松江志	雲間志	雲間續志	人物志
浯溪集	詩義集説	鐵仙詩	顧禄詩
圖繪寶鑒	書史會典	鐵崖詩集	八十家唐詩
小學	家語	楚辭	太玄經
輟耕録	古今會編	周禮	駱賓王集
夢餘集	草堂詩餘	唐雅	玉臺新詠
古今説海			

常州府

初學記	合璧事類	羣書總類	錦繡萬花谷
儀禮經傳	事類賦	百川學海	一統賦
鹽鐵論	杜詩集註	古文苑	顔魯公文集
龜巢集	辨惑編	思賢集	白氏長慶集
元豐類稿	讀杜愚得	杜律虞註	救荒活民補遺
鼓吹續編	王孟端詩	辨惑續編	錢氏三華集
倪雲林集	袖珍方	周將軍傳	王氏天遊集
錫山志	九峰樵唱	琬琰録	皇明名臣録
錫山遺響	論範	周禮註疏	王文肅公文集
名賢確論	四書集註	中論	容春堂文集
六朝詩集	浙江通志	李杜白文	太平廣記
毘陵志			

鎮江府

管子	韻會舉要	金山志	甘露寺題詠
吕氏遺書	東萊古易	丁卯集	京口三山志

關中奏議	戒菴文集	郊亭偶見	

徽州府

天原發微	瀛奎律髓	家禮會編	文公年譜
漢文選	小學集解	晦菴語録	新安文獻志
胡傳	左傳	傷寒書	羅鶚洲小稿
篁墩文集	篁墩文粹	春秋屬詞	文公感興詩
朱子語録	春秋集解	楚辭	玄玄棋經集
李詩白文	杜詩白文	草堂詩餘	批點史記漢書
山海經	明目方	四書集註	文心雕龍
獅山文集	皇明文衡	人相全編	

池州府

東岡文集	九華山志	崔氏洹詞	

寧國府

府志	宛林詩集	大觀本草	山居四要
玩齋集	韓文	柳文	六書本義
韻補	禮記纂要	論範	謝宣城集
鶴林玉露	寧國縣志		

太平府

風俗志	晦菴文抄	晦菴詩抄	陶學士文集
白虎通	近思録	顔氏家訓	

淮安府

淮安府志	經濟文衡	小學白文	經學隊仗
松江文集	定本策	農桑撮要	王氏脉經
武經	教民榜文	理學類編元張九韶著，臨江人。	
鹽政志	禮儀定式	玉壺冰	楊鐵崖文集
東坡律詩	世説新話[4]	讀書録	江西奏議唐漁石著。
曆府通書	恤刑疏草	大明令	淮郡文獻志
爲政準則	漕河志		

揚州府

廣文選	御製文集	二業合一訓王陽明、湛甘泉著。	
五經白文	大明官制	鹽鐵論	周子全書演
雍語甘泉著。	皇明政要	素問	遵道録
易大象説	家禮節要	詩翼	蔣南泠詩集
劉向説苑	張子抄釋	東廓文集	泰定養生論
六經正誤	胡子語要	鮑明遠集	四書古本
省心詮要	本草集要	春秋左傳	文公訓蒙絶句
洗寃集録	小學韻語	上蔡語録	晞髪集
甘泉全集	陽明文録	原病式	象山語録
慈湖語略	大誥三編	維揚鄉飲	潛溪文集
詩法	觀風遺音	甘泉文録	張文潛文集
百戰奇法	詩準	松月軒集	詩話
薛子粹言	周禮大全	格物通	本草權度
羲獻釋文	古小學	學庸訓測	白沙詩粹
鐵崖文集	難經	白沙子	褚氏遺書
古今真寶	二程抄釋	新序	古史通志略
維揚志	周易訓測	太玄經	伊洛淵源録
草堂詩餘	農桑撮要	楊子折衷	意林
谷音	脉訣	藝林	二禮經傳測

廬州府

春秋列傳	五蟲集	荒政集	表則
廬揚志	居竹軒集	小學句讀	左傳拔尤
周易旁註	潛溪文集	崇古文訣	皇極經世全書
包公奏議	禮記集説	論範無爲州	

鳳陽府

中都志	淮南子	薛西原集	老子解
約言	家塾事親		

安慶府

青陽文集　漢魏詩　安慶志　家禮會通

廣德州

啓蒙故事　桐汭志　諸司職掌　竹枝詞
交泰録　明良集

滁州

滁陽會景編

徐州

嚴滄浪詩話　杜律虞註　吕梁洪志

和州

州志　香泉志

浙　江

布政司

東漢文鑒　西漢文鑒　説文　救荒活民補遺
諸司職掌　儀禮經傳　律吕元聲　近思録

按察司

疑獄集　官箴集要　大明律　竹枝詞
程史　唐鑒

杭州府

大唐六典　四書集註　武林遺事　禮經會元
原病式　周禮　始豐集　千家全集唐詩
元詩體要　韻海　唐詩類編　宋學士文粹
算法大全　詠物新題　雪溪漁唱　萬竹山房集帖
龍門子　羣珠摘粹　養生雜纂　劉伯温文集
程氏遺書　伊洛淵源　四書白文　温公我箴集
精忠録　林和靖詩　近思録　太白山人詩

蓋齋醫要　西湖遊覽

嘉興府

陸宣公集　三元參贊　韻補　劉靜脩文集

文心雕龍　韓詩外傳　汲冢周書　詠史詩

舒菴集　勤有詩集　王秋澗文集金王煇著。

大戴禮　柳文　近代名臣言行録

愧郯録　古文集　意林　越絶書桐鄉。

陸賈新語　禮經會元

湖州府

皇明詩選　吴興志　楚辭　趙松雪文集

寧波府

漢雋　標題四書　柳莊類編　明王學類編

海涵萬象　周易本義　韓文正宗　袁學士舊羣志

鳳池吟稿　竹外吟稿　柳莊詩　楊文懿公文集

府志　符臺外集　黄先生批點四書

童學書程　古今識鑒　清容居士文集寧波袁桷著。

碧川文粹　奉化志　黄氏日抄慈溪黄震著。

堇山文集　均齋文集　四明文獻志

紹興府

唐詩選　復古編　謝密菴雲集上虞謝肅著。

選詩補註　密菴詩集　會稽三賦　梅譜

通神論　符臺外集　啓蒙　楊鐵崖文集

詩學大成　六子白文　六書本義　尹和靜文集

台州府

臨海志　龍川文集　戴石屏詩　觀樂生詩集

李桃溪文集宋李䕫著。　遜志齋文集　赤城論諫録

金華府

宋潛谿集　宋學士文粹　續文粹　義門王先生集

續研幾圖	旌義編	麟谿集	胡仲子文集
清溪集	和陶集	夢山稿	蘇平仲文集
鄭氏家規	魯齋文集	黄晋卿集	吴淵潁文集
唐漁石集	金華文統	黄文獻公集	王文獻公集
王文忠公集	九靈先生集	藥房居士集	

衢州府

杜律虞註	論學繩尺	趙清獻公集	吴文正公集

嚴州府

觀光集	宋文鑒	選南鑒	淳安金石藥方
酉陽雜俎	釣臺集	求政録	東萊博義

温州府

四書管見	四書集義	管窺外編	梅谿先生集
省愆集			

處州府

翊運録	覆瓿集	覆子拾遺	蘇平仲文集
犁眉公集	寫情集	春秋明經	葉水心文集
盤谷唱和	無隱集	自怡集	易齋稿
劉府稿	郁離子集	耕雲集	誠意伯文集
埤雅	丹溪心法	梅溪集	

江　西

布政司

軍政條例	古文苑	皇明詩選	大明律
朱子語録	韓文	柳文	蘇文忠公全集
禮記正蒙	文式	問刑條例	小兒袖珍方
周易本義	明目方	滕王閣集	古賦辨體
釋名	大誥三編	大誥武臣	考古圖

史鈔

按察司

桂洲奏議	方山四書	陶集	忠烈編
憲綱	兩漢書疏	讀書分程	律條疏議
綱目	稽古定制	經籍考	司馬温公集
江西通志	徐迪功集	漢隸分韻	品士録

南昌府

徐蘇傳	文章全集	古廉詩集	胡祭酒文集
古文關鍵	寰宇通志	皇明詩選	胡祭酒續文集
遼海集	山谷刀筆	山谷文集	包孝肅奏議
救急方	古賦辨體	慈湖遺書	説文解字補義
讀書記	交泰録	大儒奏議	徐幹中論
大學衍義	文選精義	羣忠録	

弋陽王府

唐詩正聲	史略	史斷	大明中興頌
采芝吟	頤菴文集	頤菴文選	胡斗南文集
乾坤生意	洞天清録	文譜	龍虎經
詩譜	詩法	臞仙文譜	臞仙詩譜
毛詩	春秋	通鑒博論	禮制集要
異域志	太和正韻	保命集	十神書
懶仙詩評	江西詩法	瓊林雅韻	增奇集
琴阮啓蒙	原始秘書	太古遺音	神奇秘譜
浩歌	北斗課	靈棋經	梅花百詠
救命索	棋經	懽聲	老更狂
天運紹統	肘後神樞	肘後神經	璇璣回文詩
沖溪子獨步大羅天		運化玄機	活人心法
壽域神方	神隱	文章歐治〔5〕	大雅詩韻
詩人玉屑	李白詩	唐詩	文章筌蹄

劉向新序

饒州府

寓菴集　近光集　浯溪集　劉彦昺文集
兩漢文鑒　異端辨正　餘干縣志

淮府

文苑類選　赤壁賦

廣信府

文章軌範　葬書　策學輯略　先賢事實録
疊山文集　詩學權輿　太玄經　三子口義
方言　軍政條例　針灸方　詩韻捷徑
廣信志

吉安府

府志　鄒東廓集　詩選補註　彭文思公集
文髓　文山文集　四書集釋　劉静脩文集
泊菴集　歐文全集　歐詩全集　蘇文忠公集
東里文集　解學士集　運甓漫録　濟美集
唐詩類編　胡延平詩　表忠集　眉菴集
鶴鳴集　西澗集　雙崖集　胡文穆公集
石溪集　谿園集　素菴集　詩學梯航
東墅集　二妙集　慣窮集　東里詩集
抑菴集王直著。　海東文集　困學記　曾學士集
劉職方文集劉子高著。　芳洲老人集陳循著。
尚寶文集　洗冤録　山海經　羅一峰集
槎谷文集　羅念菴集　廣輿圖羅念菴著。
王陽明年譜鄒東廓著，石刻。

建昌府

府志　養生雜纂　鳴盛詩　圭峰文集羅玘著。
錦繡策　褒忠録　聽鶴軒詩　西疇常言宋何坦著。

三禮考註 保生要録 南豐文集 椒丘文集何喬新著。
盱江文集 宋名臣録 救急易方 春秋胡傳
麻姑詩 孝行志 遺愛集 一峰集

益府

重編廣韻

撫州府

府志 吴文正公文集 吴康齋文集 古崖先生集
歐文忠公文集 醫經小學 道園文集 象山文集
王荆公文集 東鄉縣志 彭惠安公文集

袁州府

府志 詩經集註 易經集註 十八方加減
圭齋文集 釋奠譜 孫真人方 唐詩絶句註解
熊士選集 問刑條例 虚舟詩集 滄海遺珠集
武經七書 穆天子傳 海叟集 阮嗣宗集

臨江府

府志 金川玉屑 周易參考 詩經演義
春秋考異 周禮句解 宋史略 元史略
論林 蒐古論 類訓 草堂詩餘
理學類編 羣書備數 梁氏策要 山陰詩集
石門集 五經白文 列女傳 傅與礪詩法
隋書 蘇文 十九史 傅與礪詩集
小學 忠經 禮部韻 傅與礪文集
氏族大全 事林廣記 三體唐詩 金文靖公集
古文 尺牘法言 校文餘力 劉静脩文集
書言故事 丹溪纂要 西門文集 中村別業詩

贛州府

虔臺志 書經集註 四書集註 高太史文集
唐詩品彙 古賦辨體 埤雅 王狀元詩集

小學集註	考古圖	胡傳	王陽明武藝圖
隨身備用	袖珍方	白氏諷諫	崔清獻公全録
洪武正韻	武經七書		

瑞州府

府志	唐詩鼓吹	許氏説文	北溪字義
文章字義	書經會通	春秋集	參同契補註
周易折衷	天下正音	唐書	家人衍義
禮記博文	農桑撮要	隨身備用	文章正宗
家禮儀節	大明律	理刑正要	春秋綱領

九江府

府志	石鐘山志	天池寺集	浯溪集

南康府

白鹿洞志	陶詩	四書集註	禮記集説
易經本義	遵道録	春秋蕃露	二業合一訓

南安府

府志	張東海字帖	廣文選	劉元城鐵漢樓記

福　　建

布政司

大明會典	大明律	理數日抄	聖學格物通
醫林集要	醫方選要	韓柳文	自警編
金匱要略	東海文集	教家要略	國初事蹟
感應編	玉壺冰	櫻寧方	筮吉肘後經
問刑條例	荔枝考		

按察司

五經集註	四書集註	晦菴文集	薛文清公全集
梓溪全集	家教節儀	贈言録	胡端敏公奏議

洗冤録	麻衣相訣		

五經書院

通志略	杜氏通典	東西漢書	十三經註疏
皇明進士登科考			

鹽運司

丹溪醫案	地理管見	陸宣公奏議	

福州府

文苑英華	文編	玉髓真經	大學衍義補
五代史	班馬異同	管子	傷寒論
韓非子	小學大全	小學白文	古音傳
一統志略	鄭詩	鄭文	古樂府

福州府學

唐書	晋書	史記題評	大明一統志
八閩通志	近思録	百將傳並武經七書	
讀書記	學政集	傳習録	羅一峰文集
宋史新編	衛生易簡方		

興化府

莆陽文獻志	類博稿		

漳州府

府志	陳布衣遺稿	劉愛禮文集	白虎通
風俗通	陳北溪字義		

泉州府

府志	法帖釋文	五經白文	周禮
歐陽詹集			

延平府

玉機微義	豫章文集	延平答問	大明令

建寧府

四書集註	五經集註	武經總要	朱文公年譜

唐文粹	杜工部詩	顔氏家訓	朱文公登科録
建寧府志	詩法源流	古樂府	建寧人物傳
道南源委録	黄學士文集	劉屏山文集	王氏存笥稿
歐陽南野文集			

書坊

四書白文	四書集註	四書傍註	四書大全
四書纂疏	四書通考	四書通證	四書音考
四書句解	四書輯釋	四書發明	魯齋四書
滄洲四書			

以上四書類

周易註疏	周易本義	周易大全	周易句解
周易會通	易學啓蒙	董楷附録	張子清附録
程傳	毛詩註疏	詩經集註	詩經大全
毛詩句解	詩傳通集	嚴氏詩輯	尚書註疏
尚書纂疏	書經集註	書經大全	尚書句解
陳櫟書傳	董鼎傳	左傳註疏	公羊註疏
穀梁註疏	春秋大全	春秋左傳	春秋胡傳
春秋會通	春秋四傳	春秋纂疏	春秋逢闕
春秋圖象	春秋辯紀	春秋金鎖匙	王霸世疏
禮記註疏	禮記集註	禮記大全	禮記句解
儀禮註疏	儀禮句解	儀禮圖	周禮註疏
周禮句解	孝經	孝經註疏	孝經直解
孝經纂疏	孝經刊誤	魯齋孝經	論語註疏
孟子註疏	爾雅註疏	爾雅	五經通典
九經直書	十一經問對		

以上五經類

洪武正韻	大明律	大明令	問刑條例
大明會典	諸司職掌	皇明正要	大明一統志
大明官制	五倫書	禮儀定式	内訓

勸善書

以上制書類

性理大全	性理粹言	朱子語録	朱子大全集
家語	近思録	大學衍義	大學衍義補
小學集成	小學集解	家禮	家禮儀節
伊洛淵源			

以上理學類

史記	少微通鑒	資治通鑒	綱目
前編綱目	綱目發明	綱目書法	十七史詳節
十九史略	三國志	貞觀政要	范祖禹唐鑒
宋南渡史	南唐書	小學史斷	宋金遼三史
北史内訓	吴越春秋	元史節要	十七史纂
宋元長編	南史	北史	宣和遺事
史略釋文	古今補斷	史綱一覽	讀書要訣
游文小史	史學綱領	聖政記	皇明經濟録
國朝言行録	理學名臣言行録		孤樹裒談

以上史書類

文獻通考	山堂考索	事文類聚	藝文類聚
集事淵海	翰墨大全	韻府群玉	百家類纂
百川學海	初學記	考古遺編	考古群玉
埤雅	事林廣記	文林廣記	萬寶事山
搜神記	中和集	養餘録	神農家教
列女傳	楚愚類書	便民圖纂	金璧大全
農桑撮要	姓源珠璣	姓氏大全	玉機微義
黄氏日抄	田家曆	六書正譌	異物彙苑
儀註	論學繩尺	初學繩尺	十大家談論
海篇直音	玉篇	廣韻	山海經
明世學山	三賢正宗	天下至略	居家必用

雷公炮製	書言故事	日記故事	大明一統賦
三餘別業	獻廷策表	便明寶鑒	啓劄青錢
簡牘大全	歐蘇手柬	益府對類	詩對押韻
對類大全	劉向新序	九邊圖論	陸宣公奏議
東萊博義	九章算法	四書人物考	

以上雜書類

讀律瑣言	讀律管見	律例附解	律條疏議
詳刑要覽	洗冤録	無冤録	刑統賦
出巡録			

以上刑名類

綱目兵法	武經直解	戰國策	黄石公素書
百將傳	武經七書	孫武子兵法	孫武子本義

以上兵戎類

漢文鑒	唐文鑒	唐文粹	宋文鑒
元文類	楚辭	文章正宗	續文章正宗
文章軌範	三蘇文集	三蘇文粹	刀筆文集
皇明文衡	皇明文選	皇明文範	國朝文類
朱文公詩	陽明文集	空同文集	駱賓王文集
荆川文集	宗子相集	吾學編	中原音韻
臺閣人文	詩學大成	瀛奎律髓	杜律虞註
杜律趙註	韓柳文集	李白全集	疊山文集
荆公文集	淮海文集	象山文集	歐陽文集
梅溪文集	止齋文集	東萊文集	宋濂文集
虚齋文集	甘泉文集	楓山文集	少湖文集
穀原文集	白沙文集	白沙詩教	吕太史文集
陶淵明詩	黄山谷詩	何仲默集	詩人玉屑
詩韻釋義	唐詩鼓吹	三體唐詩	方山詩説
草堂詩餘	寇准詩	陳摶詩	潛菴詩

以上詩文類

黄帝素問	難經	大觀本草	銅人針灸
東垣十書	脉訣	丹溪纂要	丹溪心法附餘
醫學正傳	明醫雜著	醫林集要	仁齋直指
肘後經	傷寒論	活人指掌	傷寒指掌圖
痘疹方	傷寒十書	奇效良方	活幼口議
全幼心鑒	濟陰寶鑒	活人心統	千金方
諸證辨疑	婦人良方	醫經大指	小兒方
袖珍方	藥性賦	救急易方	針灸四書
醫林正宗	外科心法	青囊雜纂	潔古老方
徐氏針灸	醫方捷徑	乾坤生意	加減十三方
此事難知	卜筮元龜	通真子補註脉訣	
天玄賦	千里馬	海底眼	望斗經
靈棋經	火珠林	折字林	雙林影
星學大成	百中經	子平淵海	臺司妙纂
五星指南	耶律經	磨箭賦	應天歌
消息賦	碧玉經	七政曆	星學源流
範圍數	前定數	梅花數	人相編
麻衣相	五行相	三世相	皇堂䔲編
通書大全	地理摘奇	陰陽捷徑	地理真機
地理集說	地理大全	地理四書	天機會元
千金風水	十代風水	金精鰲極	玉髓真經
脩真十書	參同契	悟真篇	金丹真解
六祖壇經	傳燈録	玄玄棋經	爛柯經
魯班經	玉函經	牛經	馬經

以上醫卜、星相、堪輿、玄修等類

邵武府

四書白文	丹溪心法附餘	宗子相文集	李文忠公文集
李忠定奏議			

汀州府

詩法源流　　滄浪吟卷　　明醫雜著　　文山同年録
道南録　　丹鉛總録楊慎著，出上杭縣。

福寧州

玉機微義　　石堂文集

湖　廣

布政司

湖廣通志　　齊民要術　　本草纂要　　傷寒全書
地理書　　宋論　　輿地圖

按察司

五經集註　　四書集註　　六子白文　　太白山人詩
吕氏春秋　　爾雅　　選詩　　杜詩
國語　　二張詩　　高蘇門集　　太古遺音
皇明進士登科考　　文端集　　文信公集
大明律例　　皇輿考

武昌府

杜詩范註　　左傳嘉魚。　　詩餘圖譜　　慎言集録興國。

楚府

博物志　　獨斷　　新序　　説苑
三體唐詩　　古文關鍵　　古文訓學大略
丁鶴年詩　　舒菴集　　清江先生文集崇德貝瓊著。
小字帖　　四書集註

漢陽府

魯齋文集　　愚莊集　　詠物新題　　夏文忠公集
事物紀原　　雪航膚見　　效顰集　　讀書備忘元劉肅著。
四書管見

黄州府

書經旁註　四書管窺　王夢澤集黄岡王廷陳著。
傳習録蘄州。

德安府

府志　初唐詩　王彭衙詩　隨州志
山陵賦　應山縣志

岳州府

岳州圖經志　岳陽古今詩集

承天府

詩品　申鑒　慎言録　沔陽志俱沔陽州。
象山文集荆門州。

襄陽府

襄陽志　周禮考註　光化縣志　衛生易簡方

永州府

府志

衡州府

衡州府志　家禮集説　活幼新書　原德録
珍珠囊

寶慶府

神異賦　解學士文集

長沙府

府志　岳麓書院圖志　文選雙字類要
廬溪文集　岳麓書院記宋張栻作。

吉府

四書集註

荆州府

府志　後山詩集

遼府

東垣十書　養生雜纂　湘獻遺翰　群書要方

邇言　小學史斷　通略直説　敘古千文帖
簡生遺集　養生日覽　選詩

常德府

府志　論孟古義

郴州

餘冬序録

河　南

布政司

河南通志　大明律　菊莊詩集　遺山文集
痘疹方　唐詩品彙　戰國策　唐音
崆峒文集　事類賦　丹溪纂要　周北山詩集
于肅愍集　從古正文　文選增定　錦繡萬花谷
袖珍方　容齋隨筆　民生利用　傷寒指掌圖
金丹正理大全

按察司

源流至論　小學　諸司職掌

汝寧府

何氏集　信陽志　太復遺稿　孟有涯全集
學約古文　戴氏集俱出信陽州。　孝慈録
農桑撮要　保生餘録　元遺山詩　楊文忠公集

衛輝府

交泰録

汝府

秦漢文

懷慶府

魯齋全集　文章軌範

彰德府

讀書管見	古文類選	絶句博選	圭塘小藁
文苑春秋	人物志		

趙府

杜詩選註	左傳	六子

河南府

河南志	劉須溪批點杜詩		壽親養老書
擊壤集	二程全書	杜律虞註	蘇文忠表啓
唐詩鼓吹	伽藍記	淮南子	

山　東

布政司

東遊記	醫方集成	行軍須知	金文靖集金幼孜著。
讀書日程	三事忠告	歸田稿	黄忠宣公詩集
問水集	唐音	王氏農書	許先生文集
黄帝素問	太玄經	邊華泉集	小學集説
家塾事親	淮海集	春秋集義	孝慈録

按察司

證類本草	一統賦	條例便覽	張養浩文集
石翁稿	讀書録		

濟南府

韓詩外傳

德府

舜泉歌	雲莊樂府	儒門事親	張文忠家訓
小學	張文忠詩集		

東昌府

五經白文	焦氏易林	杜氏圖註

兖州府

闕里志　孔孟通紀　陋巷志俱出曲阜

殷石川文集

魯府

群書鈎玄　薩天錫詩　西遊記　蓬萊圖

登州府

海道經　西遊記

青州府

西漢文鑒　四書白文　五經白文

遼東

遼東志　遼城吟稿　百戰奇書

山　西

布政司

劉向説苑　山西通志　五倫詩　河汾諸老詩

文選　唐文粹　宋文鑒　小兒痘疹方

史記　李白詩　周禮集説　初學記

李空同集　嘉祐集　戰國策　杜詩註解

董賈文集　元文類　唐詩紀事　續文章正宗

太平經國書

按察司

文章正宗　行軍須知　邊華泉詩集

太原府

馬石田文集　莊定山文集

平陽府

中説考蒲州。　絳帖　釋名俱絳州。　論略解州。

讀書録　讀書續録　洪武正韻　御史箴

薛文清文集

潞安府

陳後村文集

大同府

古今真寶

代府

養蒙大訓　保幼大全

河東運司

司馬温公文集　博古圖

陝　西

布政司

陝西通志　丹溪心法　針灸詳説　傷寒撮要
家禮集説　濟陽丹方　金丹直指　全唐詩話
玉機微義　醫經小學　養老新書　活人心統
史記　石刻九經　荀悦漢紀　長安志
王漢陂集　雍大紀　國語　何仲默集
馬政志　小學集解　董賈文集　張太微詩集
策學集要　阮嗣宗詩　齊民要術　康旻齋詩集
漢本紀　墅談　碧山樂府　許西涯樂府
遊春記　雍録　馬西園文集

西安府

洪武禮制　千金寶要　策學提綱　西安地理圖
唐音　小學集解　三輔黄圖　井天論草
正蒙會稿　史學指南俱咸陽。　文章軌範朝邑。
對類大全　五色線俱同州。　丘隅集喬世寧著。　五經白文俱耀州。
四書集註三原。　啓劄青錢邠州。　論範涇陽。　孝經直解

孝經刊誤　詩人玉屑俱乾州。

秦府

吟韻解註

鳳翔府

四書白文　諸司職掌　盛唐詩集　軍政條例
杜律　出行寶鑑　詔誥表章機要

漢中府

救急易方　碎金集　家禮儀節　吕涇野詩集
古文集　鎖地鈐　問刑條例　鄒東廓文集
慎言集録

平涼府

釋文三註　休菴集　崔豹古今註

韓府

聖賢圖

臨洮府

策學集成　賓退録　翼城志

慶陽府

梁氏策要　東萊博義　金璧故事　四書經疑問對

寧夏

寧夏志

慶府

文章類選　飲膳正要　增廣唐詩　養生雜纂
陶淵明集　毛晃韻　參同契　悟真篇
麗景園記　文苑英華　唐詩鼓吹　唐詩古今註
詩林廣記

鞏昌府

小學白文　白虎通　風俗通　太平金鑒策
事物紀原　酉陽雜俎　本草集要　唐詩絶句

延安府

三體唐詩	千文法帖	陸宣公奏議

四　川

布政司

寰宇通志	居家必用	丹溪心法	草堂遊詠詩
杜詩集註	千金寶要	五經	四書
大學衍義	象緯撮要	史通	東萊讀書記
玉壺冰			

按察司

潛溪文集	詩林類選	聯錦詩集

成都府

策學集略	靈棋經	文類

蜀府

五經纂言	五經改機	劉向說苑	古文關鍵
五經傳註	五經句解	新序	金丹正理大全
禮記纂言	史略	忠經	錦繡萬花谷
貞觀政要	直說通略	小學史斷	詹孟舉千文帖
仕學軌範	先賢器重	方氏女教	曹大家女教
五經白文	通鑒綱目	左傳	鄭氏女孝經
玉機微義	脩真十書	自警編	壽親養老新書

順慶府

鶴山文集

保寧府

丹溪纂要

重慶府

性理文錦	策學集略	書院解說	本草

攝生要義　劉須溪批點杜詩

敘州府

選詩外編　疑辨録　憲綱　大誥

府志　小四書　救荒活民書

嘉定府

岑參詩集　漢雋

瀘州

詩韻會釋

眉州

三蘇文集

邛州

金丹正理大全

雅州

李杜千家詩

廣　東

布政司

唐詩　東里文集　東里詩集　白虎通

周禮句解　大學衍義　類編故事　東坡文集

東坡詩　嶺南珠玉　唐書　穀梁傳

公羊傳　左傳　大戴記　宋史

二程全書

按察司

五先生詩集　傷寒瑣言

廣州府

府志　丹崖集　陳剛中詩　白沙全集新會縣。

國語　杜氏通典　五經　六子書

本草　程子語録　白沙詩教　泉翁集

南雄府

張曲江文集

廉州府

安南圖　欽州志

惠州府

惠大記　東坡寓惠録

肇慶府

律詩類編

雷州府

府志

潮州府

府志　學史　祥刑要覽　草木子

薛胡粹言　禮儀會編　鄉禮書

韶州府

明良集　武溪集

瓊州府

瓊臺吟藁　丘文莊集　大學衍義補

廣　西

布政司

皇明理學名臣録　皇明名臣録

按察司

問刑條例　崇古文訣　武學經傳

桂林府

府志　曹鄴傳

南寧府

府志　傳習録

雲　南

布政司

古文會選	古文類選	滇南志	續文章正宗
元史續編	武經七書	通鑒類要	石鼓文音訓
全幼心鑒	羣方續抄	家語	乾坤生意
經義模範	祥刑要覽	通鑒總類	陶詩
丹鉛餘録	賈誼新書	皇明詩抄	尚書句解
風雅逸編	保生餘録	御製文集	亢倉子
小四書			

按察司

五言律祖	墨池瑣録	水經碑目	古樂府
乾坤生意	雲南通志		

雲南府

賈誼新書	文章正宗	學約古文	孔子家語
五言律祖			

臨安府

禮記集註	交趾圖	歷代甲子圖	天文地理圖

大理府

小學句讀	皇明詩抄

貴　州

布政司

諸夷圖	大誥三編	律解附例	歷代甲子圖
詠史詩	本草	强恕齋詩抄	

思南府

府志

【校記】

〔1〕高，當爲“歌”。

〔2〕玉，當爲“五”。

〔3〕傳，當爲“傅”。

〔4〕話，當爲“語”。

〔5〕治，當爲“冶”。

古今書刻下編　古黄周弘祖集

北直隸

國子監

石鼓文周宣王獵碣，凡十。詞類風雅，字畫蓋籀文。韓愈、蘇軾俱有歌，在戟門内。

石經文碑刻《春秋》《禮記》，今磨滅不完。

元加封孔子碑

皇明御製太學碑

歷科進士題名碑

黄庭經趙子昂書。

蘭亭序子昂書。

座位帖子昂書，今不全。

樂毅論子昂書。

大字千文詹孟舉書。

金丹四百字趙松雪書。

順天府

香山碑金李晏撰，在府西北。

玉泉山石刻崖壁上刻“玉泉”二字，在府西。

大興隆寺碑刻有金章宗書“飛虹橋”“飛渡橋”六大字。又李晏撰碑。在府西南。

漢韓延壽墓碑在府城西。

元星吉墓碑國朝宋濂撰，在府西北。

張天師神道碑松雪書。

昭德殿碑松雪弟世延書

仁聖宫碑虞集書，俱在東嶽廟。

崇國寺碑趙松雪書。

天師殿碑松雪書，在朝天宫。

鍼灸經石刻元人刻鍼經於石，在府治南三皇廟。

石經碑石上刻經文三十餘處，多毁踣，惟《般若序品》存，在府西南山洞中。

齊孫臏墓碑上樂村。

石經洞碑隋法師静琬鑿石，刻經一藏，僅成《大涅槃》一部而卒。累代皆有碑碣。在石經山。

賈島墓碑俱房山縣。

駐蹕山石刻金章宗遊此，石刻“駐蹕”二字。又有“棲雲嘯臺”四字。在昌平縣西南。

冀州刺史王純碑延熹四年立。

保定府

靈源山碑唐上元二年刻，在唐縣東北。

四賢祠碑祀郭隗、樂毅、劇辛、鄒衍，元郝經撰。碑在安州易水傍。

魏中山太守常通碑在祁州治。

漢劉盆碑在深澤縣治。

河間府

漢董子祠碑唐宋碑刻猶存，在廣川鎮。

晋條令孔栩清德碑在州西，俱景州。

真定府

北嶽恒山碑蔡邕書，在曲陽縣。

伏羲臺碑字剥落不可讀，在新樂縣。

抱犢山石刻山有石刻“抱犢福地”四字，在縣西。

繫馬石誌字畫剥落，在縣西，俱獲鹿縣。

宣父碑蔡邕書。

雪浪石銘蘇軾撰。

漢孝子王玄碑

石盆碑蘇軾刻，在文廟，俱定州。

贊皇壇石刻史籀篆，在趙州。

燕然山銘漢隸。

無極山碑山有無極神祠，並漢時封號。隸書碑，縣西。

封龍山碑李公緒記，縣西北。

白石山碑山多白石，漢封白石神君，有碑刻甚古，在縣西北。

試劍石頌金樊倫勒頌。

三山公碑俱元氏縣。

巢父答問碑在行唐縣箕山。

爽亭石碣宋蔡京書“爽亭”二字於石，在臨城縣北。

藁城長蔡湛頌光和四年，在藁城縣。

漢上谷太守張谷碑

漢賈敏碑俱棗强縣。

順德府

長春觀碑元至元間立，在内丘縣西。

宋璟墓碑顔真卿書，在沙河縣西北。

大名府

雪香亭石刻宋文彦博製，在舊府治。

狄梁公祠雙碑一李邕文，張虔繼書，開元中立；一馮朝文，胡證書，元和中立。在府城南。

靈津廟碑宋神宗立，在開州西南。

廣平府

漢淳于長夏承碑蔡邕書，在府治。

吕仙祠碑有“黄粱古蹟”四字，並題刻，在邯鄲縣北。

漢小黄門樵敏碑

唐太尉米懷珪碑

唐雲麾將軍碑

亞栖千文

南直隸

應天府

龍山石刻吴孫皓刻，在府城南。

三段碑孫皓立碣紀功，華覈撰文，皇象書，在府學宫。

覽輝亭碑剥落不可讀，在府南鳳凰山。

涼舘石刻元時敏記，米芾書，在府治。

十廟碑多國初文臣奉敕撰，在府雞鳴山之陽。

天妃廟御製碑永樂五年建，在府治西北。

中山王御製神道碑在府鍾山。

功臣墓神道碑多國初文臣撰，在鍾山、聚寶山等處。

韓擒虎壘碑薛道衡作，在府西。

白乳泉石刻有“白乳泉試茶亭”六大字，在府東北攝山。

觀龍歌石刻宋真宗御製。

華陽洞碑宋張商英撰。

唐玄静先生碑顔真卿書，在茅山，俱句容縣。

漢潘乾碑隸書，光和中立。

投金瀨碑唐李白撰，俱溧陽縣治。

鳳陽府

大龍興寺御製碑洪武初建，在府盛家山南。

通真觀碑刻唐籃采和《踏踏歌》，在舊城南。

奕壇刻石上刻“爛柯”二字，在府東北。

第一山石刻宋米芾書，在縣東。

嘉山碑元時立，在縣西南。

寶積山碑山麓有碑，書“道德”二大字，縣西。

瑞巖泉篆刻元余闕，有詩。在縣西，俱盱眙縣。

宓子賤塚碑州南。

英布墓碑州南，俱壽州。

流星園碑在亳縣矢静宫南。

蘇州府

宣聖廟碑宋[1]友仁書。

敬齋箴隸書。

酒德頌王魯卿書，俱在府學。

楞伽寺碑隋人書，碑甚古，在府西南横山。

生公講堂碑李陽冰篆書，在府西北。

伯夷頌范仲淹撰並書。

十七帖胡纘宗刻。

祝允明法帖有數種。

珍賞寶帖

蘇黄米蔡帖

懷素自敘帖俱府治。

寶山御製碑永樂間立，在嘉定縣東南。

松江府

顧野王祠古碑晋僧于水際得古斷碑云："野王於此修輿地志。"即今寶雲寺東。

赤烏碑吴大帝赤烏中立，後碑没於江。

子昂行書千文

常州府

唐異僧草書心經舊在江陰軍乾明寺壁間，宋淳熙中始勒石，後燬，今唐荆川重刻於府關侯祠，有跋。建寧歸宗巖亦有刻。

鍾繇帖

刺史廳碑李華撰，俱府治。

慧山泉記陸羽文。

慧山寺碑獨孤及撰，俱無錫縣西。

張公洞石刻洞石上有唐人題刻。

國山碑吴主皓刻。碑形如鼓，篆文周繞，多漫滅，俗呼圈碑。俱在宜興縣。

季札墓碑宋守朱彦刻孔子所書“嗚呼有吴延陵季子之墓”十字。在江陰縣申浦。丹陽晋陵廟俱有是十字。

鎮江府

北固山梁武書有梁武帝所書“天下第一江山”六字，在府治北。

焦山宋理宗書有宋理宗大書“羅漢巖”三字，在府城東北。

靈山寺碑多唐宋名賢題詠，在府城西北。

瘞鶴銘華陽真逸撰，刻於焦山之足，水涸時可搨，在府城東北。

戴叔倫墓碑梁肅撰，在金壇縣南。

米芾墓銘蔡肇撰，在丹徒縣長山。

揚州府

德書堂石刻宋毛澤民以蔡襄所書四榜十二字刻之堂石，在州治。

露筋廟碑米芾撰，在州南。俱高郵州。

東園記三絶歐陽修撰記，蔡君謨書，兼顔、褚二體，人因名爲三絶，在儀真縣。

淮安府

大寧寺碑唐李邕撰並書。又有彌勒佛碑，宋蔣之奇題曰“寶積碑”，在府城西。

娑羅樹碑李邕撰並書，在府城西。

圯橋銘唐梁肅撰，在邳州城東南隅。

淮陰侯廟銘蘇軾作，在山陽縣。

廬州府

張龍公碑在府城西。

廬江太守范公碑在府學。

毛公洞石刻石壁上盡刻《毛詩》，在州西。

墨池二字米芾書，在無爲州西。

寶晋齊帖俱在無爲州。

王喬洞刻洞前有仙人跡，後有“朱熹嘗遊到此”六字，在巢縣北。

皋陶祠碑在六安州騰霄坊。

安慶府

余闕墓碣洪武初樹碣表墓，在府西。

三祖山石刻峭壁間刻杜牧《金陵懷古》詩，在潛山縣西北。

黄山谷坐石牛像黄庭堅愛石牛洞山谷之勝，因以爲號。中有李公麟畫像。在潛山縣西北。

涪翁亭銘向子諲爲銘，在潛山縣山谷寺。

龍山崖刻石上有“波光嵐氣”之刻，在太湖縣西。

太平府

赤烏鐵䃪鐵䃪如碇石狀，大數尺計，上有“赤烏”字，乃吴年號，在府城南。

淩歊臺碑劉宋孝武時立，唐李白時已不可讀，在府城北。

楊亮墓碑碑陰有巴蜀故吏姓名，宋郡守徙置學宫。

虞允文祠碑滕宗卿立，在府北采石山。

國朝許瑗碑瑗太平知府，陳友諒攻急，死之。

蕪湖縣修學記米芾書。

吴波亭扁宋張孝祥書，在蕪湖縣西。

慈老磯界碑磯上刻“界碑”二字，唐時刻，在繁昌縣西北。

寧國府

文脊山石刻有宋梅堯臣、張獻民同遊詩，在府西。

唐左難當墓碑碑與石獸尚存，在府西。

宋梅堯臣墓碑歐陽修撰，在府南。

石𥗽磨崖碑唐天寶時刻，在涇縣西。

池州府

秋浦樓石刻宋趙范刻東坡詞、山谷字于石壁，在府東城上。

郎山石刻山下有潭，山半有石刻“玉鏡潭”三字，在府城西。

玉峯壽字刻宋嚴華刻漢武登嵩山所刻“壽”字於峰石上，在建德縣南。

普門嶺刻字朱文公書“普門嶺”三字刻石，在建德縣西南。

徽州府

相儒堂碑宋程元鳳碑刻尚存，在府學。

龍泉石刻有吕洞賓書“飛龍巖”三大字，在婺源縣北。

景蘇樓鐫石宋曹訓摹蘇軾遺像及詩，鐫於石，在績溪縣。

赤壁賦子昂書，木刻，在績溪縣。

廣德州

不老泉碑泉有碑刻“不老泉”三字，在州城北。

五花巖刻巖最高峯石壁上有“在天寶”字，在州城北。

和州

陋室銘劉禹錫作銘，在州治。

項亭賦碑唐李德裕賦，徐鉉書，在州北烏江浦。

徐州

漢高祖廟碑州與豐縣皆有廟。

華佗墓碑有碑題曰“後漢名醫華佗墓”，在州城南。

天津橋碑碑記剥落，在豐縣東北。

落馬碑在豐縣。

歌風臺石篆後人篆刻《歌風詞》於臺上，在沛縣泗水岸。

閔子騫廟碑碑文斷裂，在蕭縣東南。

樊巷古碑即樊噲故里，碑今斷裂。

滁州

柏子潭御製碑洪武中立，在州豐山。

滁陽王廟碑張來儀奉勑撰，在州龍興寺右。

醉翁豐樂二亭記歐陽修撰。

庶子泉刻李陽冰書，俱在州琅琊山。

偃月洞石刻洞近琅琊山，前賢題詠多刻石壁上，在州龍蟠山。

彭城山鐫字有石鐫“彭城山”三大字，在州城東北。

許由廟碑

漢劉熙碑

潁川荀淑碑

小字太山碑

魏樂安長劉世碑

李衛公西嶽書

子昂行書千文
停雲舘帖

浙　　江

杭州府

錢忠肅王廟碑碑多磨滅，在府清波門外。

高麗寺碑宋御書，碑存，在府城西。

石柱山古篆秦刻，剥落，在於潛縣東。

飛來橋石刻元皇慶間刻，在於潛縣岝㟧山。

獨山碑吴越王祀山神，碑尚存，在臨安縣東。

徑山寺碑寺多先賢碑文，在臨安縣天目山。

東坡泉石刻有“東坡泉”三字，在昌化縣。

嘉興府

興聖寺碑宋理宗誕地，賜額“流虹勝地興聖之寺”，御書碑存，在府治東北。

陸贄祖宅碑贄祖齊望捨宅爲寺，碑刻存，在府治西南。

真如寺石刻司馬光撰記，在秀水縣南。

金栗山石篆有“天册元年”三十八字，在海鹽縣西南。

湖州府

顔忠烈廟碑宋張田移真卿所書于禄、放生池、項王、射堂四碑刻於廟廡，在府城。

愛山臺碑元張世昌撰，在府城内。

駱駝橋刻橋有顔真卿書“駱駝橋”三字，今刻失真，在府治東。

南園序刻胡瑗作，在府城安定門内。

黄龍洞碑蘇軾撰，在府城北卞山。

防風氏廟碑吴越王所立，碑尚存，在烏程縣東南。

九女塚碑塚有石室石壁，上隱若有碑，刻圖書之文，在長興縣内。

李衛公祠碑在烏程縣，一在安吉州。

嚴州府

嚴先生祠碑在府治内。

高風堂石刻堂北有柏，石刻“壽柏”二字，在府治東。

競秀閣扁米芾書，在桐廬縣。

金華府

越國公祠碑國朝宋濂撰，在府治北。

吕祖謙墓碑朱文公書，在武義縣南。

衢州府

禹迹洞石刻載唐陸仁燦文，在常山縣南。

烏石寺木卓題岳武穆過宿，題記歲月，在龍游縣北。

徐偃王廟碑韓愈撰，在龍游縣西。

處州府

南明山三字米芾書，在府高陽洞。

靈崇二字葛仙翁隸書，在府南明山。

少微閣照水堂二扁俱米芾書，在府治西。

初暘山三字李陽冰篆，在縉雲縣東。

吏隱山書刻李陽冰楷書“吏隱山”三字，又有篆書《忘歸臺銘》，在縉雲縣溼尊山。

阮客洞鐫字李陽冰題洞額，鐫石峰上，又有篆書“倪翁洞”三字，在縉雲縣東。

留槎閣扁蘇軾書，在龍游縣南。

唐葉公碑碑二，俱李邕撰并書，一在松陽縣永寧觀，一在宣平縣沖真觀。

馬大仙廟碑李陽冰撰，在景寧縣西。

陶孝婦墓碣李繇作碣，陸羽爲文，在青田縣南。

紹興府

禹陵窆石古隸，不可讀，在府會稽山。

稽山碑李斯篆，在府學。

鵝鼻山石刻秦始皇刻，在府城西南。

曹娥碑邯鄲子撰，在府城東。

活水軒記宋濂篆額，貝廷臣記，在府鏡湖上。

王羲之墓碑孫綽文，王獻之書，在諸暨縣苧蘿山。

蘭亭敘圖山陰縣、覲[2]縣俱有。

寧波府

逸老堂記宋郡守爲賀知章建堂，在府月湖中。

宸奎閣記蘇軾撰，在府東阿育王寺。

黄庭經

七觀帖

西農法帖俱鄞縣。

梓蔭山石刻有“懲忿窒慾”四字，在定海縣東。

瑞巖山碑宋祥符字“産芝，立碑”，在定海縣東南。

虚白觀碑唐葉靖天師講經處，碑載救龍事甚詳，在奉化縣東北。

赤壁賦黄庭堅書，在象山縣智門寺。

台州府

龍公嶼石刻有“石龍竇”三字，在府城西北。

二徐墓碑朱子書，在臨海縣東。

石壁山詩刻宋虞仲房刻，在黄巖縣南。

韋羌山石書字如科斗，在縣西。

吴芾墓碑朱子撰，在縣西。

括蒼洞刻宋光宗書“瓊章寳藏”四字，俱仙居縣。

蓋倉山石刻有“真逸”二字，在寧海縣東北。

温州府

奎文亭御製詩石刻宣宗賜黄淮《辭歸詩》，淮刻石，在府城西南。

一鏡池石刻有石刻“一鏡”二字，在府學。

江心寺扁刻宋高宗書“清暉”“浴先”二扁，刻於石，在府城北寺中。

石洞八分書似魏晋間人筆跡，平陽縣南。

沐簫泉三字王子晋沐簫處，在樂清縣西。

堂邑令費鳳碑

梁相費汎碑

江　西

南昌府

西江第一樓刻即滕王閣故址，古今題詠多刻其上，在府城章江門外。

徐孺子祠碑吴太守謝景立，國朝胡儼有記，在府東湖南小洲上。

唐韋丹遺愛碑在府城西石亭寺。

孫忠烈詩刻在府大忠祠。

寶氣亭二碑一刻唐李德裕《劍池賦》，一刻宋黄長善《石隄記》，在豐城縣西北。

大智院碑唐柳公權書。

天下清規鐫字趙孟頫書，俱奉新縣百丈山。

鎮蛟石碣吴、許二真人書符鎮蛟，石碣存，在奉新縣延真觀。

寶峰院碑唐權德輿書，在靖安縣石門山。

釣臺明月灣鐫字黄庭堅書，在寧縣雙井側。

饒州府

薦福寺碑唐歐陽詢書，在府城東。

石虹山古篆石障上有古篆八十三字，莫辨，在餘干縣北。

饒娥碑柳子厚撰，在樂平縣東。

歲寒二字宋周冕鐫，德興縣西。

玉真臺三字唐柳敬德鐫，在安仁縣後。

廣信府

葛仙翁祠碑元陳衡撰，在鉛山縣葛仙山。

陳康伯墓碑宋孝宗御書“精忠顯德”之碑，在弋陽縣南。

南康府

石室禹刻石室極深險，有摹者得百餘字，僅“鴻荒漾”“余乃攆”六字可識。在府西北廬山紫霄峰。

風雩鐫字朱子書，在府北華蓋石。

玉淵鐫字宋張孝祥書，在府西北。

陶桓公廟碑張齊賢記，在都昌縣。

喚渡亭碑黄庭堅書，在建昌縣南。

壽松圖刻宋李鴻漸刻，在建昌縣冷水觀。

壽樟圖刻宋陳文孫刻，在建昌縣治南。

九江府

上霄峰石刻有禹刻，秦皇、漢武刻，在府南廬山陰。

御製周顛仙碑在廬山天池寺。

東林寺碑李北海書，在廬山。

石泉碑葛洪符録，石刻尚存，在德安縣北。

祖將軍廟碑顔魯公撰，在江州湖心。

狄梁公廟碑黄庭堅書，在彭澤縣南。

歸去來辭碑一東坡書，在彭澤縣；一山谷書，在南康縣。

建昌府

麻姑仙壇記顔真卿撰并書，碑盈尺，字小。今移置府治内。

社倉記碑朱子撰記，在南城縣東平鄉。

撫州府

翻經臺石刻謝靈運刻，在府寶應寺。

玉斧泉三篆字吕巖書，在宜黄縣塗黄嶺下。

臨江府

戲魚堂帖宋劉次莊自摹淳化帖，刻石置堂中，在新淦縣。

秀溪篆刻宋曾宏迪刻，在新淦縣北。

吉安府

清都臺三字蘇軾書，在府南清都觀。

進士第一堂刻堂刻文天祥“魁”字并祝詞於板扉，在廬陵縣學。

瀧岡阡表歐陽修自撰，在永豐縣鳳凰山。

故吉州碑碑沉于江，水落，見“大業”等字，在吉水縣西。

御書閣篆扁宋徽宗書，在吉水縣羅陂。

元寂禪師墓碑南唐韓熙載撰，在吉水縣龍華寺。

龍溪二字顔真卿書，在永新縣秋山。

瑞州府

正德書院扁趙孟頫書，在上高縣南。

新豐吟石刻黄庭堅書。新昌縣普利寺。

袁州府

四益堂碑宋郡守張杓刻其父俊所書《四益碑》，在府治。

需宴亭碑房琯建，李華撰文，柳宗元書其碑陰，在府治南。

石乳洞刻宋鄭王賓鐫，在府城東。

栖霞閣題刻宋王欽若詩，在府舊高真觀。

三絶碑李覯記，章友直篆額，柳淇書，世稱三絶，在府學叢桂堂。

南安府

遵道堂扁米芾書，在府學内。

字民銘宋度宗製并書，在南康縣治。

湖　廣

武昌府

洞賓仙跡鐫字石壁上有洞賓像并“洞賓仙跡”四字，在府城西南黄鵠磯。

元御書碑元文宗書“遠志萬里歸程”六字，歐陽玄爲贊，在府學内。

陶侃廟碑晋咸康間立，在府城西北隅。

石門山題刻唐元結與馬安同遊，石刻存，在武昌縣東。

怡亭銘李陽冰篆，李莒八分書，裴虬銘，世謂“三絶”，在武昌縣江濱巨石上。

帝舜廟碑碑載二妃事，今剥蝕，在蒲圻縣治。

灊山碑宋馮京讀書處，有碑，在咸寧縣南。

靈仙山御書額宋光宗書，在興國州西南。

異泉銘元結作，在大冶縣回山洞。

漢陽府

梅巖二字在府治鳳棲山石壁上。

湧月二字在鳳棲山巨石上。

陽臺廟碑裴敬撰，載高唐事，在漢川縣陽臺山。

黄州府

龜峰山石刻有唐人詩，在麻城縣東。

洄瀾二字蘇東坡書，在蘄水縣蘭溪峰。

六逸石題刻宋元豐八年刻，在蘄州三角山。

觀頤視履石刻宋潘震書，亦在三角山。

風雲奇觀石石刻“風雲奇觀”四字，下有詩，無姓氏，在□荆府。

烏牙山碑白居易撰，在黄梅縣靈峰院。

德安府

許紹墓碑宋郡守周燮以碑類玉，磨去其文視之，非玉也，在府城東。

董永墓碑國朝羅勉重立，在孝感縣東北。

舜子井斷碑秦刻，多漫滅，惟存“五大夫”三字，在隨州東南。

承天府

京源山石刻山有石刻詩十首，以“崖枯草莖瘦，水清魚影寒”爲韻，今燬，在京山縣東。

漢董仲鎮蛇篆石仲，永之子，有仙術，嘗篆符石上鎮蛇，石在京山之陰。

境會石碑碑云“大中祥符九年”，在沔陽州鼓角樓下。

襄陽府

墮淚碑襄人爲羊祜立，在府城南峴山。

沉潭碑杜預南征紀功碑二，一立萬山上，一沉潭中，在府城西。

山南東道樓碑李陽冰撰并書“山南東道”四大字，置樓中，在府治。

晋柏碑碑題曰“晋柏其柯如鐵石”，在府峴山下。

驌驦橋三字在棗陽縣東。

漢婁壽墓碑碑題“元儒婁先生墓”，在光化縣東南。

書字崖刻崖高峻，有字，在均州北。

狼子山字刻字方一尺，可識者“玄、田、中、丘”四字，在鄖縣漢水上。

荆州府

唐介墓碑劉贊撰，在府城西龍山。

蒙惠二泉碑宋元人多遊此，碑刻存，在荆門州西。

圓臺山碑陳宗遜撰，庾遠書，在當陽縣東。

六一堂碑歐陽修撰記，在夷陵州學。

三游洞石刻白居易與弟行簡及元禛游此，刻記石壁上，在夷陵州西北。

岳州府

岳陽樓石刻宋滕宗諒取古今題詠刻石樓上，在府城西。

幕阜山石篆有“夏禹治水至此”六篆字，在平江縣北。

長沙府

來禽帖府治，刻佳。

宋二龔墓石刻在長沙縣北。

嶽麓寺碑唐李邕書，在善化縣西南。

嶽麓書院記張栻撰，在善化縣嶽麓山。

道鄉臺石刻朱子書，在嶽麓山寺。

稠青泉碑泉傍有碑，剥落，止存“有靈處”三大字，在湘潭縣北。

草衣巖石刻巖上有張天覺詩，在湘潭縣西。

黄陵廟碑韓愈撰，在湘陰縣北。

西山遺像石壁上有唐李靖像，在醴陵縣治西。

洗筆池斷碑碑載褚遂良《湘潭偶題》詩，在湘鄉縣北。

寶慶府

武岡山銘柳宗元撰，在府城北。

雲漢閣扁宋徽宗御書，在府學。

衡州府

神禹碑在府北岣嶁峰，又云在衡山縣雲密峰。科斗文，唐韓愈詩已謂“事嚴跡祕鬼莫窺”。宋蜀士因樵夫引見，搨得七十二字，皆不可曉。尋失所在。今摹本存。

唐龐蘊碑在府南能仁寺。

晋羅含墓碑文多訛缺，在耒陽縣南。

諸葛亮紀功碑亮斬雍闓，禽孟獲，回軍經此立碑。歲久文不可辨，在耒陽縣東。

石柱文字磨滅，惟“天寶十一年”五字可識，在耒陽縣東。

常德府

招屈亭碑唐劉禹錫曲，碑存，在府城東南。

沈公臺古碑碑題“重游沈公臺記”，餘字漫滅，在府治西南。

辰州府

銅柱銘晋李皐撰，楚王馬希範立，在府城西北。

紅旗洞刻字有“義蓮塘”“孝感橋”刻字，在溆[3]浦縣東。

永州府

朝陽巖石刻多古今名賢題詠，在府西瀟水上。

火星巖石刻巖壁上題詠高下鱗次，窮日乃能盡閲，在府西。

八愚詩紀柳宗元作《八愚詩紀》於溪石上，在城西冉溪。

碧虚洞篆刻李嶠書，在寧遠縣南。

大唐中興頌碑元結撰，顔真卿書，在祁陽縣浯溪。

斥鼻亭神記柳宗元作，在道州。

濂溪祠記胡銓、張栻有記，在道州學内。

靖州

清波湖題刻宋鄭琛題，在會同縣南。

鑿字溪古碑唐久視中王思齊鑴，在通道縣境。

郴州

劍泉銘宋張舜民作，在州康泰坊。

窊尊石刻宋張舜民作，在州江畔。

漢許荆周璟碑俱桂陽，大字，在桂陽縣。

仙母山漢壽字碑宋令徐繼孫刻，在永興縣東。

蔡孝婦塚碑在永興縣西北

天下奇觀四字山石拳曲如角，上有“天下奇觀”四字，在興寧縣西。

司徒掾梁體碑

荆州刺史度公碑

譚帖

福　建

福州府

閩忠懿王廟碑唐天祐初立，在府城内。

拱極樓扁宋理宗書，在府城内。

釣臺山石刻臺有“全閩第一江山”石刻，在府城南。

道山亭記宋曾鞏記，在府城内烏石山。

天風海濤石扁朱子書，在府東南鼓山。

般若臺碑李陽冰篆，與《處州新驛記》《縉雲城隍記》《麗水忘歸臺銘》，世稱“四絶”，在府華嚴巖頂。

興化府

廣化寺詩刻柳公權書，在府城南。

陳嵓仙篆石篆石如蟲鳥文，在府城北。

蔡襄書刻襄工書，爲當時第一，在莆田縣。

泉州府

金粟之洞四字宋寧宗書，在府西南紫帽山。

小山叢竹四字朱子書，在晋江縣西北。

萬安橋記蔡君謨建，有記，在晋江縣洛陽江上。

高士峰石篆唐秦系隱居，有石篆“高士峰”，在南安縣九日山。

萬歲山三字山有“萬歲山”三字，磨之不動，在永春縣東。

延平府

釣臺石壁刻有石刻“釣臺”字，在府城南。

李侗墓碑汪應辰撰，在府城東。

建寧府

梨嶽廟碑祀唐刺史李頻，宋盧幹立碑，在府城東南。

乘風堂碣“碣”字大尺許，在府鳳凰山。

溪山一覽扁朱子書，在府城内。

友石臺記劉屏山撰，朱子書，在府南園。

御茶園詩刻宋危徹孫製。

御泉亭碑宋丘荷撰。

茶録十詠碑宋蔡襄著，上下篇論。

北苑五詠碑宋龐藉製，俱府東吉苑里。

心經唐異僧書，今刻府歸宗巖石壁上。

汲古井扁朱子書，在建陽縣考亭。

匙潤泉三字朱子書，在建陽縣資化寺。

清獻梅三字宋趙忭[4]植梅，後人立石，刻“清獻梅”三字，在崇安縣治。

唐刻石唐明皇遣使祀仙刻石，凡二十四字，舊在崇安縣武夷山同亭湖畔，今石陷湖中。

題讖石石載晋郭璞讖，似唐人作，在武夷山九曲溪頭。

水光石石刻前賢題詠頗多，在武夷山一曲溪頭。

題詩巖刻多前賢題詠，在武夷山四曲溪北。

水簾洞石刻朱文公諸賢嘗刻石紀游，在武夷山丹霞嶂。

九曲櫂歌石刻湛甘泉作并書，在武夷山。

汀州府

蓮峰山石刻元馬周卿取山中奇勝命題，凡十三，刻石上，在連城縣東。

昇仙臺像刻石壁上有劉、熊二仙遺像，在寧化縣西。

河　　南

開封府

相國寺碑在府城内東南隅。

遺教經

蘭亭序刻

東書堂法帖俱在周府。

高陽里碑在許州荀淑里。

張敬因碑顔真卿撰并書，爲後人所擊，歐陽修求得，闕一段，在許州長社里。

魏何申伯碑在陳留縣。

魏袁焕碑在太康縣。

三老袁良碑太康、扶溝俱有。

魏鍾繇碑在中牟縣。

魏母丘恍碑在延津縣。

蔡邕斷碑邕嘗爲酸棗令劉書撰《去思碑》，斷碣存，在延津縣治。

魏受禪碑衛覬隸書，在臨潁縣。

子産廟碑唐天寶中立，今磨滅，存“僑東里人”數字，在新鄭縣陘山。

紀信祠碑在滎澤縣。

漢戴封碑

漢邊韶碑蔡邕書。

彰德府

堯廟碑金趙秉文記，在府城乞伏村。

魏鄴令西門豹廟碑在府城北大夫村。

書錦堂記碑歐陽修撰，蔡襄書，在府城西北。

扁鵲廟碑在湯陰縣東南。

晋侍中嵇紹廟碑韓琦撰，在湯陰縣西南。

周總管尉遲迥廟碑顔真卿撰，蔡有隣書，在臨漳縣境。

衛輝府

比干墓碑魏文帝文，在府城北十里。

太公廟碑漢崔瑗書，在府城内西南。

郭進屏盜碑杜韡撰，在府治牙門東。

老子祠石像魏廉侯鐫，在汲縣。

箕子廟碑柳宗元撰，在淇縣南。

湧金亭字刻蘇軾書，在輝縣百泉亭東。

懷慶府

順利渠碑有“利津覽勝”四字，在府城濠塹。

鎮山亭碑金耿光禄刻，在府城上。

魏夫人祠碑晋紫虚元君，宋碑尚存，在府城紫金壇。

沁園圖本金官僚游宴之地，有石圖本，在府東北。

淬劍池石刻有嵇康石刻，在修武縣北。

漢郭容碑中元二年，在濟源縣。

河南府

董宣廟碑在府城内東南。

漢橋玄碑在府治内。

漢劉寬墓碑故吏門生所立，在府城北北邙山。

晋王戎墓銘隋大業中人作酒窖，得其墓銘，在府城舊殖業坊。

權德輿墓碑韓愈撰，在府城北。

白居易墓碑李商隱撰，在府龍門山。

光武廟碑宋蘇得祥撰，在孟津縣西。

楊震碑在閿鄉縣。

道德經碑唐玄宗書，在閿鄉縣祥符觀。

銅盤篆文唐開元中偃師農人得之地中，文甚奇古，云比干墓所藏。

魏鍾繇墓碑在偃師縣東。

關龍逢墓碑唐時立，在靈寶縣龜頭原。

天封觀石柱刻有韓愈題名，歐陽修跋，在登封縣北。

南陽府

范蠡廟碑范增爲立碑，在府城西。

百里奚七星冢碑碑陰刻唐韓愈詩，在府城南。

諸葛廬碑前代碑俱存，在府臥龍岡。

宋均墓石獸刻石獸二，左刻“天禄”，右刻“辟邪”，四字。古文最奇。在南陽縣東北。

張衡墓碑崔瑗撰，斷石僅存，在南陽縣東北。

黄權墓碑墓有四碑，在南陽豫山南。

宗資宅瓴瓦篆宋耕者得瓴瓦，上有“宗氏千秋”四篆字，在南陽縣負郭。

漢圉令碑隸書，在南陽縣舊文廟内。

清德堂頌宋頓起刻，在唐縣治。

淮瀆廟碑國朝楊榮撰，在唐縣桐柏山。

廣武伯墓碑天寶二年立，在鄧州東北。

左雄碑在故湼陽城，今鄧州東。

召杜生祠碑在鄧州百花洲上。

張釋之廟碑石碣存，在裕州城西。

温湯泉流杯池二碑俱唐武后立，在汝州。

汝帖碑石凡十二，皆歷代名人書，在汝州治。

魯陽公墓碑古碑，止存四字，在魯山縣。

元結墓碑顔真卿書，在魯山縣青條嶺。

汝寧府

光武廟碑在府城東。

平淮西碑宋刻，在府治内。

司馬温公廟碑在光州學宫。

孫叔敖廟碑漢延熹中立，在固始縣西。

靈應廟碑俗傳漢陳平主之，在確山縣。

歸德府

孝烈將軍廟碑即木蘭女，在府治。

張壽碑在府治。

太丘長陳寔壇碑在永城縣。

魏議郎元賓碑

漢山陽太守祝睦碑

劉脩碑

馮敦碑

漢幽州刺史朱龜碑

賜豫州刺史馮焕詩

洛陽石柱銘

顔母陳夫人碑

漢費亭侯曹騰碑

魏大享碑

北軍侯郭仲奇碑

漢繁昌令楊君碑

漢金城太守殷華碑

漢西平令楊期碑

漢征西大將軍楊瑾碑

魏隱士程冲碑

漢章陵太守吕公碑

漢南陽太守秦公碑

山　東

濟南府

閔子騫墓碑蘇轍撰，蘇軾書，在府城東。

漢魯峻碑在府學。

北齊房彦謙墓碑唐李百藥撰，歐陽詢書，在章丘縣西。

東方朔墓碑顔真卿書，在陵縣東北。

秦碑秦始皇制，李斯篆，在泰安州泰山。

磨崖碑在泰山秦觀峰南。

泰山銘唐玄宗製，在秦觀峰。

封禪壇金字碑宋真宗御書，在泰安州南。

青帝觀碑宋真宗書，在泰安州北。

玉簡文洪武初於泰安州蒿里得玉匣，有玉簡十六，乃宋真宗祀泰山后土文，有司獻諸朝。

六逸堂石刻金黨懷英撰，在泰安州徂徠山。

漢繹墓令碑在平原縣。

兖州府

堯祠碑在府城東南。

晋邢邵碑在府城内。

伏羲廟碑曲阜、魚臺、滕縣、鄒縣皆有。

軒轅壽陵碑石碑凡四，極高闊，皆宋時物也。在曲阜縣東北。

少昊八卦石在軒轅陵東。

周公廟碑宋真宗讚，在曲阜縣魯城内。

宣聖廟碑廟在曲阜縣西八里魯城内，有宋真宗讚、本朝御製碑。其他門廡齊亦齋宫碑刻之盛不可殫紀。

古石壇刻文在泗水墓上。

魯壁銘

手植檜贊米芾行書，在孔廟内。

魯諸王墓石人刻字漢時魯諸王之墓，在曲阜縣南。

漢魯相復顔氏徭役碑永壽二年，在曲阜縣。

魯郡太守張府君碑顔真卿書，在孔廟。

坤靈祠刻劉華書，在曲阜縣。

茶泉銘黨懷英篆，在曲阜縣。

漢博士倪壽碑在曲阜縣南。

顔氏家廟碑李陽冰篆，在孔廟東。

冉伯牛墓碑在東平州西。

嶧山碑李斯篆，宋摹於鄒縣廨中。

性善書院碑在滕縣。

漢承武令碑在嶧縣。

栖霞阡表石刻子昂書，在單縣東。

漢方輿令薛君碑延熹六年，在魚臺縣。

湯王廟碑在曹縣南。

曹叔振鐸廟碑宋王禹偁撰，在定陶縣㚄山。

魯太史墓碑左丘明之王父，宋盛琳撰，在定陶縣陶丘。

范式墓碑有魏時碑刻，今移置濟寧州學。

李白酒樓碑當時碑刻猶存，元陳儼記，在濟寧州南城上。

漢郯令闕碑元初四年，在濟寧州學。

漢郎中鄭固碑在濟寧州學。

漢義井碑在濟寧州。

漢劉曜碑

鄆州學田記俱鄆城縣。

漢故穀城長張君碑顔真卿書，在東平州。

獲麟臺志石在鉅野縣東南。

歲寒堂石刻有李誠之、蘇軾題名刻，在東平州城内。

洸河橋碑金李守純撰，在汶上縣東。

黄石公廟碑在東阿縣穀城山。

漢費令田君德政碑在沂州。

漢兖州刺史李伯成碑

東昌府

高陽氏陵碑有祈雨禱雪碑存，在府城北。

麒麟碣載鄉賢淳于髡三十人贊，在府學内。

金重修孔廟碑王去非撰記，黨懷英篆蓋，王廷筠書丹，時稱"三絶"，在府學内。

舜廟碑在濮州歷山。

東方朔廟碑元閻後撰，在高唐州。

唐韓克中墓碑在莘縣西南。

青州府

堯祠碑唐宋誕撰，在府城西北。

太公廟碑宋真宗讚，在府城北。

范公亭詩刻有范仲淹、歐陽修詩，在府城西門外。

雲門山石刻富弼題名，在府城南。

齊桓公廟碑宋景祐間立，在臨淄縣營丘。

王大橋石刻在壽光縣西。

漢管寧碑在安丘縣。

琅琊臺石刻李斯篆，在諸城縣琅琊山。

孝源泉碑唐孝子孫既，在莒州北。

魏邴原碑在莒州。

登州府

之罘山石刻秦始皇刻，字畫剥落，在福山縣東北。

蘆山真君宫碑金陳尹撰，在黄縣西南。

萊州府

大基山碑刻金劉國樞記，在府城東。

孔融祠碑宋政和四年建，在濰縣東。

漢鄭玄碑在高密縣西南。

漢謁者景公墓表

東海廟碑

童子逢盛碑

麒麟鳳凰碑

漢范滂碑

陝　西

西安府

石經《周易》《毛詩》《尚書》《儀禮》《禮記》《周禮》《左傳》《公羊》《穀梁》《孝經》《論語》《孟子》《爾雅》十三經，唐刻，在府學内。

唐新刻石經記

五經文字序例

明皇八分書孝經

張旭草書千文

智永真草千文

聖母帖懷素書。

筆陣圖

心經俱王羲之書。

座位帖顔真卿書，俱府學内。

長樂亭石刻陳堯咨歌，在府滻水西岸。

唐薦福寺碑史惟則篆，在府城内。

樗里子墓碑張行誼書，在府城西北。

唐李抱玉廟碑顔真卿書，在長安縣。

岐國公廟碑在長安縣西。

文廟碑顔真卿書，在咸寧縣。

周文王廟碑今廟廢碑存，在咸陽縣西北。

唐旌儒廟碑顔真卿書，在臨潼縣坑儒谷。

唐一行禪師碑明皇八分書，在臨潼縣銅人原。

西平王墓碑柳公權書，在高陵縣渭橋。

懷素自敘帖

聖教序記褚遂良書，在▨。

蘭亭詩序褚遂良書，俱在同州。

夏禹廟碑在朝邑縣此[5]。

唐三藏法師塔銘在白水縣興教寺。

華州城隍廟碑漢光和二年，在州東。

西嶽廟碑歷朝俱有碑刻，在華陰縣華山。

華山銘碑唐玄宗製，八分書，字大四寸。

漢復華下民租詔碑光和二年，在華陰縣。

希夷庵遺像庵前有睡洞、遺像，在華陰縣。

漢孝子蔡順墓碑在渭南縣。

李光弼墓碑顔真卿文，張行誼書，在富平縣北。

梁國公主碑唐明皇書，在蒲城縣東。

唐昭陵廟碑在澧泉縣九嵕山。

醴泉銘魏徵作，歐陽詢書，在醴泉縣東南，一在麟遊縣。

六駿贊刻唐太宗所乘，各有贊，歐陽詢八分書，在醴泉縣昭陵廟中。

臧氏碑唐臧氏碑刻頗盛，顏真卿、李邕諸人書，在三原縣。

唐報本寺碑侯翊書，在武功縣北。

虞恭公碑歐陽詢書，在邠州。

吏隱堂碑杜陵石彦政撰，在淳化縣治。

陰符經褚遂良書。

金蘭帖歐陽詢書。

古柏行黄廷筠書。

析里橋碑

鳳翔府

潤德泉碑宋雍熙間立，在岐山縣西北。

石林亭石刻宋劉敞、蘇軾有詩，石刻尚存，在麟遊縣學東。

五龍泉亭碑宋王竦撰，在麟遊縣西北。

射箭亭碑元憲宗立，在寶雞縣西南。

太公廟碑文字殘缺，在寶雞縣磻溪側。

段秀實墓碑在汧陽縣西北。

鳳翔八觀石鼓、詛楚文、秦穆公冢、王維吴道子畫、維摩塑像、李茂貞園、東湖、中興寺閣，凡可觀者八，蘇軾有記。

漢中府

豆積山鐫字張果隱處，宋李大正鐫“遯迹山”三字於石壁，在鳳縣治北。

聖德寺碑唐戴正倫撰，梁肅書，在鳳縣。

斜谷碑在鳳縣。

褒水石詩刻石如白玉盆，宋文同刻詩其上，在褒城縣。

萬歲通天碑唐武后立，在石泉縣。

郙閣銘在略陽縣。

唐仙觀碑漢仙人唐公昉飛昇，有碑，剥落，在城固縣。

李固墓碑唐韋臯撰，在城固縣西。

舊西城鐫字宋寧宗書"□戈"二大字，鐫於西城廢縣，在今金州，不存。

平涼府

問道宮碑在府西崆峒山下。

靈湫碑元天曆中立，在隆德縣東北。

王維竹石碑在華亭縣學。

思濳亭碑金泰定間立，在鎮原縣北。

王母宮碑宋陶穀撰，在涇州西。

鞏昌府

迸瓅泉題刻唐哥舒翰題，在成縣鳳凰山。

漢耿勳摩崖碑在成縣天井山。

脩經閣碑唐韋汶撰，在成縣鳳凰山。

開西陜頌碑在成縣。

靈應泉碑宋夏世昌撰。

澠池五瑞碑

慶陽府

范仲淹祠碑碑剥落，惟穆衍贊存，在府城内。

不窋塚片石碑久剥落，有片石大書"周不窋氏陵"，在府城東。

公劉廟碑宋王庶撰，在寧州。

狄仁傑廟碑碑剥落，惟范仲淹銘存，在寧州城西。

扶蘇墓碑在寧州城西。

要册湫碑歷代碑刻存毁相半，在真寧縣橋山。

唐列聖碑金李大忠刻唐高祖至昭宣二十一帝像，在合水縣東。

郭子儀墓碑十一世孫訥刻，在合水縣東南。

延安府

嘉嶺山鐫字范仲淹大書"嘉嶺山"三字鐫於石，在府東南。

清涼山石刻山有石洞，内大小石佛萬餘。山北刻石云："金皇統九年梁文仙鑿。"在府城東屍毗巖。

周折克行墓碑在府谷縣西。

是邦雄集碑

涼州刺史魏元丕碑

燉煌太守武班碑

益州太守高熙碑

益州太守城垻碑

縣三老楊信碑

三英碑

先塋記

多寶塔銘

玄密塔銘

化度寺碑

龍門禹廟宗秀方題名聖教序

藏真帖

六書偏旁

十八體書

韓子五箴

搗衣篇

金綱經

雲麾將軍碑

唐郭敬文墓碑

遺教經

唐定慧禪師碑

唐净住寺釋迦佛像碑

唐昇玄先生碑

殺阮君神祠碑

華州使院石柱記

顔魯公金天廟題名

漢四皓廟碑

漢劉黨碑

漢鎮遠將軍段敬修碑

漢司徒奇碑

多寶寺道因法師碑

唐曲阜憲公孔子碑

唐誠節馮昭太碑

華陽山洞景大法師碑

開元寺崔行恭文

御筆八鴿

孝子李得成碑

贍學田記

宋游公墓誌銘

唐綾丘馮公碑

魏文帝書碑

山　西

太原府

杕華堂碑碑李清臣撰，在府城柳溪上。

周將楊忠碑忠，隋文帝父。碑在太原縣象山。

石室山篆字篆文不可辨，在太原縣西。

晋祠碑在太原縣治西。

雲日樓碑元吕思誠撰，在平定州陽泉村。

七賢堂遺像有金趙秉文、楊雲翼等遺像，在平定州東北。

靈源廟碑在平定州嘉山。

居士臺碑有古碑《王居士室》，臺因以名，在定襄城東南。

程嬰墓碑碑殘缺，在忻州南門外。

杵臼墓碑碑存，在忻州西北。

金元好問墓碑在忻州東南。

晋徐邈碑在榆次縣。

絳帖古名人書，舊在絳州，今移置□晋府。

進學解鮮于伯機書，在□晋府。

平陽府

堯碑在府城南沁水東。

舜井碑王欽若撰，在蒲州東南。

夷齊墓碑有唐梁昇、宋黄庭堅撰碑，在蒲州首陽山。

碧落碑唐李譔書，在絳州治。

魏并州刺史王恒碑在絳州。

臯陶墓碑在臨汾縣。

玉皇閣碑在臨汾縣。

傅巖銘唐吕温作，在平陸縣東。

韓信廟碑在靈石縣。

老子廟碑唐高祖製，在浮山縣龍角山。

秋風辭石刻漢武帝作，在滎河縣后土廟。

司馬光墓碑宋哲宗賜額，蘇軾撰，在夏縣西北。

金仙寺碑趙孟頫書，在翼城縣東北。

大同府

武州山塔誌山下有耿氏三家誌，有“光禄銀青昭勇”數字，在府城西。

金邊元忠碑在府城石橋東。

唐段文昌墓碑在府城東。

碧峰詩石刻洪武中御賜，宋濂撰銘，在應州大安寺。

龍門山碑魏文帝立，碑陰有從臣姓名，在山陰縣。

洪濤山碑山下有桑乾河神廟，碑刻俱存，在馬邑縣西北。

潞安府

唐崔元靖碑

稡經樓記元程文撰，俱在長子縣。

汾州

呂洑碑虞集撰，在州城南。

文彦博宅石刻宅廢，石刻有宋神宗賜詩，并彦博撰記，在州治。

三賢祠碑祀卜子夏、田子方、段干木，有碑存，在州城東。

郭林宗墓碑蔡邕譔，在介休縣東。

後魏穆祚碑在介休縣。

晋介之推廟碑在介休縣西門。

陰符經碑金趙秉文草書，在平遥縣太平觀。

遼州

箕山石室文文字多不可識，在州城東南。

通玄觀碑狄仁傑撰，在榆社縣南。

魏勍碑

魏陸嚴碑

漢敬韶碑

唐十道閣

絳守名園池記

李綱碑

四　川

成都府

禮殿聖賢圖漢文翁立學作石室。興平初，高朕作禮殿，祀周公，畫三皇、五帝、七十二子，及三代、兩漢君臣像于殿壁，後好事者益以魏、晋。宋嘉祐中，王素摹寫爲七卷，凡一百五十五人。紹興中，席益又摹寫於石經堂，爲一百六十八人。今在府學宫。

黄庭經子昂臨刻，在府學。

浣花溪任氏碑吴中復記，在府西南。

大慈寺御書唐玄宗書“大聖慈寺”四字，在府治東。

逍遥山石窟字有“漢安元年四月十八日會仙友”字，在簡縣西。

節婦片石刻有“節婦井”三字，在簡縣西北。

史公泉石刻有“史公泉”三字，在綿州南。

浮觴亭石刻宋文同建，詩刻尚存，在崇慶州西湖側。

漢王褒墓碑碑剥落，在資縣東。

宋張忠定石像

郫縣碑在灌縣蠶崖道中。

書法要覽在□周府。

保寧府

治平園石刻宋文同賦十詠，在府治北。

離堆山磨厓紀顔真卿書，在南部縣東南。

鮮于氏墓碑韓雲卿撰，在南部縣東南。

竇圌山碑竇真人脩道碑，石存，在江油縣東北。

劍泉碑蜀五丁遺劍化爲泉，有碑，在梓橦縣。

漢范伯友墓石石闕，上有文“漢沛國相范伯友墓”，在梓橦縣北。

漢李業墓二闕二闕臨官路，碑文漢隸，在梓橦縣西。

漢雍勸墓碑墓有石麟，文曰“漢趙相國雍府君之墓”，在梓橦縣北。

蜀漢鄧芝墓石闕芝仕蜀漢，封陽武亭侯，在梓橦縣西南。

漢嚴顔碑唐韋增記，在巴縣治。

折柳亭石刻宋鄭淵詩，在巴縣西門外。

古佛龕碑龕中唐人題詠多剥蝕，惟一碑粗可辨，在通江縣西。

順慶府

唐仙女謝自然石像白日千金，泉水飛昇，有石像，在府城西。

金泉寺刻在府治。

儀隴山石刻山有“儀隴”二字，在儀隴縣西。

邀月臺石刻有“古木森森倚石顛，快哉四望見山川”之句，在儀隴縣北。

甘泉篆石宋陳良撰，在廣安州。

霄漢閣石刻顔真卿書，在廣安州治西。

燕居堂石刻宋陳堯咨之子義建，有《戒子詩》八章，石刻存，在渠縣。

望使橋古碑碑字剥落，在營山縣東。

唐顔真卿廟碑一在蓬州，一在營山縣。

漢馮緄廟碑緄舉孝廉，累官車騎將軍，在大竹縣北。

敘州府

墨妙亭筆蹟龕置黄庭堅筆蹟，在府治。

凉暑亭石刻黄庭堅書，在南溪縣龍騰山。

桂輪山石刻黄庭堅書，在南溪縣西。

雲臺書院有石鐫“雲臺書院”四大字，在南溪縣北。

臨武亭碑宋嘉定間立，在富順縣東。

重慶府

平都山唐碑山有唐碑十段，在酆都縣東北。

五雲樓唐書唐段文昌書“瑶池樂部”四字，在酆都縣。

唐章懷太子墓銘在巴縣。

淩雲閣刻字有碑刻“淩雲”二字，在酆都縣平都山。

夔州府

白鹽赤甲四大字白鹽、赤甲，二山名，張恍書四大字於白鹽山，在府城東。

爛柯亭碑碑剥落，在達縣鳳凰山。

處士墓碑碑字畫如歐陽詢，剥落不可録，在達縣北。

古楚宫石刻黄庭堅謂即“細腰宫”，石刻存，在巫山縣西北。

集靈觀碑唐商真君飛昇之處，有“象山福地，五華仙舘”碑，在雲陽縣西。

馬湖府

雷番山鐫字隋史萬歲鐫“雷番山”三字於石壁，在府城西。

神木山碑永樂四年工書，宋禮立，在沐川長官司西。

潼川州

雲居山勒字山有葛洪洞，崖畔勒“龜鶴”二字，在安岳縣東南。

静治堂三字宋孝宗書，在遂寧縣。

眉州

中心山碑昔道士羽化，碑多剥落，在州城西北。

觀蓮亭小像有東坡像及轍與黄庭堅贊，在州蘇祠西。

旌喜院石刻有韓琦等挽蘇洵詩，在州蟇頤山。

普照寺御書藏有宋太宗、真宗、仁宗御書，在彭山縣東北。

讀書臺石刻有李白詞，在彭山縣象耳山。

石倉米洞四字石倉山竇中出米，崖上刻“石倉米洞”四字，在彭山縣東北。

龍鵠山御書宋孝宗書“龍鵠山”三字，石刻存，在丹稜縣北。

慈姥巖石刻在青神縣東。

太公池石像池有石刻太公釣魚像，在青神縣。

嘉定州

治易洞銘宋吴秘作，在州東九頂山。

大像閣石佛唐僧海通鑿山爲彌勒大佛，像高三百六十尺，韋皋有記，在州東。

榮德山摩崖碑唐薛高撰，在榮縣東。

此君軒詩刻有黄庭堅詩，在榮縣後山。

阿吒山石羅漢山有巨石，周迴鐫羅漢一百八軀，在夾江縣西。

二楊墓碑一隸書“漢故益州太守楊府君諱宗字德仲墓道”，一隸書“漢故中宫令楊府君諱暢字仲普墓道”，俱夾江縣東。

瀘州

滴乳巖字黄庭堅書，在州城西。

靈應泉碑唐静應真人，碑存，在州南。

渡瀘亭碑有范伯禄平蠻碑，存今江安縣東北。

雅州

四經樓墨跡有二蘇墨跡，在州治内。

賢範堂書刻宋雷簡夫以書薦三蘇於張方平，後人刻書於壁間，在州治内。

高孝廉墓碑漢高貫方、弟貫光舉孝廉，葬此，碑剥落，在州城北。

樊太守墓碑漢建安間立，在蘆山縣南。

虞允文遺墨允文爲名山監茶，遺墨存，在名山縣。

播州宣慰司

楊氏宣德廟碑福光寺。

宋楊燦家訓碑

上庸長司馬臺神道

太守沈于琚碑

酒官碑

鐵盆銘

辛李二君造橋碑

何君閣道銘

干禄帖

廣　　東

廣州府

安期井欄刻井泉有金石氣，欄上刻八卦，在府城北。

石崖山刻宋張本忠刻頌，在陽山縣東北。

崖山刻石宋陸秀夫等死所，元張弘範刻石紀事，在新會海中。

韶州府

虞帝廟碣唐謝楚撰碣，宋廖德明改帝像作跪坐，刻朱子跪坐拜説，置廡下，在府北皇岡嶺。

南華寺碑柳宗元撰，在府南曹溪。

九成臺銘蘇軾作，在府北。

政寶堂石刻有蘇、黄刻，楊萬里跋，在府治内。

宋余靖神道碑歐陽修撰，在府城西。

涵暉谷銘唐元結刻，在英德縣鳴絃峰。

碧落洞石刻有唐宋名賢題詠，在英德縣南。

禪石碑在英德縣西北。

漢桂陽守周府君廟碑碑文石闕，在樂昌縣。

南雄府

大庾嶺碑漢將庾姓者戍此擊吕嘉，有碑，在府城北。

四井堂箴宋潘俠作《公謹清通四井箴》，因以名堂。

惠州府

蘇公祠碑在府東白鶴峰。

桂酒頌蘇軾作。

潮州府

韓文公廟碑蘇軾撰，在府東韓山。

思韓堂墨跡堂刻韓愈像及諸賢墨跡，在府治後。

陸秀夫墓碑在府城南十里海中。

拙窩石刻有朱子書扁，周子拙賦，刻巖石間，左右多名賢刻字，在府治文惠堂。

肇慶府

斗魁堂鐫石唐李邕記，在府北石室山。

瑞靈山古碑在陽江縣烟蘿山。

龍子嶺古碑在四會縣東。

獅子岡華表刻字漫滅不可辨，在四會縣北。

玉乳巖石刻宋李綱書，在德慶州。

化龍橋刻字有“醉石”二刻字，在德慶州西。

廉州府

烏雷廟碑自唐以來碑記存，在欽州南。

天涯亭記令狐震記，在欽州東江岸。

雷州府

萬山第一四字蘇軾書，在府天寧寺。

萊泉扁寇準飲此，元王佐題扁，在府西舘内。

瓊州府

東坡書院扁趙孟頫書，在府城北。

小洞天石刻宋毛奎書，在崖州南試劍石上。

華封巖石刻有“華封”二刻字，在萬州東山上。

龍潭碑元范淳撰，在臨高縣。

澹菴泉刻胡澹菴飲此，後人刻號石上，在臨高縣西南。

李衛公西岳書

廣　西

桂林府

唐帝祠石刻宋張栻有《謁廟詞》，刻於石，在府東北。

舜山磨崖刻唐韓雲卿記，在府城北。

華景山遺刻洞中多唐人遺刻，在府城北。

鎮南峰碑唐大曆中刻《平蠻頌》于石崖。宋狄青[6]儂智高勒碑巖上，在府城北。

風洞銘宋柳開作，在府東七星山。

逍遥樓扁刻顔真卿書，在府城東。

讀書巖石刻有劉宋顔延之《五君詠》，在府北獨秀山。

三先生祠碑祀周、程三先生，張栻有記，在府學。

柳州府

駕鶴書院碑文剥落，在府城東。

柳侯祠碑舊羅池廟，以祀柳宗元，韓愈撰記，蘇軾書，在府城東。

真仙巖磨崖書宋張孝祥磨崖大書“天下第一真仙之巖”，在融縣東。

白象巖篆字有二字，如篆，不可識，在洛容縣南。

梧州府

水井銘元結作，在府城東北。

范滂傳石刻黄庭堅書，在慶遠府城上南樓。

十箴堂石刻刻宋周必大《十箴》於石，在平樂府賀縣。

清心堂碑宋王慶立，在容縣舊州治。

將軍洞十字洞石壁上刻“南州太首領將軍龐孝恭”十字，在電白縣南。

光華亭石刻刻秦觀像與文於石，在藤縣北。

潯州府

蓮巢亭石刻刻蘇軾書帖，在府貴縣治。

南山石刻有宋人龍田詩，在貴縣南山。

南寧府

題詩巖刻字有“朝天門洞仙女”六字，在武緣縣。

牛皮石鐫字有“横州”二大字，在横州西。

九疑山碑

雲　　南

雲南府

太極圖并白鹿洞規碑國朝沐英勒，在府學内。

昆明市古碑蒙摩詞嵯立，府城東南。

爨王墓碑題曰“大周昆明隋曲爨王之碑”，閭丘均撰，賈餘絢書，在昆明縣東。

諸葛碑故有諸葛亮石刻，今廢，在宜良縣南。

葱蒙山碑王求仁撰，在三泊縣北。

山亭記碑僧楊子雲爲記，在三泊縣西。

曲靖軍民府

光勝寺碑元程文海撰，在府西點蒼山。

玉泉碑元楊庭撰，在趙州北。

地符石石上有篆文如印，人不敢踐，在雲南縣西。

南詔碑蒙氏羅閣鳳叛唐歸吐蕃立，在太和縣。

邛都縣侯爨龍顔碑龍顔仕劉宋，封侯，碑在陸梁州西。

阿呵韙書馬龍撰，爨字，如科斗文，號曰韙書。爨人至今習之。

北勝州

東山石像石壁間刻釋迦、觀音二像，題“唐吴道子筆”，在州東。

東山磨崖碑碑字訛莫辨，在州東山洞中。

金齒使司

唐都督張羅正碑有《破蠻功陞大監軍碑》，在使司城南。

貴　州

元總管趙將仕碑將仕有德政，夷人爲立碑，在普定衛。

【校記】

〔1〕宋，當爲“米”。

〔2〕觀，當爲“鄞”。

〔3〕淑，當爲“溆”。

〔4〕忭，當爲“拚”。

〔5〕此，當爲“北”。

〔6〕青，後疑脱一“平”字。

古今書刻敘録

焦竑《國史經籍志》簿録類。

《古今書刻目》四卷。

黄虞稷《千頃堂書目》簿録類。

周弘祖《古今書刻》二卷，各府州縣所刊書及石刻。一作四卷。

錢謙益《絳雲樓書目》書目類。

《古今書刻目》四卷。

周貞亮、李之鼎《書目舉要》版刻之屬。

《古今書刻》二卷，明周弘祖，明刻本，《古今舊書考》附刻本，長沙葉氏麗樓叢書本。

蕭璋國立北平圖書館目録類書目

《古今書刻》二卷，明周弘祖編，清光緒三十二年長沙葉德輝刻麗樓叢書本，二册。

《古今書刻》二卷，明周弘祖編，清光緒三十二年長沙葉德輝刊刻，民國八年葉氏重編印，觀古堂書目叢刻本，二册。按此書原列入麗樓叢書内。

《古今書刻》二卷，明周弘祖編，本館影晒明黄嘉善刻本，二册。

《古今書刻》上編，明周弘祖編，日本明治三十八年民友社鉛印《古文舊書考》附印本，一册。與《古文舊書考》第四册合訂。

葉德輝《郋園讀書志》卷四。

《古今書刻》二卷影寫明刻本。

此《古今書刻》上下編二卷，明人周弘祖所撰。《明史・藝文志》不載，我朝《四庫全書》亦未著録。蓋其書不傳于中國久矣。日本島田翰君著有《古文舊書考》，自隋唐卷子以及宋元以後線裝書，考核異同，精博無匹。其書後附刻此編上卷，孤本僅存，頗以未得窺見全豹爲恨。白岩龍平君爲介紹由彼國郵寄來湘，影寫一部，督手民仿雕之，行格字體，與原書無異。從此流播海内，如獲分身術，如服返魂丹，遂使四百年來不傳之祕書，得以家藏人習。此固島田君存古之巨功，抑亦白岩君傳古之素志。余雖與島田未獲謀面，縞紵論交，而蓬瀛方丈間，固時時令人神往也。光緒三十有二年丙午歲閏四月小盡日，麗樓主人葉德輝識于長沙洪家井寓宅之觀古堂。

皇明將略

皇明將略序

我太祖高皇帝龍飛在上，諸將佐翌贊於下，掃氛盪穢，以大一統。自後隨時建功，輝映册藉者代不乏人。故多聆廟謨，受成筭。要之攄獨智，順機宜，而出奇制勝者亦不可枚舉。譬諸北辰奠極，而衆星則各自爲明，耿耿朗朗於霄壤間也。顧神謀秘略，人莫得其槩。趙生嘗與江東顧少軒氏編集《皇明將傳》一書，爲後人式。玆復删繁就簡，標題合法，於昭代人豪竭智矢謀處靡不闡發，與列國正續諸將傳類爲一帙。其間或述前人所已行，或闡前人所未發，誠後先相映者矣。

夫學不通今古不足言經濟，誠就前諸傳以知古，就是傳以知今，則師資有地，運用惟心，諸葛武侯所謂“有能之將”者非歟？邇者西陲多警，東鄙貽憂，苟得博古通今者爲之將，則合利而動，見可而進，以紓聖天子宵旰之憂者，端在於是矣。欽差提督學校浙江等處提刑按察司副使崑山李同芳序。

皇明將略録

中山武寧王　徐　達
開平忠武王　常遇春
岐陽武靖王　李文忠
河間武順王　鄧　愈
東甌襄武王　湯　和
黔寧昭靖王　沐　英
越國武莊公　胡大海

徐　　達 字顯卿[1]，直隸鳳陽人

達精通韜略，博覽群書，徐壽輝、劉福通、張士誠皆慕而起之，不赴，曰：“帝星旺在本鄉，豈宜遠適他人?”我太祖詣其廬，諭驅群雄以救生靈之策，達曰：“定天下在德，不在勢。今元勢雖强，意在必亡。諸雄若徐壽輝强而自暴，張士誠驕而自奢，劉福通行無紀綱，方谷珍偷居自逸，明玉珍恃險自滿，皆無志於生靈，未足定天下。誠能以仁義道德爲心，不貪不殺爲本，傾府庫以固士民，則天下不足慮也。”上忻然，請與至濠。因問戰勝攻取之術，達曰：“上勝者以仁，中勝者以智，下勝者以勇，三者不可缺一。”上曰：“公之雄才大略見於議論，有古名將風。”遂授以鎮撫。已而察其動静語默，悉超群英，乃命爲帥首，凡有徵征皆代上行。

上與達謀渡江取金陵，適巢湖水寨軍帥俞通海等率眾萬餘、船千艘來降，遂渡江東，下采石，乘勝取太平。時元將陳也先、康茂才水陸來犯太平，達令湯和擊其水軍，鄧愈擊其陸軍，遂擒也先。及聞也先之子兆先集兵屯方山，達曰：“也先既擒，兆先必約倪文秀復雍舟師，結砦采石，以窺我太平矣。”乃東取溧水，以阻其援，復設疑兵，以分其勢，而以正合與戰。及戰，又出奇兵以擣之。由是文秀遁去，兆先亦擒，茂才率所部來降。進圍金陵，十日克其城。遂定鼎於斯焉。

達將兵取鎮江，上戒之曰：“爾當體我心，城下之日，戒士卒毋焚掠，毋殺戮!”達受命。至鎮江，元平章定定遁去，即克其城。兵不血刃，號令嚴肅，城中晏然。上喜曰：“吾用徐達，近王者之師。”

丁酉，上命達取高淳、丹徒等處。守將扈文明用拐子馬以拒王師。達分兵與康茂才攻之，仍令軍士善用長鎗者皆立於軍前，以中其馬，善用弓弩者次之，以射其人。文明戰敗，以城降。上諭達等曰：“僞漢王陳友諒竊據江左，若不勦平，則兩河、關陝、燕北之地非吾所望。漢若就擒，則吾師乘勝長驅，胡元可席捲矣。”乃親督達等分舟師爲兩翼，夾擊

破之。友諒懼，挈妻子奔武昌。達征武昌，聞祝宗、康太以南昌叛，達旋兵討之，斬宗、太，南昌平。上喜曰："南昌楚之重鎮，吴西南之藩蔽，我得其地，是去陳氏右臂，而張氏亦齒寒矣。"

張士誠北寇壽春，上親往援之，達爲前鋒。張兵敗北，命達移師圍左弼于廬州。會陳友諒大率兵寇豫章，上曰："爲一廬州而失南昌，非計也。"遂命達什[2]廬州之圍，歸整舟師，以解豫章之難。秋七月，友諒東出鄱陽逆戰，遇于康郎山。達身先諸將，敗其前鋒一巨艦，賊降者千五百人。上恐士誠乘虚，命達還守建康。然自是彼軍勢弱，我軍威振矣。達率兵取信州路，時僞漢守將燕繼超擁兵四萬，陣于龍虎山下，晝夜備報。達謂諸將楊璟等曰："昨詰鄉道云，山後有小路，名通牛峪，竟衝城南角，爾領兵潛夜抄出山下，深伏勿動，待我兵與戰，彼見我敗，必空壁逐我，汝等乘隙急攻之，破之必矣。"乃曉與繼超戰，遂佯敗走，超果盡衆追之，璟急攻城。勢不能敵，知州梅天蔭以城降，繼超遁于饒州。

友諒死，子理仍據武昌。上不忍傷民，欲招之。達曰："料彼初立，人心未寧，不如以書招之，一面興兵致討，順則撫之，逆則致討，一舉而兩得，乃禦敵之上策也。"上然之，以死罪獄人爲使，持檄諭之。書至，理不從，殺使者。遂命達帥兵急攻，以正殺使之罪。理與將劉勇屯兵益州，以拒王師。達令柳迁領細作數十人匿入益州城，燒其倉粟。理無糧可守，遂與勇棄城夜遁。達先設伏邀擊之，漢兵大敗。達與常遇春等分兵六路進攻，遇春遂擒理，賊衆皆遁，武昌等處悉平。捷聞，上喜曰："達此舉，兵之奇者也!"

時襄陽守臣龍德光、姚天儒、畢榮、駱貴等合謀嚴守，且曰："我等不奉陳理號令，不屬胡元統轄，不受張士誠挾制，不懼明玉珍侵犯，所慮者惟金陵之兵。然内多聚糧，外多守兵，不亦另是一乾坤耶?"達率兵攻之，不克。夜于山下聞鄉民云："金陵兵若於城四門外築高埠，架砲攻打，破之易耳；且内無土石填塞。"達聞甚喜，曉集諸將，令軍士築埠架砲，四門齊攻。復令俞通海、俞通淵各領兵俟於東西二門外，以防賊遁。計定，搦戰，火砲齊發，城中民居火焰張天。守門將孫順開門放通海等入城，畢榮被擒，駱貴戰死，德光、天儒遁去，襄陽悉平。

上召達，曰："張士誠據姑蘇，數侵吾地，其議所以討之。"達曰："張氏驕奢橫侈，此天亡之時也。其所任驕將，如伯昇、吕珍之徒，皆齷齪不足數。其居中用事王葵葉輩，迂闊書生，不知大計。若聲罪致討，可計日而定。"上即命達爲大將，率兵二十萬伐之，由太湖直趨湖州。士誠悉發境中兵及赤龍船親軍，逆戰于毗山、舊舘、皂林、烏鎮，相繼而敗。達遂進圍蘇城，塞其六門。時無錫莫天祐與張士誠爲聲援，其部將楊茂春善遊水，天祐遣焉，被達偵邏卒所獲。達付而勞之，待以腹心。於是屢遣遊水往來，因獲其彼此所遺蠟丸書、遞報，故陰得士誠、天祐之虚實。九月，達知城中食盡，督兵急攻之。或曰："姑蘇城蟹形，齊門則其臍也。"遂攻克之。達封府庫以待上用。縛士誠送京師，籍其兵，得二十五萬。尋圍無錫，天祐降。

時泗州胡立雖降，而僞吴守將福天爵復以兵拒敵，與達對壘于泗水上。有諜者以罪被責來降，達撫以恩信，諜者告以劫營之事。達於夜將二鼓，命軍士啣枚，退屯十里，止存空營于南峯。天爵至三鼓果率軍渡江。縱火焚營，始知有備，欲走。達先伏兵於岸畔，候賊軍登岸，燒其船，兩處火發，燄烟張天。達攻其前，郭英攻其後，天爵危迫，自刎于陣中，餘賊悉降。泗州屬縣皆平。

戊申洪武元年，上命達爲征虜將軍，常遇春副之，北取中原。上曰："諸將非不健鬭，然能持重，師有紀律，得爲將之體者，無如大將軍。可專主中軍，策勵羣帥。古云'將在軍，君不御者勝'，閫外之事，卿其任之!"達遂帥甲士二十五萬，由長淮入大河。上至河南勞軍，與諸將共議取燕之事。達曰："臣與諸將渡河北行，由衛輝、彰德、磁州、邯鄲、趙州及河間取臨清，不數月而元主可擒矣。伏願陛下駐蹕汴梁，以爲犄角之勢。"上曰："卿策可謂萬全。"及師至通州，常遇春等三路繼至。遇春、沐英、李文忠自河南山左路取沿河等處州郡，湯和、華雲龍、康茂才、朱亮祖自河南由右路取沿山等處州郡，郭英、郭子興、薛顯自河南由中路水道俱至通州，合兵以攻。元主聞之大懼，謂左右曰："吾祖宗基業至今百年，一旦棄去，情寔不怨[3]。然内無謀臣，外無勇將，且聞金陵將驍兵勇，王業已成，不可敵者一也；不尚殺戮，民心已歸，不可敵者二也；劉基爲謀士，徐達爲元帥，四海悦服，望風而降，不可敵者三也。爲今之計，不如北走爲愈。”乃命淮王帖木兒不花、丞相慶重守燕京，自集三宫后妃、太子妃夜半開建德門，出居庸關北去，如上都。八月，達兵至大都，不戰而克。乃籍府庫，收版籍重器，封宫殿門，命牙將張焕以兵十人守之；俾宦侍護衛其嬪御妃主，禁軍士不得侵擾。人民安業，市肆不易，遠近悦服。下令故臣咸投告身，置大興、燕山、永清左右共六衛，留兵三萬，使孫興祖守之，以防禦北平。

達率衆將向太原，謂諸將曰：“聞擴廓帖木兒以元主之命率師遠出太原，取道保安、居庸關，以攻北平，孫興祖總六衛之師，足以鎮禦，我與汝等乘其不備，直抵太原，傾其巢穴，則彼進不得戰，退無所依，正兵法所謂‘批亢擣虚’也。若彼還兵救太原，則已爲我牽制，進退失利，必成擒矣。”諸將曰善，引兵徑進。擴廓帖木兒至保安，聞之，果還兵。達遣勁卒夜襲其營，擴廓帖木兒乘騣馬遁去，遂克太原。

二年，上諭達曰：“朕聞擴廓帖木兒、李思齊、張良弼各統兵恢復河南之地也，速喇屯種海口，以守要害之衝。今朕閫外之事，一任卿便宜從事，卿宜體悉朕心，可降則遣使諭之，不降則進兵擊之。所過居民，毋得侵擾。”達曰：“臣聞李思齊、張良弼合兵十八萬，東出關陜，西抵峽右，沿山砍木，連營數百里，以示不降之意。以臣料之，不如分其兵與常將軍，使先攻洛陽，以撓左顧之憂，次薄汴梁，以待坐守之困，則虜兵分謀亂，力不能支，吾大軍一臨，而席捲之勢成矣。如汴梁不下，直趨陜而先破思齊、守將趙琦等。由此而進，則清山東，掃河南，不半載可平矣。”上曰：“聽卿議論，關陜如在目中。”及達率兵駐鳳翔，會諸將議所向，諸將咸以張思道之才不及李思齊，慶陽易於臨洮，欲先取慶陽，然后從隴西攻臨洮。達曰：“不然，慶陽地險而兵悍，未易猝拔；臨洮之地，西通番夷，北界河湟，我師得之，其人足以備戰鬭，其地土所産足以供軍儲。今以大軍蹙之，思齊不西走胡，則束手降矣。臨洮既克，則旁郡自下。”諸將然之。乃留湯和守營壘輜重，金興旺、余思明等守鳳陽，遂移師趨隴州，進克鞏昌府。遣馮勝征臨洮，以御扎招思齊。思齊以城降。思道在慶陽，聞王師克臨洮，懼而走寧夏，使其弟良臣守慶陽。良臣亦懼，以慶陽降，繼而復叛。達恐其黨與相煽爲聲援，乃先遣兵抄其出入之路，命俞通海將精騎略其西，傅友德略其東，陳德略其南，顧時略其北。良臣出戰不利，陰遣人求救于寧夏，爲我軍所獲。糧餉乏絶，其下姚暉等開門納我兵。達入城，良臣投井，引出斬之。陜西悉平。

三年，破石彪。降蓼、尋、黄、象、欝等州，取廣州、海南等郡，招降楊文、左君輔，敗擴廓帖木兒于燕山。自是天下一統矣。

達爲將，言簡慮精，令出不二，與士卒同甘苦，財寶無所私，婦女無所幸，仁厚不殺，功高不伐。是時，南取吴越，北定中原，東平齊魯，西入關陜，大抵皆達之功，爲開國功臣第一。上嘗以漢之韓信、宋之曹彬擬之。初，達與常遇春同伐元，元主北走，遇春欲邀之，達曰：“彼不戰而走，還我華夏，是順天也，我邀而殺之，則逆天矣，不可。”遇春怒，預告于上，曰：“達反矣，不欲邀順帝，宜慎之!”上疑達，欲俟其歸而收之。及歸，度遇春必中傷，堅臥舟中不起。上親迎之，達伏地慟哭，自明不擒元主之意。上感悟，君臣相悦如初。洪武三年論功行賞，命爲開國輔運推誠宣力武臣、特進光禄大夫、左柱國、太傅，改封魏國公。賜第大功坊，命宋濂書御製門聯曰：“破虜平蠻，功貫古今人第一；出將入相，材兼文武世無雙。”及卒，封中山王，謚武寧。

按：達首取金陵以開基，次平友諒，次平士誠，又次逐胡元，贊成鴻業。固其謀慮精審，實以君臣道合，蓋有此隆運，自有盛際也。

常遇春 濠州懷遠人

遇春多智略，膂力絶人。初爲劉聚所得，料其無遠圖，終必無成，聞我太祖駐師和陽，威名日著，乃棄聚來歸。未至，困臥田間，夢神人呼之曰："起！起！主君來！"忽寤。見上騎從至，遂乞歸。因從渡江，及抵采石，元兵陳磯上下，聯大舟，距三丈許。諸將莫敢先登，遇春捨舟挺戈，一躍而登，敵眾披靡。遂拔采石，乘勝進取太平路。

丙申，元將蠻子海牙屯江上，旌旗相望，圖爲犄角，以窺太平。時我師將士皆渡江，而家屬尚留和州，敵兵結砦采石，南北不通。上命遇春攻之。遇春設疑兵以分其勢，而以正兵與之合。既戰，則出奇兵擣之，且縱火焚其連艦，遂大破之，俘其兵船，海牙僅以身免。自是，元扼江之勢衰矣。

庚子，從拔安慶趙普勝水寨。漢人聲言且援安慶，遇春曰："賊必攻池州，此疑我耳。"乃留羸弱守城，而出鋭士伏九華山。漢兵果攻池州，伏起，俘斬萬人。丙午，會諸將伐吴，直趨湖州之毗山，與敵兵水陸鏖戰，遂抵城下，塞其六門，晝夜環攻。僞相張士信悉發境中兵爲援，屯于舊館，出我師之背。遇春偵知之，潛引奇兵由大全港而入，結營東阡，復出敵背。且填壅溝港，絶其歸路。士誠五太子及吕珍、朱暹遂以舊舘降。已而進圍姑蘇。士誠欲突圍出，至盤門奔遇春營，遇春覺之，分兵北濠以絶其兵。後遣軍與戰，良久未決。遇春撫王弼背曰："爾以猛將名軍中，能爲我取此賊乎？"弼即揮雙刀，馳鐵騎，往擊之，遇春亦率兵乘之。敵大敗走，卒滅吴。

嘗從大將軍達北伐，濱行，上諭之曰："吾不患遇春不能戰，但患其輕敵耳。前在武昌親見，遇春纔遇數騎挑戰，即輕身赴之。彼陳氏如張定邊者，何足稱數，尚據城指揮。遇春爲大將，顧與小校争能耶？甚宜戒之！"嘗從達攻太原，擴廓帖木兒還兵救之，遇春曰："我騎兵雖集，而步兵未至，何以能戰？不如遣精騎夜劫其營，其眾必亂，眾亂則主將可擒也。"達從之，元將果敗走。卒，封開平王，謚忠武。

按：遇春有謀略，且謹慎，不矜功。其從大將軍，謹聽約束。及秉鉞專征，即能節制諸將，故所向克捷。

李文忠 盱眙人，曹国長公主子

文忠将兵破苗獠于昌化，獲婦女、輜重甚眾，恐將士恃此驕富，莫有鬪志，因激怒之，使盡殺所俘，焚其輜重，曰："此何足惜！能努力破敵，何患不富貴？"眾皆感激，遂取淳安。

文忠、鄧愈、胡大海兵取嚴州，上即命文忠守之。張士誠遣其徒率苗獠水陸奄至城下，文忠出奇大敗之。取所斬俘馘載巨筏中，乘流而下，水寇見之亦遁。士誠又遣吕珍率兵十萬圍諸全，守將謝再興告急于文忠，以嚴州兵少，而密邇桐廬賊境，衢信兵出江西，無以援金華。文忠乃與部下議，曰："兵貴虛聲，何以多爲？"乃張榜於賊境，詐云平章邵榮領兵五萬已出江右，左丞徐達領兵五萬已出徽州，約會金華，克日進抵諸暨勦捕。賊兵見榜，具告吕珍，欲退五里下營，以待決戰。時胡德濟得文忠檄，自信州將兵來援，適有降卒以賊情報德濟，德濟即與再興分門而守。至夜半，令士卒飽食，鉦鼓砲銃，聲振天地，大呼出城。賊營驚亂，人馬奔走，自相蹂踐。德濟督兵追殺，死者甚眾。

謝再興叛降，士誠以兵寇東陽，文忠自嚴州率兵馳救，遇賊于義烏，擊破之。會胡琛亦自處州引兵來援，文忠與之謀曰："諸暨，浙東之保障，若諸暨不守，則衢處不支矣。"乃度地，去諸暨六十里并五指巘築一新城，不旬日而成，樓櫓濠柵無不畢備。未幾，士誠復引二十萬眾圍諸全之新城，守將胡德濟求救于文忠，文忠率兵由嚴陵馳救，未至新城十里，曰："龍潭據險立營。"德濟潛遣人謂文忠："眾寡不敵，姑且避之，以俟大軍至。"文忠曰："昔晋兵八千，勝秦兵八十萬，何爲寡不敵眾？若未戰而退，則彼勢益熾，雖大軍至，亦無能爲矣。莫若與戰，死中求生。"遂下令曰："彼眾而驕，我寡而鋭，以鋭當驕，可一戰而擒。擒敵之後，輜重皆汝等有也。"明日交戰，文忠横槊據鞍，引數十騎乘高馳下，直出陣後，衝其中堅。敵列騎迎戰，文忠格殺數人，所向皆靡。德濟亦率城中將士鼓譟而出，呼聲振天地，莫不一當百，斬首數萬級。僞吴五太子僅以身免。士誠自此氣奪勢衰，皆文忠一戰之力也。

文忠引兵攻錢塘，守將潘原明出降。文忠入城，秋毫無犯，令曰："擅入居民者斬!"有一卒借民釜，立磔以徇。

三年，文忠領兵往援慶陽，行至太原，聞慶陽以平，而元兵攻大同甚急，文忠謂諸將曰："吾受命而來，閫外之事有利於國者，專之可也。今大同受敵，若候進止，吾恐敵愈熾而不可復制，豈不失機哉?"衆曰："諾。"遂出雁門關，進次白楊關，擒黠虜四大王。時天雨雪，文忠疑有伏，乃自引數騎入山覘之。前軍已安營，去敵五十里，文忠至，遽令遷之；復前進五里，阻水爲營。是夜，元將脱列伯果悉衆來攻。文忠令軍士蓐食，堅壁不動，先以兩營誘之，督衆死戰。自寅至辰，度其饑疲，乃分兵爲左右翼，身當前鋒奮擊，大破之，生擒脱列伯。

文忠器量沉閎，人莫測其際。遇賊膽氣英雄，每戰必克。且嘗從金華胡翰明性理之學，人稱文武全才。以功封曹國公，及卒，封岐陽王，謚武靖。

按：文忠以甥舅之親，附龍鳳之會，早平東浙，晚靖北夷。當時定功第三，亦輿論之公歟。

鄧　　愈 虹縣人

愈從上爲管軍總管。時元苗帥左丞楊完者率衆攻徽州，徽州城郭未完，器械未備，胡大海攻婺源未回，城中守兵甚少。苗軍奄至，愈乃激厲將士，大開四門以待之，苗軍疑不敢入。

愈駐兵於臨江之平塘，會鄧克明據撫州，遣使通欵，而實無獻城之意。愈知其情，捲甲夜趨之，比日入城，克明單騎遁去，遂取撫州。

愈號令嚴肅，秋毫無犯，江右之民室家胥慶。論功封衛國公，卒，封贈寧河王，謚武順。

按：愈器量宏偉，沉毅簡重，禮賢下士，寬惠愛人。臨大敵不懼，有功不伐。歷鎮宣德、宣城、徽、嚴、饒、撫、南昌、襄陽八郡，而民懷其德。

湯　和 鳳陽人

時滁師乏食，上爲滁陽王，謀所向，欲圖和陽。選士三千，椎髻，左衽，衣青衣，佯爲元兵。以四槖駞載賞物，聲言廬州兵送使者入和陽賚將士，使和陽兵納之。又以絳衣兵萬人繼後，約相距十餘里，俟青衣兵入城，舉火爲號，絳衣兵即鼓行而趨。乃青衣兵從他道就食，致誤前約。而絳衣兵候之過期，不見舉火，意謂我師已克，率眾而前，直抵城下。城中人覺之，急閉城門，以飛橋縋兵出戰，我師不利。會和日暮引兵至，與元兵遇，急擊之，元兵敗。追至和州小西門，和奪其橋而登，將士從之，遂據其城。

和守常州十年，防禦周密，與吴良守江陰，耿炳文守長興，氣勢聯絡，屹爲東藩保障。及張士誠既平，方國珍猶據，明和率兵討之。復遣人持書諭以朝廷威德，國珍遂遣子明完奉表乞降。

上初以和爲征西將軍，討明昇。四年三月，克蜀歸州。會江水暴漲，不能進，駐師大溪口；而傅友德之兵已克階、文矣。和欲俟水平方進，上聞之，恐其逗遛緩事，適友德捷至，乃詔和曰："傅將軍率精鋭冒險深入，克諸州，今次于平川。蜀無險可恃，正當水陸并進，使彼疲于奔命，平蜀之機正在今日。若俟水退，然後進師，豈不失機誤事乎?"和乃進兵破瞿塘峽，擣僞都，卒降明昇。封信國公。

上諭和曰："日本小夷，屢擾東海，卿雖老矣，强爲朕視要害，築城增戍，以固守備。"和行，築海上城，起登萊，抵江浙，凡五十九城，民四丁取一爲兵，以守之。卒，封東甌王，謚襄武。

按：和沉毅質直，勇而善斷，行師受任，奉詔即行。臨敵果敢堅忍，未嘗挫衂。有語及兵書者，輒笑曰："臨陣決機，在智識明達，何泥古爲?"故成大功。

沐　　英 定遠人

英八歲喪母，無所歸，上因育爲己子。壬寅，上以徐達爲大元帥，下溧水，命英統兵一枝先取傍郡，以爲犄角之勢。英曰："溧水乃金陵肘腋，苟遲緩不取，必爲他日患。今敵已離心，有怯我之意，宜提兵轉出州後以攻其背，大元帥統兵以扼其前。彼欲戰則我堅壁不出，彼欲不戰則我師急攻之。不一月，城中糧盡矣。此兵法所謂'老師坐困，自弊之道'也。"上以英言諭達，達曰："沐將軍筭無遺策，不意少年有老成之謀。"遂如英計，竟以成功。

元將脱火赤等屯衆和林，爲邊患，上命英討之。由亦集乃路渡黄河，歷賀蘭山，涉流沙，至其境，去虜營五十里。英下令分軍爲四：一襲其背，二掩其左右，而自率驍騎當其前，夜啣枚以進，合而圍之。脱火赤等駭惑，不知所措，皆俯首就擒；擄其前部而歸。

十四年九月，副潁川侯傅友德討雲南。兵至普安，下之，遂取曲靖。故元梁王密遣其將達里麻將精兵拒戰，英曰："彼謂我師疲於深入，未有虞心。及其無虞，乃可破也。"于是倍道兼行，將至白石江，忽大露，四塞衝霧，及江而止。頃之霧霽，則兩軍相望。達里麻大驚，以爲神兵飛至，倉皇失措。乃擁兵逼水而陣。友德欲渡，英曰："未可！"遣一軍泝流潛渡，出其陳後，吹銅角，樹旗幟，爲疑兵山谷間。達里麻大驚，急撤兵還禦，陣亂。英乃趣師濟江，以猛而善泅者先之，長刀蒙盾斫其軍。敵却數里而後陳。師既濟，英與友德麾兵大進，矢石交發，呼聲動天地。戰數十合，英縱鉄騎擣其中虚，敵大敗，生擒達里麻，遂克曲靖。梁王投水死，右丞相觀音保舉城降。英整兵入城，秋毫無犯，市肆不易。自九月出師，迄下雲南，僅百日。

英引兵攻大理。大理城倚點蒼山、西洱海爲固，而龍首、龍尾二關最爲險要。土酋段世以五萬衆拒下關，英自將攻之，不下，乃令藍玉、王弼由洱水東趨上關，而自以兵綴下關，爲犄角之勢。又令胡海將一軍由石門間道繞出點蒼山後，攀木緣崖上，立旗幟。遲明，下關兵見，踴躍讙呼，蠻眾驚亂。英馬軍渡河，水及馬腹。遂斬關而入，山下軍亦下擊之，諸蠻腹背受敵，遂克大理，擒段世。九月，諸蠻見大兵出攻别郡，謂城守虚弱，復相煽爲叛。土官楊苴謂其下曰："總兵已領大軍回矣，雲南城可圖也。"遂糾眾攻城，圍之。時英駐師烏撒，聞之，即選精騎萬餘來援。賊聞之，拔營遁去。

上命英留鎮雲南，且曰："遲速之機，宜自審度。"英定貢賦，均力役，疎其節目，民夷大悦。又以雲南土地甚廣，而荒蕪最多，請置屯田，令軍士開耕，以備儲蓄，上從之。二十一年，平緬蠻叛，舉眾號三十萬，戰象百餘，寇定遠。英自將精鋭二萬往討之。旬餘抵賊營，遣都督馮誠輕騎三百挑之。賊驅萬眾乘二十象來戰，誠與交刃，獲一象而還。英喜曰："吾知賊不足破也。"即命諸將："多置火銃、神機箭，分將士作三行，俟敵象近，則前行之，銃箭齊發，若象未退，則第二行繼之，第三行又繼之。銃聲不絶，象必驚走，然後以大軍乘之，破賊必矣。"明日，賊悉眾驅百象來戰，象皆披甲，背負戰樓，若欄楯然；挾大竹筒于兩傍，置短鎗其中，乘以摽之，恃以張勢。英分軍爲三，命馮誠領前軍，甯正領左軍，湯和領右軍，復申令曰："今日之事，有進無退。進而捷者，一級必重賞；退而衂者，一隊必戮。"於是將士皆鼓勇而進。陳既交列，我前軍火箭、鋭砲連發不絶，星流烟飛，雷擊電走，山谷震動，象皆驚奔。賊將昔剌亦勇猛，殊死戰，左師小却。英登高望之，命左右取師之首來。左師遥見一人拔刀飛騎而下，麾眾復前，英督戰益急，三軍大呼而鏖。不移時，賊眾大敗，斬首三萬餘級，俘萬人，生獲四十七象，餘象皆被矢如蝟而死。自是諸蠻讋服，不復反。

英沉毅明達，臨事果斷，用兵如神，賞罰明信，得賜悉頒將士，故能得其死力。其鎮雲南也，簡官僚，剔奸蠹，撫農興學，墾田治水，嚴城堡，謹斥堠，通鹽井，來商旅，軍食充足，教化大行，雲南遂爲樂土。及卒，封黔寧王，謚昭靖。

按：英行兵最知分合之變，或分爲三，或分爲四，而末復合擊，且復神速，故克建殊勳。

胡大海 虹縣人

大海智力過人。初同鄧愈取徽、嚴，已而元苗帥楊完者攻徽州，大海聞之，自婺源還師，兼程而進，大呼殺入。復與鄧愈奮兵出戰，大破苗軍於城下，完者遁去。時群雄割據，上固守江東諸郡，以觀四方之勢。謀欲取浙東，命大海、蘭谿克之。

初，和州人王宗顯少時業儒，避難嚴州，大海薦於上，上命探婺州城中虛實，因攻破之。上以婺州浙東大郡，通甌引越，以大海爲江南行省參政守之。張士誠遣吕珍圍諸暨，堰水灌城，大海援之，奪堰水反灌珍軍，珍窮蹙，即馬上折矢而誓，求解兵去，大海許之。時王愷諫曰："賊狡獪難信，不如擊之。"大海曰："言出而悖之，不信；既縱而擊之，不武。"竟縱之去。人服大海威信。

陳友諒犯龍江，上命大海出精兵擣廣信以牽制之。大海遣葛俊□過衢州，王愷止之，馳至金華謂大海曰："廣信友諒門户，彼既傾國入寇，寧不以重兵守之乎？非大將統全軍臨之不可。今出偏師，設或挫衄，非惟廣信不可下，吾衢先繹騷矣。"大海曰："善！"即親率兵攻信州。至靈溪，遇友諒兵，大敗之。遂督兵攻城，拔之。□□愷謀。

壬寅，苗軍元帥蔣英、劉震作亂，殺大海。上痛念之，追封越國公，謚武莊。大海爲將，號令嚴明，愛惜部曲。嘗自言："吾行軍惟有三事：不殺人，不擄人婦女，不焚人廬室。"故軍出，人争附之。有際征虜之風。

按：大海左刦士誠，右遏友諒，皆有大功，由其智勇過人故耳。惜其死于非命，否則其所樹立未可量也。

【校記】

〔1〕顯卿，查《明史》等書，概云徐達字天德。

〔2〕什，疑當爲"釋"。

〔3〕怨，疑當爲"愿"。

皇明將略録

潁　國　公　傅友德
虢國忠烈公　俞通海
梁國武莊公　趙德勝
德　慶　侯　廖永忠
江國襄烈公　吴　良
營國武襄公　郭　英
誠意文成伯　劉　基
蘄　國　公　康茂才
芮國武信公　楊　璟
河間忠武王　張　玉
東平武烈王　朱　能

傅友德　其先宿州人，後徙潁川，又徙碭山

洪武三年，夏將吴友仁率衆寇漢中，城中守兵纔三千，友仁兵三萬，衆寡不敵，遂圍城。時大將軍在西安，得報，即令友德帥兵三千，徑趨黑龍江，夜襲木漕關斗山巖。下令軍中人持十炬，燃于山上。友仁見列炬起，大驚，乘夜遁去。

上欲取蜀，以友德爲征西前將軍，率步騎由秦□趨成都。上密諭之曰："蜀人聞吾西征，必悉精鋭東守瞿塘，北阻金牛，以拒我師。彼必謂地險，吾兵難至，若出其不意，直擣階、文，門户既隳，腹心自潰。兵貴神速，但恐不勇耳。"友德受命，疾馳至陝，集諸道兵，揚言出金牛，潛使人覘青川、果陽空虚，階、文雖有兵壘，而守備單弱，於是引兵趨陳倉。選精騎五千爲前鋒，攀緣山谷，晝夜兼行，大軍繼至，直抵階州。守將丁世珍戰敗遁去，遂克階州。引兵趨文州，世珍復集兵據險以拒，友德急攻之，世珍僅以數騎遁，遂拔文州。友德又引兵渡青川、果陽白水江，趨綿州。至漢江，阻水不得渡，乃令軍中造戰艦百餘艘。時蜀人雖失階、文，猶恃漢水以爲固，及聞造州[1]進取，益震恐。戰艦成，將進攻漢州，欲以軍中消息達湯和，而山川懸隔。適江水暴漲，□以水牌數十，大書克階州、文州月日，投漢江順流而下。蜀守者見之，爲之解體。及友德舟師進逼漢州，守將向大亨戰敗於城下。僞相戴壽在瞿塘聞之，留鄒興守瞿塘，而自與太尉吴友仁還援漢州。既至，友德下令曰："彼遠來勞困，聞大亨兵敗，衆心洶洶，一戰可克也。"乃親帥軍迎擊，壽兵大敗，遂拔漢州。壽與大亨走成都，友德進圍成都。壽與大亨以象載甲士出戰，友德命前鋒以弓矢火器衝之，象皆被傷却走，壽等遂率官屬出降，蜀中大定。

時邊境咸寧，惟雲南恃其險遠，殺信使，納逃逋。上以友德爲征南將軍，率師討之。濱行，諭之曰："雲南僻在遐方，行師之際，當知其山川險易，以窺進取。朕嘗覽輿圖，咨衆論，得其阨塞。取之之計，當自

永寧先遣驍將别出一軍向烏撒，大軍繼自辰、沅以入普、定，分據要害，乃進兵曲靖。曲靖，雲南之襟喉，彼必併力於此以拒我師，當審察形勢，出奇取勝。既下曲靖，三將軍令一人提勁兵趨烏撒，應援永寧之師，大軍直擣雲南，彼此牽制。彼疲於奔命，破之必矣。雲南既克，分兵趨大理，先聲既振，勢將瓦解。其餘部落，可遣人招諭，不必皆煩兵也。”友德恪遵成筭，竟平雲南。

攻[2]友德帥師擊烏撒，克之。令諸軍城烏撒；版築方具，而元將實卜引諸蠻來攻。友德據高崗嚴陳待之，諸將欲戰，乃下令曰：“我師深入，有進無退，彼既遁而復來，心必不一，併力與戰，破之必矣。若彼據險自固，未易克也。”遂進戰，蠻衆大潰，實卜宵[3]遁。遂城烏撒，得七星關以通畢節。

元遼阿禮失理寇邊，上命友德總兵討之。及至哈者舍利王，友德遽下令班師，虜聞之，以爲信然。越二日，復趣師深入，至黑嶺、鴉山等處，獲人馬甚多。後論功封潁國公。

按：友德出奇取勝，料敵如神，可比韓信。紀律嚴明，士卒用命，可比周亞父。老成持重，經國遠猷，可比趙充國。故平西川、雲南，皆爲首功，與六王比肩。奈何卒累黨禍，襲封無聞。竟莫爲潁公訟之，惜哉！

俞通海 巢縣人

通海與父廷玉，弟通源、通淵泊舟巢湖，連結水寨，以捍寇盜。時我太祖駐和陽既久，謀東渡江取金陵，患無舟楫。會妖賊左君弼據廬州作亂，通海與之戰，不勝，爲所窘。聞上總兵河陽，豪傑嚮附，乃遣使間道納欵，曰：“諸將欲率舟師來歸，爲君弼梗道，乞兵援之。”上大喜，即帥兵往援之。通海父子遂來歸。

從上征陳友諒，率舟師乘風遡流而上。至安慶，先陳陸兵以疑之，命通海潛以精兵擣其水寨，敵不及支，遂大破之。已而友諒發憤，盡鋭攻南昌，上率通海等援之。友諒解圍，東出鄱陽湖逆戰，通海乘風火焚其舟。明日，友諒復以厚艦連鎖，爲陳旌旗樓櫓，我軍舟小，怯於仰攻。通海分調漁舟，載葦荻，置火藥其中。至晡時，東北風起，乘風縱火，焚其戰艦數百艘，烟燄張天，十里之間，湖水盡赤，友諒之弟友仁、友貴皆焚死。友諒大敗，欲退保鞋山，我軍横截湖面，要其歸路，友諒不得出。相持三日，通海曰："湖水有淺處，舟難回旋，不利於戰，莫若入江，據敵上流，彼舟若入，即成擒矣。"上從之。敵因糧盡，繞上流欲遁，通海追擊之，友諒中流矢死。

及卒，□封虢國公，謚忠烈。

按：通海與胡趙首從义旗，經略四方，始殲友諒，繼蹙士誠，厥功偉矣！乃被矢殞身行間，惜哉！

趙德勝　鳳陽人

德勝嘗從徐達擊趙普勝之栅江營，大破之，賊棄舟走，獲戰艦蒙衝數百艦，進復池州。時上親征浙東，未暇旋師，方憂普勝剽掠，爲我肘腋之害，及捷聞，大喜。

友諒盡國精鋭，乘江漲直抵南昌，又攻撫門，城壞三十餘丈。德勝與朱文正、鄧愈且戰且築，隨機備禦。因巡城至東門，敵發蹶張弩，中其腰膂，深入六寸，卒。隨封梁國公，謚武莊。

德勝馭下嚴肅，每發一號令，旗幟爲之改色；從大將出征，軍令不違尺寸。隨機應變，料敵出奇，有古名將風。

按：德勝助討普勝，除肘腋之害，固金陵之本，厥功偉矣！乃戰歿於行間，所謂"出師未捷身先死，長使英雄淚滿襟"者，非耶？

廖永忠　巢縣人

永忠智力過人。初從太祖，以水將屬其兄永安，而以永忠爲副。從渡江，拔采石、太平、蕪湖，擒陳也先，破蠻子海牙、陳兆先，乘勝定建康，皆有功。及上伐友諒，永忠以七舟載葦荻，乘風縱火，焚戰艦數百艘。又明日，永忠率俞通海及汪興祖、趙庸復以六舟深入搏擊之。敵聯大艦，悉力拒戰。我師望六舟，無所見，意其陷没矣。頃之，六舟飄飖而出，行繞敵船。我師見之，勇氣愈倍，合戰益力，敵兵大敗。友諒移舟近湖口，永忠邀其歸路，友諒敗死。

永忠爲征南將軍，率師由海道取廣東。上諭之曰："王者之師，順天應人，所以除暴亂，解倒懸，以慰民望。朕昔平定武昌、荆、襄諸郡，皆望風欵附，常遇春克贛州、南安、嶺南數郡，亦相繼來歸，此無他，師出以律，人心悦服故也。今兩廣之地遠在南方，彼此割據，民困久矣。定亂安民，正在今日。彼聞八閩不守，湖湘已平，中心震慴，無固守之志。若遣人先布威德，以招徠之，必有歸欵迎降者，可不勞師旅，慎勿殺掠，阻向化之心。如其拒命，舉兵臨之，據其險要，絶其聲援，未有不下者。且廣東要地惟在廣州，廣州既下，則循海州郡可傳檄而定。仍與楊璟合兵取廣西，肅清南服，在此一舉。"永忠一如上策，嶺南悉平。

已而大封功臣，上曰："永忠戰鄱陽時，奮勇忘身，與敵舟相搏，可謂奇男子。然使所善儒士窺朕意向，以邀封爵，雖有勞勳，未足掩過。"封德慶侯。

永忠副征西將軍湯和，率舟師由瞿塘趨重慶，以伐明昇。和克歸州，駐師大溪口，欲俟水平而進。上責讓之。永忠遂率所部先至瞿塘關，以山峻水激，蜀人設鐵索飛橋横據關口，我師不得進。乃密遣壯士五百人，舁小舟，踰山渡關，出其上流。人持糗糧，帶水筒，以禦饑渴。蜀山多草木，令軍士皆衣青簑衣，魚貫出崖石間，蜀人不之覺也。度其已至，率精鋭出墨葉渡，分爲兩道，夜五鼓，以一軍攻其陸寨，一軍攻其水寨。攻水寨將士皆以鐵裹船頭，置火器而前。黎明，蜀人始覺，盡鋭來拒，而永忠已破其陸寨矣。既而將士舁舟出江者，一時俱發上流，揚旗報鼓而下。蜀人大駭。下流之師亦擁舟前進，發火器夾攻。大敗之，斬其將鄒興，遂焚三橋，斷横江之鐵索，斬、溺死者不可勝數。飛天張、鉄頭張皆遁去。永忠入夔府。明日，湯和兵始至。永忠乃與和分道并進，和率步騎，永忠率舟師，約會於重慶。次銅鑼峽，明昇君臣大懼，遣使請降。永忠以和未至，辭不受。後數日，和至，乃受其降。蜀平，凱還。

按：永忠勇略蓋世。殲友諒於鄱陽，縶士誠於吴會，服國珍而擒友定，靖二廣而縛明昇，真開國元勳。論功當封公，而以窺上意，向止封侯爵，終復獲譴以歿。勳名之際，顧不難哉！

吴　良 定遠人

良與弟禎皆以勇略稱。從上取滁、和、采石、姑熟，定建康，克鎮江，下常州，守丹陽。已而良率兵取江陰，克之。擢爲分判官，使督兵守江陰。時張士誠據姑蘇，跨有淮東、浙西之境，地大民衆，兵食富强，而江陰與士誠密邇，控扼大江，實當東南要衝，乃姑蘇、通州濟渡襟喉之地，士誠又多變詐，數以金帛啗將士，故上命良守之，復命良弟禎增兵協守。且戒之曰："彼以其詐，吾以其誠。汝慎守封疆，約束士卒，毋外交，毋納逋逃，毋逐小利，毋與争鋒，惟保境安民而已。"良戮力設備，每寇至，輒破走之。已而士誠寇江陰，艨艟蔽江。僞將蘇同僉者，建牙君山，指畫爲進取之狀。良下令曰："彼衆我寡，當以計破之，勿輕動。"頃之，敵陳于江濡，良命弟禎整兵北門當其西北，而以十餘騎蹂之，擒其卒數人，餘黨莫敢前敵。分兵欲攻我東門，良遣王子明馳出擊之，生獲其將士五百人，其溺死者甚衆，大敗胥[4]遁。未幾，寇侵常州，良復遣兵間道殲其援之[5]於無錫之三山。敵狼狽奪氣，自是不敢犯境，其江舟亦不敢泝大江而上金、焦矣。上召良入見，勞之曰："吴院判保障一方，使吾無東顧之憂，其功大矣！"命儒臣爲詩文以美之。

上嘗臨幸江陰，見良防禦有方，謂良曰："汝非昔日之吴起乎！"稱善者久之。良在江陰，仁勇，不妄刑殺。嘗夜宿城樓，枕戈待旦。以兵法訓將校，修理屯田，豫足兵餉，一境帖然。上方有事江漢，大軍屢出，而東藩竟無擾亂，由良爲之障蔽也。及克姑蘇，命良移守蘇州。

後論功封江陰侯，卒，追封江國公，謚襄烈。

按：是時吴、漢二國相連，使或謀通兵結，亦難征討。我聖祖洞識其機，欲剪漢之羽翼，故遣耿炳文守長興，吴良守江陰，以蔽吴。二人不孤所托，善守數年，使吴人不敢西向。聖祖遂無東顧之憂，得鋭意滅漢。是蔽吴，正所以滅漢也。漢既滅矣，乃併力向吴，不旋踵而亡。是滅漢，又所以滅吴也。故識者謂士誠不亡于計將合圍之，亡于二臣善守之日，信哉！

郭　英 濠人

英沉毅多謀，膂力善射。年十八從太祖起義兵，與馮國用等宿衛帳中，贊機務，削平僞漢。

洪武元年，從大將軍徐達北伐中原。我師克長蘆，抵直、沽等處，進抵河西。務拒通州三十里爲營，深溝高壘，爲持久計。衆請速攻城，英曰："我師遠來，敵以逸待勞，攻城非我利也，宜出其不意破之。"翌日大霧，英以千人伏道旁，率精騎三千直抵城下，元將率敢死士張兩翼出戰。良久，英徉敗，敵乘勝來追。伏兵起，截其軍爲二，斬首數千級。遂克通州。

大將軍達既克元都，引兵趨太原。是時，元主命擴廓帖木兒遠出太原，由保安入居庸，侵燕京，聞之，還兵救太原，傅友德迎擊之。兵未交，擴廓帖木兒以萬騎突至，友德率敢死士數千人衝却之。擴廓帖木兒營於城西，英憑高望之，謂常遇春曰："彼兵多而不整，營大而無備，請夜劫其營。"遇春然之，以告達，從其計。會元部將豁鼻焉潛使人約降，請爲内應。達喜，遂乘夜襲之，先遣五十騎伏城東十里，以舉火鳴砲爲期。至夜，英率十餘騎潛入其營，舉火鳴砲，伏兵亦舉火鳴砲，遇春等引兵繼至，元兵大潰，擴廓帖木兒遁去，遂克太原。

論功封英武定侯，後贈營國公，謚武襄。

按：英有謀有勇，前平僞漢，後逐胡元，皆有功，而爲世名將。

劉　基 字伯温，處州青田人

基穎慧絶倫。初，過都市書肆，見天文書一秩，假覽，翌日談誦若流。元末舉進士，丞高安。揭傒斯見而奇之，曰：“此魏徵之流，濟時器也。”尋起江浙儒學副提舉。嘗與魯道原、宇文公諒遊西湖，有異雲起西北，光耀湖中。道原以爲慶雲，欲賦詩紀之，基曰：“此天子氣，應在金陵。十年後王者起，我當輔之。”後知時事不可爲，棄官歸青田，著《郁離子》以見志。或説曰：“今天下擾擾，以公才略，下括蒼，併婺州，明越可折簡而臣。因畫江守之，此勾踐之業也。”基曰：“吾平生忿方谷珍、張士誠所爲，今用子計，與彼何異？且天命有歸，姑待之。”會太祖取婺州，定括蒼，基乃指乾象曰：“此天命也。”遂應聘，趨金陵，陳時務十八事，盡合機宜。

陳友諒陷太平，聲言東下建康，或謀以城降，或謀奔據鍾山，或謀決死一戰，不勝則逃，基獨曰：“如臣之計，傾府庫，開至誠，以結士心。且天道後舉者勝，宜伏兵俟隙擊之。取威決勝，以成王基，正此時也。”上然基策，奮擊，大破之。

上欲伐友諒，問基，基曰：“今天象金星在前，火星在後，此天命也。”遂率舟師乘風遡流而上，急攻安慶，自卯至酉不拔。基以爲宜徑拔江州，傾其巢穴，上從之，遂悉師長驅西上。過小孤，僞將丁普郎迎降，我師徑抵江州。距城五里許，友諒始知之，以爲神兵自天而下，倉皇挈妻子夜奔武昌。我師遂克江州，旋師攻安慶，下之。南昌僞守胡天瑞聞之，遣使詣軍約降，許之。

基丁母憂，道經建德，會士誠兵寇其城，守將李文忠欲奮擊之，基曰：“勿擊，不踰三日賊當自走，追而擊之，此成擒也。”比三日，黎明，基登城望曰：“賊走矣。”遂令進兵，追及東陽，大敗之。

時陳友諒據湖廣，張士誠據浙江，皆未下。衆以爲蘇湖地肥饒，欲先取之，基獨曰：“士誠自守虜耳，友諒居其上流，且名號不正，宜先伐之。陳氏既滅，取張氏如囊中物耳。”上亦曰：“友諒劇而輕，其志驕；士誠狡而懦，其器小。若先攻士誠，友諒必空國來援，是我疲于二寇也。”遂解廬州之圍，以舟師進伐友諒，遇於鄱陽湖，大戰五晝夜。基密言於上，請移軍湖口，期以金木相犯日決勝，上從之。方鏖戰時，基在御舟，忽躍起大呼，上亦驚起，叵測，但見基兩手揮之，連聲呼曰：“難星過！可更舟！”上即更舟，坐未半晌，舊舟已爲敵砲擊碎矣。

初，上出援安豐，基力諫，不聽。及敗吕珍，移師圍廬州，三月不下，聞南昌圍急，謂諸將曰：“爲一廬州而失江西，非計也。”遂移兵西上。至是，上謂基曰：“我不當援安豐，使友諒乘我之出，京城空虛，順流直擣建康，我進無所成，退無所歸，大事去矣。今友諒不攻建康，而圍南昌，此計之下者，不亡何待？乃知天命有所歸也。”

基嘗見日中有一黑子，言於上曰：“東南當失一大將。”已而參軍胡深攻福建，爲陳友定所殺。他日，上謂基曰：“吾夜夢三人共弁一血帽，何故？”基曰：“三人首弁血帽，衆字象也，此得衆之兆。”越數日，海寧果以城降。上嘗與基論用兵，曰：“克敵在兵，而制兵在將，兵無節制則將不任，將非其人則兵必敗，有精兵不如得良將。”基曰：“臣待左右，每觀妙筭，初謂未必皆然，及至摧鋒破敵，動若神明，乃知任將在主，而將之勝又不若主之勝也。然又觀陛下常不拘古法而勝，此尤所難也。”上曰：“戰者，謀也。因敵制勝，豈必泥於古法哉！吾觀戰陳之間，闔闢奇正，頃刻變化，要在識其變耳，何暇論古法耶？”

詔封基祖、父皆永嘉郡公，欲授基，基固辭曰：“陛下乃天授，臣何敢貪天之功，蒙聖恩榮顯先人足矣。”乃封基誠意伯。將卒前數日，以天文書授其子璉，使服闋即進之，且戒之曰：“勿令後人習也！”基遇事計畫立就，人莫能測。居家飲奕，未嘗言功；立朝抗論，無所撓阻。武宗朝贈太師，謚文成。誥辭曰：學爲帝師，才稱王佐，孔明之任，豈間人言；敬輿之謀，不負所學。詢事考言，明有徵驗；運籌畫計，動中機宜。渡江策士無雙，開國文臣第一。

按：基有子房之識，而文章過之；有玄齡之謀，而捷給勝之。或疑其逮事胡元，專門象數，是何異訾伊尹之五就湯，限周公之多才歟？

康茂才 蘄州人

茂才初結義立寨，後戰敗，即解甲來附，上拜爲水軍元帥。及徐達取高淳，元守將扈文明驍勇多謀，用拐子馬以拒王師，堅不能入。達集諸將謀之，茂才曰："此古法也，破之不難，願假兵三千，明日擒之。"達遂分兵與茂才攻之。令軍士善用長鎗者立于陣前，以中其馬；善用弓弩者次之，以射其人。文明戰敗，以城降。

上命茂才爲營田使，諭之曰："比因兵亂，隄防頹圮，民廢耕耨，故設營田司，以修築隄防，專營水利。今命爾此職，分巡各處，俾高不患乾，卑不患澇，蓄洩得宜，使軍食有賴。"茂才受命，是年屯田大獲。

陳友諒既破姑熟，將犯建康，且遣人約張士誠同侵。時群議皆欲先復太平以牽制之，上曰："不可。太平吾所新築，城壕深固，賊前乘漲以巨艦臨之，遂爲所陷。今彼居上流，順勢來攻，而舟師十倍於我，猝難敵也。"或請上親擊之，上曰："亦不可。敵知我出，以偏舟綴我，我欲與彼戰，彼不交鋒，而以舟師順流，直趨建康，半日可達。吾步騎亟回，百里趨戰，兵法所忌，非良策也。吾有奇計足以破之。"乃召康茂才曰："友諒入寇，吾欲速其來，非汝莫可使者。聞汝與友諒有舊，可遣使僞降，約爲内應，招之速來。仍紿告以虛實，使分兵三道，以弱其勢。友諒來，吾事濟矣。"茂才曰："家有老閽，舊事友諒，令持書往，必信無疑。"遂爲書，言上"不足有爲，兵弱地蹙，四面皆勁敵，今僕委身圈穽，欲奮拔鱗翼，倘大將軍分道遞進，便當納欵，建康唾手可得。"友諒得書大喜，問曰："康公安在？"曰："見守江東橋。"問："橋何爲？"曰："木橋也。"乃遣還，答書曰："余某日至橋所，呼'老康公'，即我應，内外奮擊。功成之日，官賞不爾吝也。"茂才以書奉上，上曰："虜落吾彀中矣。"即命李善長撤江東橋，易鉄石，通宵治之，抵曉而成。未幾，友諒徑以舟衝江東橋，見橋皆鉄石，愕然。連呼"老康！老康！"無應之者。遣視營中，瘠馬蔽旗，四散落落，益大驚，曰："老康紿我矣!"語未畢，伏兵四起，敵軍披靡不能支，遂大敗，友諒乘别舸脱走。於其所乘舟臥榻下得茂才書，上笑曰："彼愚至此，可嗤也。"

後茂才從征齊魯、關隴，鎮河中，節制太原諸城。再征漢中，卒于道，追封蕲國公。

按：茂才戰功不一，獨誘致友諒而殲之，一以固國之本，一以褫敵之魄，非他取一城得一邑之比，偉矣哉!

楊　璟 合肥人

璟本儒家子，不喜章句，好武略。因亂聚里中壯士保鄉井，後從于上。丁未，上命璟爲征南將軍，率兵由湖廣取廣西，又命陸仲亨、胡通治兵贛州，由韶州爲犄角之勢。璟進兵圍永州，久不下。命胡海於各門築壘，造浮橋，增兵急攻，以示必克。夜三鼓，海先登城，衆繼之，遂克永州。璟以丁玉守之，乃自引兵向靖江，分兵屯據駐要害，絶其聲援，圍之六旬。璟謂衆曰："彼所恃西濠水耳，當先取閘口，決其堤防，破之必矣。"乃使丘廣攻閘口，殺守隄兵，決濠水，因築土堤接城，以通士卒。元平章也兒吉尼勢窮，驅兵出戰，胡海擊敗之，因獲其萬户皮彦高。遂使彦高陰購其把水元帥張榮，榮使裴觀詣璟營約降，備言儲積空虚，人無固志。璟乃給白皮帽百餘，使歸爲識，約四鼓從寳賢門入。至期，璟率衆逕進，遂執也兒吉尼。復攻，下柳州，嶺南悉平。

湖廣慈利土酋覃垕作亂，上命璟討之，諭曰："蠻賊恃山谿險阻，乘時竊發，出没無常，若誅其黨，必深入山谷，損傷士馬，所得不償所廢。今師入其境擊之，但使遠去，無復出擾州縣可也，不必窮其巢穴。更宜約束麾下，慎無逐利輕動。"璟進攻覃垕寨，賊下山迎擊，官軍大敗之。追至半山，不可上，乃回駐山下，賊亦阻險自守。已而覃垕遣人詐降，璟不悟，使部將黄永謙往報，爲賊所執，由是盡知我軍虚實，拒守益力。上降詔責之。璟盡力攻之，賊遁入溪洞，官軍乃還。後論功，封營陽侯，卒，贈芮國公，謚武信。

按：璟始略荆襄，繼平嶺南，可謂有功。惜討蠻賊反爲所誘，伐明昇每戰不利，豈終以儒懦故耳？

張　　玉 字世美，祥符人

建文君即位，稍繩削親藩，我成祖舉兵靖難，玉之謀畫爲多。上首用玉策奪北平九門，撫順鋤强，三日而城中大定。師將南出，玉曰："不先定薊州，恐他日爲後患。"上即命玉帥兵往討之，擒其守將馬宣，遂定薊州。是夜急趨遵化，戒將士止殺，曰："行師以收人心爲本。"因簡勇士，夜四鼓登陴入城，執其守將戮之，自餘不戮一人。於是密雲諸衛、縣皆望風來。

上至灤河，玉曰："楊松、潘忠在莫州，扼吾南路，宜先擒之。"遂帥兵往擒二都督。時長興侯耿炳文率兵二十萬屯真定，玉自往覘之，還報曰："炳文軍無紀律，且其上有敗氣，無能爲也。"上曰："敵衆我寡，今度可必勝否?"玉曰："真定兵雖衆，然新集，志未齊一，我軍乘勝，可一鼓而破之。"上曰："玉言正合我意。"遂帥師直抵真定。上曰："炳文不虞我至，由間道破之必矣。"乃與丘福以奇兵出其背，命朱能率敢死士三十餘騎衝其陳，諸軍夾擊，炳文兵大敗。上謂玉曰："今日之捷，非汝與吾意合，不及此矣。"

已而遼東守將吴高聞上在真定，悉兵攻永平；又諜報李璟[6]隆將攻北平。上謂玉曰："北平兵食足，世子得將士心，可備禦無患，永平失則東藩撤矣。"乃馳援永平，高等望風棄輜重走。玉言大寧去此不遠，請移軍襲之，以免後顧之憂。遂往收大寧。俄而北平報璟隆兵圍城急，遂旋師。南至鄭村壩，大戰三日，抵北平城下，直擣其營。城中亦鼓噪而出，表裏夾攻，景隆敗走。

二年四月，景隆自德州帥兵過河間，前鋒將至白溝河，上率諸將進駐固安，謂玉等曰："景隆志大而無謀，喜專而違衆，郭英老憊退縮，平安愎而自用，胡觀驕縱不治，吴傑懦而無斷，數子無能爲也，惟恃其衆耳。衆豈可恃，人衆易亂，擊前則後不知，擊左則右不應，徒多無益。況將帥不專，分數不明。往昔鄭村壩之勝，彼兵非不多，逐之即敗。夫將者，三軍之司命，將志衰，則三軍之氣不奮，而敗形矣，甲兵糧餉適足以爲吾之資。爾等厲兵秣馬，聽吾指揮，取之如拾芥耳。”玉曰：“兵貴神速，先事者勝，請先駐白溝河，以逸待勞。”上即命玉率兵先往。既至三日，景隆巳[7]始至。我師竟勝之，則以先處戰地之力也。

上聞盛庸北向，欲出師攻滄州，恐南兵爲備，乃下令陽征遼東。將士聞之不樂。至通州，玉請問曰：“今密邇大敵，而勒師遠征，况遼地早寒，士卒不堪，此行何意?”上屏左右，密語之曰：“今盛庸駐師德州，吴傑、平安守定州，徐凱、陶銘築滄州，相倚角爲吾梗。德州城壁堅，且敵衆所聚，定州修築已完，城守亦備，皆難猝下。獨滄州土城，隤圮日久，天寒地凍，且雨雪泥淖，築城不易。我乘其不備趣攻之，必有土崩之勢。兵事貴神密，佯言征遼東者，使彼懈，不爲備耳。”玉叩首稱善。時盛庸因德州糧盡，移駐東昌，誓師勵衆，簡閲精鋭，背城而陳，列火器弓弩以待。我師自恃屢勝，見庸騎纔往，即鼓噪而前，盡爲火器所傷。會平安兵至，與庸合，庸麾兵大戰。北兵遂却，往往有棄甲降者。庸縱兵圍上數匝，上自衝擊，不得出。朱能率胡騎潰圍而入，奮力死戰，翼上出。玉不知上出，復突圍入救之。大戰，被創而歿。上悲痛之。

後論功，上曰：“張玉才備智勇，論靖難功當第一，惜蚤没耳!”追封榮國公，謚忠顯。洪熙初加封河間王，改謚忠武。

按：玉爲將，紀律嚴明，與士卒同甘，未嘗妄殺一人。每語麾下曰：“爲將當濺血袍，方能流芳汗簡。”竟以此忘身。

朱　能 字士弘，懷遠人，功臣朱亮之子

建文君初即位，踈忌骨肉，廷臣齊泰、黄子澄等首建削奪之議，請如漢七國故事，且曰：“燕王久稱病，日事練兵，多置術士，其機已彰，

不可不亟圖之。”建文君曰：“計將安出?”對曰：“今邊臣報虜入寇，以防邊爲名，悉調燕藩護衛兵出塞，去其羽翼，乃可圖也。”建文君從之。乃以張昺爲北平左布政使，以謝貴爲都指揮使，密察燕邸動静圖之，而使長史葛誠爲内應。

建文元年七月，謝貴、張昺督諸衛兵皆甲圍府第。上與能謀曰：“彼兵士滿城市，吾兵甚寡，奈何?”能曰：“先擒殺謝貴、張昺，餘無能爲矣。”上曰：“是！當以計取之。今奸臣遣使來逮官屬，依所坐名收之，即令來使召貴、昺付所逮者，貴、昺必來，來則擒之，一壯士力耳。”遂誅貴、昺，起兵北平，凡三日而省城定，皆能之首謀也。又與耿炳文戰于滹沱河，敗之。與平安戰于白溝河，敗之。

二年十二月，從上與盛庸戰於東昌，北兵大敗，庸軍厚集，圍上數重，能率胡騎奮擊其東北隅，於是西南抽兵漸薄，能衝圍死戰，翼上而出，遂得還營。

三年，收合諸軍，進戰夾河，北兵窘甚，能奮力再戰而勝，軍聲復振。攻盛庸兵于藁城，三戰三敗之。遂率王興、陳亨攻真定，能爲先鋒，衝庸中堅。又出奇兵以截南兵哨騎，連戰順德、大名、彰德、衛輝之間，皆有功。

四年三月，從上戰淝河，北兵敗績，百户王真爲平安所殺。北兵大懼，議旋師，能獨按劍曰：“漢高祖十戰九敗，終有天下。今殿下起兵來，克捷多矣，一挫而歸，寧能北面事人耶？諸將言歸者當斬以徇。”上曰：“爾言深合吾意。”遂引兵南下。四月，兩軍對壘日久，上不解甲者一月。淮土蒸濕，暑雨連作，諸將屢請渡河擇地，休息士馬。上曰：“兩敵相持，貴進忌退，一渡河則士心必懈，乘勝來邀，祗取敗辱耳。況敵久乏糧，士卒饑窘，其心已離，邀其餉道，可坐困之矣。”能遂賈勇催〔8〕堅，三戰皆捷。六月渡江，進克金川門，上遂入正大統。封能成國公。

後帥師往討安南黎夷，卒于龍州。能素善撫士卒，而死之日，將校皆爲流涕。追封東平郡王，謚武烈。

按：能首謀擒貴、昺，而起北兵，繼勵眾南下，而正大統，真靖難之首功。

【校記】

〔1〕州，疑應爲“舟”。

〔2〕攻，疑衍。

〔3〕霄，疑應爲“宵”。

〔4〕霄，疑應爲“宵”。

〔5〕之，《明史·吴良传》爲“兵”。

〔6〕璟，本篇又或作“景”，《明史》爲“景”。

〔7〕已，疑衍。

〔8〕催，疑應爲“摧”。

皇明將略録

漳國忠毅公　鄭亨
鄞國忠武公　薛禄
定興忠烈王　張輔
廣寧忠武伯　劉江
征南將軍　山雲
大司馬忠毅公　王驥
太傅忠肅公　于謙
都督僉事忠武侯　郭登
潁國武襄公　楊洪
太傅襄敏公　王越
總督　王信

鄭　　亨　合肥人，功臣朱用之子

亨靖難有功，封武安侯。仁宗朝以亨鎮大同，防禦有方，大同無虜患。時邊將稱亨與薛禄爲第一。宣德朝復鎮大同，轉餉宣府。亨嚴肅謹厚，善撫士卒，禔身廉潔，恥掊克，人不敢以私撓之。卒，贈漳國公，謚忠毅。

按：亨初當靖難，攻取有功。及守大同，防禦有方。且持身撫士，綽有名將風。

薛　　禄　初名貴，膠州人

禄初從靖難，屢戰有功，封陽武侯。仁宗朝命禄巡北邊，適虜入寇雲州，追斬甚眾。宣德元年八月，漢王高煦反，朝臣皆勸親征，上遂親率諸軍，以禄爲先鋒，晝夜兼程而進，不數日抵城下。高煦不意駕臨城中，震駭，羣下潰散，遂擒之。禄因留鎮樂安。條上邊事，城赤水、永寧、獨石，以遏虜衝。及卒，追贈鄞國公，謚忠武。

禄爲將有勇略，善謀。謀定而後戰，故每戰有功。紀律嚴明，所過秋毫無犯，又廉潔，善撫健兒，同甘苦，人樂爲効力。當時靖難諸臣，推河間、東平及禄爲最。

按：禄不獨爲智勇名將，雖稱爲賢將亦無忝，爲當時參將黄瑄所盛稱云。

張　　輔　玉之子

輔以靖難功封信安伯，又以父功進新城侯。

永樂四年，副朱能討交趾，由廣西思明府憑祥州入龍州，以疾留龍州。輔率眾度坡壘關，入安南境，進至北江府新福縣駐營。時賊恃東西都及宣江、姚[1]江、沱江、富良江以爲固，緣江北岸樹栅，於多邦隘築土城，城栅相連，亘九百餘里，盡發江北諸郡兵守之。又于富良江南岸列置樁，盡取國中船艦列于樁内；諸江口俱下桿木，以防攻擊。賊之東都守備亦嚴，時列象陣於城栅内路，守險以老我師。適西平侯沐晟以雲南兵與輔大軍合，輔遂自三帶州招市江造舟而進。晟軍至洮江北岸與多邦城對壘，而輔率大軍營於城北之沙灘，與晟合勢。賊新築土城高峻，城下設重濠，濠内密置竹刺，濠外坎地以陷人馬。輔下令曰："賊所恃者此城，立功在此一舉。"期夜襲城，以舉火鳴角爲號。是夜四鼓，都督黄中啣枚舁攻具，越重濠，薄城下，以雲梯附城。牙將蔡福先登，諸將士繼之。火炬齊鳴，銅角競響，賊倉皇驚散，遂入城。賊復巷戰，列象爲陣。輔命畫象蒙馬，神銃翼之，象見皆股慄，又爲銃矢所傷，皆退奔賊陣。官軍長驅而進，賊遂潰走，追斬無數。西都聞之，亦焚宫室倉庫，逃入海。

五年，輔追賊至富良江，悉眾拒戰，舟連十餘里，横截江中，用划船載木立栅。輔乘栅未備，躬率將士力戰，大敗之。乘風長驅至黄江，直抵悶海口，黎季犛父子僅以數十舟遁去。輔用土人莫邃爲鄉導，分道窮追。暨舟師過海門涇鵲淺，時久晴水涸，賊棄舟遁。俄而大雨，水漲數尺，我舟畢渡，眾喜曰："天助我滅賊也!"益追之，賊屢敗，遂生擒黎季犛及其子澄滄等，交南悉平。

先是，輔奏："安南本中國地，其後淪棄，化爲異類，今幸掃除殘賊，再覩衣冠。臣計黎賊父子旦夕就擒，既平之後，宜有所統。陳氏已絶，無可訪求，必設都、布、按三司，以撫輯兵民。"及捷聞，上遂如所請。

六年，論功進封輔英國公。上問夏原吉曰："陞與賞孰便?"原吉曰："賞費于一時，有限；陞費于後日，無窮。多陞不如重賞。"上善之，惟陞元功，餘班賞賚。

是年交賊簡定又反，輔率師二十萬討之。七年，獲簡定，召還京。八年，交賊陳季擴又反，稱復陳氏，輔又出討之。賊走，追至愛子江登岸。賊設象伏以俟官軍，輔偵知之，戒先驅曰：“群象來衝，一矢落其象奴，再矢披其象鼻。”象奔還，自相蹂踐，大軍乘之，賊大敗，遂擒李擴，餘黨悉降。交趾復平，留輔鎮守。

十四年召還京師。輔經營交趾，前後凡十年。

宣德元年，漢王高煦反，遣人密約輔爲内應。輔即縛其人，白于宣宗。從上親征，竟擒之。二年，交賊黎利猖獗，遣人進前安南國王三世孫暠表，乞立爲陳氏後。上以示輔，輔曰：“不可從。將士勞苦數年，乃始得之。此表出黎利之譎無疑，當益兵誅之。”上不從，遂失交趾。

正統十四年，從駕親征，王師敗績，輔死于土木。追封定興王，謚忠烈。

按：輔三定交趾，皆與沐晟偕而發縱指示，英國之功居多。自永樂丙申召還，而交趾從此棿杌矣。當時交趾既平，只合仍命英國守之爲得策。如洪武中沐英既平雲南，即命英守之，英殁，仍命英之子若孫世守之，然後諸夷卒服，而雲南爲我有也。何也？西南夷惟畏服沐氏耳。今交趾所畏服亦惟英國。交南三叛，皆以英國總師平之，英國三召，而叛亂復作。使英國久鎮于茲，則餘威足以彈壓殊俗，而交南長爲中國藩服，與雲南等矣。奈何失此一機，使一十二州郡士民復淪異類。惜哉！

劉　江 宿迁人

靖難兵興，適遼東。時守將楊文引兵圍永平，略薊州、遵化諸郡縣，上急遣江率眾趨永平，謂之曰：“爾至永平，敵必遁歸山海，勿追之，第聲言還北平，必復來侵，爾速出擊之，必大獲。”江如言，果敗東兵於昌黎，斬首數千級。

建文三年七月，平安自真定率兵攻北平，營于平村，離城五十里，擾其耕牧。世子督眾固守。上聞北平被圍，召江問策。江慷慨請行，且曰“臣方思之”，俄而曰“臣策成矣”。遂與上約曰：“臣至北平，以砲響爲號，一次砲響則決圍，二次砲響則進城。若不聞第三次砲響，則臣戰死矣。臣若入城中，既聞救至，則守城軍士勇氣自倍。宜令軍士人帶十砲，俟三次砲響之後，爲殿者放砲，常不絶聲，則遠近皆謂大軍繼至，平安必駭散矣。”江遂進兵與安戰，悉如其策，大敗之。

永樂十七年，江爲左都督，鎮守遼東。巡視諸島，相度地形，以金州衛金線島西北之望海堝地高，可望諸島，寇所必由，實濱海襟喉之地，請築城堡，立煙墩瞭望。一日，瞭者言東南夜舉火，有光。江計寇將至，函遣馬步官軍赴堝上小堡備之，令犒師秣馬，略不爲意。以都指揮徐剛伏兵于山下，百户姜隆帥壯士潛燒賊船，截其歸路。乃與之約曰：“旗舉砲鳴，伏兵奮擊，不用命者以軍法從事。”翌日，倭賊二千餘人乘海鰌直逼堝下，登岸魚貫而行，如入無人之境。江被髮，舉旗鳴砲，伏兵盡起，爲兩翌而進。賊大敗，橫屍草莽。餘衆奔櫻桃園空堡中，官軍環而攻之。將士欲入堡勦殺，而江不許，故開西壁以縱之。仍分兩翌夾擊，生擒數百，斬首千餘級。有脱去入鰌者，盡爲隆所縛，無一人得免。旋還，諸將請曰：“明公見敵，意思安閒，惟飽士馬，及臨陣，披髮而戰，追賊入堡，不殺而縱走之，何也?”江曰：“窮寇遠來，必饑且勞，我以逸待勞，以飽待饑，固兵家治力之法耳。賊始魚貫而來，成長蛇陣，故作真武陣以鎮服之。雖愚士卒之耳目，亦可借以壯氣。賊既入堡，有死而已，我師攻之，彼必死鬭，我兵寧無傷乎？故縱之出路，而後掩擊之，即‘圍師必缺’之意耳。此皆兵法，諸君未察乎?”捷聞，上徵至京師勞之，進封廣寧伯。

先是，倭寇出没海上，燔民居，掠貨財，殺虜人口，北自遼東、山東，南抵浙、閩，無歲不被其患。及是，大爲江所挫，寇患屏息者數十年。江驍果善戰，所向無敵；馭士卒明紀律，有恩信；於諸夷欵塞者，綏輯備至。及卒，人思慕之。謚忠武。

按：當時諸將，河間善謀，東平善戰，爲靖難元勳；定興三出南、交，拓地千里；武安、陽武往來塞下，且戰且守；而廣寧又制倭于東徼。所謂經營四方，矯矯虎臣是也。

山　雲 薊州人

雲廉勇有謀。宣德初爲征南將軍，鎮廣西。時溪洞傜獞叛服不常，歲殺掠吏民。雲至廣西，大飭兵伍，深入賊境，撫順鋤强，威聲大振。三年，降南安廣源蠻。四年，討柳潯賊，斬首二千四百級。五年，討平樂蠻，斬首四百級。又討慶遠諸蠻，斬首七千四百級。自是蠻夷震讐，嶺南無警。雲在鎮十年，自守廉潔，始終不渝。馭諸土官，專厲威罰，刻期征調，無敢後先。與士卒同甘苦，人樂爲効死，故所向有功，後莫能及。

按：雲鎮西〔2〕，馭土官有威，與士卒有恩，兩者相須，真得爲將之道。

王　驥 字尚德，東鹿人

驥永樂四年進士，宣德朝爲兵部尚書。正統二年春，阿台朵兒只伯數入塞，寇掠甘、凉，英宗命驥巡邊，以便宜行事。驥至甘肅，稽閱邊備，見莊浪、永昌、山丹路守兵寡少，烽堠不飭，軍無紀律，嘆曰："邊防如此，欲虜無侵，難矣！"翌日大會諸將于轅門，問將校畏敵而不畏軍令者誰最甚，諸將齊應曰都指揮安敬，驥命引出斬之，徇于眾，曰："自今遇敵畏縮者視此！"三軍股慄。遂大閲士伍，謹斥堠，嚴部隊，勤訓練，利器械，軍容肅然。既而虜寇莊浪，遣都指揮衛榮，授以方略，且誡之曰："不能勦賊，無復相見。"榮即擊敗之。寇知有備，引去，遣知院阿魯等納欵於朝。

驥以甘州官軍冗濫，徒費糧餉，乃選留五萬五千，餘還本衛更番代役。於是兵得休息，民減轉輸。驥尋還京。已而虜復犯邊，上命驥復往甘肅備之。驥至邊，遣蔣貴、趙安率兵由東凉州逾白雅孤口，北抵赤林、鐵門諸關，破走之。又遣貴等分道出塞，期夾攻，搗其巢穴。轉戰二千餘里，俘虜人畜數千。

六年，雲南思任發叛麓川，廷議謂麓川小夷，發兵爲費不貲，宜置勿問。而王振方幸用事，欲示威□□，上遂命驥總兵十五萬往征之。時大暑，衆請按兵，驥曰："賊熾毒吾民，行不可緩，有阻軍者斬！"遂進至金齒，分兵三道，徑抵上江。夾攻三日不下。會天大風，驥命縱火焚舟，乘勢力戰，斬首五萬餘級。又深追之，連破七砦，又破其象陣，思任發遁走。

十三年，麓川賊孽思機發復反孟養，驥又督諸軍討之。師抵金沙江，賊栅西岸以拒。驥造浮梁，渡兵攻破之，乘勝進至孟養。賊斂衆，拒險爲寨，我師皆攻拔之，斬獲無筭，思機發竟失所在。孟養在金沙江西，去麓川千里，諸酋皆驚曰："自古漢人無渡金沙江者，今王師至此，真天威也。"

永樂初，脱脱帖木兒隨其部長把都帖木兒來歸，未幾叛去，迨今三十年，復來歸。驥言："永樂間來降達官柴永正等，分住真定等府，今脱脱帖木兒叛服不常，乞照例遣送河間、德州等處，授之田廬，俾耕牧自便，著自爲例。"上從之。

天順四年卒，贈侯，謚忠毅。

按：驥沉毅宏偉，有文武才。而麓川之役，傾國家之力，集諸鎮之兵，先後十年之久，竟不能殲殄渠魁，卒從姑息，頗貽時。

于　謙 字廷益，錢塘人

謙永樂十九年進士。正統十四年秋，虜也先入寇，英宗欲親征，時謙爲兵部侍郎，力言不可，不聽，遂師駐土木。上北狩，京師大駭。景帝即位，進謙兵部尚書，内外倚謙爲安。已而三營精鋭，盡簡征士，留者皆老弱。謙見上，泣曰："虜賊不道，將長驅深入，不可不預爲計。宜急遣官募義勇，集民夫，更漕卒，練神機等營。"又令工部理戎器，户部調兵食，傳檄邊鎮及山東、山西、關陝，虜至或迎擊其前，或邀遮其後。

勤王擣巢，並授方略，經理粗定。

十月朔，也先以送上皇還京爲名，入寇紫荊關，京師戒嚴。太監喜寧，胡種也，在土木文降也先，盡以中國虛實告之，遂爲鄉導，敗我師，殺指揮韓清等。朝野洶洶，人無固志。侍講徐珵倡議南遷，而二三大臣復依違其間。謙慟哭曰：“京師天下根本，宗廟、社稷、靈寢咸在，百官、萬姓、帑藏咸在，若一動，則大勢盡去，宋南渡之事可鑒矣。”遂出榜曉諭，眾心稍安，守議始決。謙乃奏用王通、楊善守京城，孫鏜、衛潁、張軏分兵出城守戰，監以王竑、葉盛、程信，又赦石亨、楊洪罪，出之于獄，俾治兵。盡移郭外人入城，令虜所過堅壁清野，勿與戰。是時承平日久，通州壩上倉糧、蒭荳動以數百萬計。謙聞虜臨關，急令軍士往取，作預支月糧數。其壩上積芻奏上，不及待報，遣人盡燔之。或以諫謙，謙曰：“若待命，適以資虜，使得坐困我，蓋鑒趙宋時金人圍汴據牟駝岡之事也。”

會虜長驅至京師西城關外，石亨欲閉九門自守，謙曰：“是示弱也。”乃躬環甲胄，以大義泣諭六軍，由是人人感激。亡何，也先擁眾逼城，謙與石亨出禦。虜見我師堅不可撼，喜寧嗾也先邀大臣及謙出，議罷兵，索金帛萬萬計。廷臣相顧不能決，謙曰：“吾本兵知有軍旅，他非所知也。”即出德勝門，對壘約戰，以上皇在虜營，未敢輒動。已而諜知虜移上皇西，即發火砲擊之，虜死砲下者以數千計。也先大沮。眾請進擊，謙曰：“勝未足雪耻，萬一不捷，所損寔多。况上皇在虜中，不可不慎。請大書聖旨榜文，潛遺虜營中，諭回、達、奚、漢，有能擒斬也先來獻者賞萬金，封國公，以疑虜心。”虜知有備，又城外無所掠，遂引去。論功加少保，總督軍務，尚書如故。或稱少保功高，宋李綱不能及，謙謝曰：“四郊多壘，卿大夫之耻也；城下不盟，幸耳。”

大同參將許貴乞與虜和，事下兵部，謙力言其不可，曰：“中國與虜有不共戴天之仇，和則背君父而忘大義，於理不可。又虜貪而多詐，和議行而有無厭之求，從之則不可，違之則速變，于勢又不可。苟以强虜難制，姑和以緩其兵，則宋澶淵盟後歲輸銀絹三十萬，及徽、欽北狩，秦檜主和，割地歲幣，降號屈己，卒之國勢陵夷，無救於敗。則和議之不足恃明矣！今惟選將練兵，養威蓄鋭，賊侵則相機而勦殺，賊遁亦不貪利而窮追，可也。若遣使求和，則示敵以弱，而啓輕侮之心，萬萬不可。”上嘉納之。

謙又言：“也先悖逆天道，屯聚虜眾，近我邊疆，若不豫爲設法選練，軍不識將意，將不識軍情，必不能爲用。倘遇調遣，輳撥前去，非惟軍將俱不相識，抑恐號令不一，誤事非小。請于五軍、三千、神機等營，選練精鋭馬步官軍一十五萬，内五軍營八萬、神機營五萬、三千營二萬。分爲十營，一營一萬五千，用坐營都督一員；五千用都指揮一員，共用三員；一千用都指揮或指揮一員把總，共用一十五員；五百名又用指揮一員把總，共用三十員；每隊用管隊官二員。前項坐營把總等官，各于營内選練廉能驍勇之人管領操練，俱聽臣往來提督。如有聲息，各調官軍若干，或用一營、二營、三營，就着某總兵官及坐營都督統領前去，互相策應征勦。其餘官軍令的當頭目管領，各于本營操練。如此，庶得號令歸一，人易遵守，内外兩得其濟，臨敵必能成功。”詔曰可。團營之設自此始。謙又言：“不早除喜寧，虜知我險易虛實，益反復不可禦。”陰以計授楊俊，擒喜寧誅之。自是也先悔禍，果奉上皇還京師。

初永樂間，韃虜來降者，多安置于河間、東昌等處，生養蕃息，驕悍不馴。方也先入寇之際，皆乘機騷動，幾至不可收拾。會大發兵征湖廣、貴州苗寇，謙奏遣其有名號者，厚與賞犒，隨軍進征，事平，遂奏留在彼。于是數十年積惡一旦潛消。識者稱謙此舉大有功，所謂曲突徙薪，不然，難保無西晋陸沉之禍矣。

三年，謙上疏曰：“大同府四州七縣之民，生長邊方，安其習俗，性既勇悍，尤耐寒暑，自昔至今，多於腹裏及迤南衛所充軍役者。其各該衛，分有二三千里者，有五七千里者，歲久年深，拋家失業，供役者少，事故者多。或因途路窨[3]遠，中途死者有之；或因不服水土，到衛死者有之；或因貪贓官吏受囑賣放者有之。起解者未至，逃亡者復來，該衛無實用之人，原籍有清勾之擾，既僉長解，又斂盤纏。况今兵燹以來，鄉里凋零至極，軍户又不足數，民户因而靠損。其本府州縣官吏、里老累次于臣處告稱艱難，若得就近于大同等衛所當軍，情愿自備鞍馬，不敢支糧賞，奮勇殺賊，以圖報効。臣切惟國家政務有經有權，乞勑該部從長計議，除太原等處邊衛軍役外，其餘不拘在京在外衛所，校衛、力士、旗軍等項，今後遇有逃亡事故，在營無人補伍，例當清勾者，不爲常例，但各于大同就近照名充當軍役，聽其自備鞍馬，且不支糧餉，于大同前衛帶管收操。待後積有數多，另立衛分管轄，仍行原先衛分，開豁册籍，永不勾補。緣此等之人，既免離鄉之苦，得遂安家戀土之情。若使撫卹有方，教演有法，遇有警急，一則不忍棄其祖宗墳墓，一則不忍毁其宗廟産業，必心懷敵愾，樂于戰鬭。此與山東、河南調來操備官軍，主客既殊，堅脆亦異。庶使民户無分析之患，軍衛獲有用之兵，一舉而兩得者也。”上從之。

時也先犯京師，脱脱不花寇遼東，不桀出寇陜西，浙江葉宗留、福建鄧茂七、廣東黄蕭養各擁衆數萬，僭號攻城，南蠻西番，益復騷動。謙内固京師，外籌邊鎮，防衛陵寢，散追降胡，抗控漕渠，開鎮臨清。收復獨石八城堡，仍留貴州藩閫。條畫之奏，動中機宜；僚屬受成，虜欵盜平。上推誠倚任，獨秉朝綱；文武大臣面酹進退，宫廷密勿接膝調停。大璫舒良及石亨等皆畏憚之，羣猜遂起，怨謗亦興。七年正月，上病。時英宗出南内復位，亨與徐有貞以奪門爲功，嗾言官劾謙盜金符迎立外藩。詔下獄勘之，無驗。亨、有貞言：“雖無顯跡，意欲之。”法司乃以“意欲”二字成獄辭，斬于西市。籍其家，無長物。謙死之日，天日聚[4]變，陰霾蔽空，四海冤之。成化二年復謙官，併還没産，詔曰：“先帝已知其枉，朕心實憐其忠。”弘治三年，特贈太傅，謚肅愍；建旌功祠，令有司春秋致祭。萬曆十八年，以浙江巡撫、副都御史傅好禮奏請，改謚忠肅。

按：謙力摧强虜，匡扶國鼎，功不暇言矣。然聞虜酋擁上至大同城下，及至宣府城下，又至京城下，在在皆登城謝曰：“賴天地宗社之靈，國有君矣！”謙獨颺言曰：“豈不聞社稷爲重君爲輕耶?”竟以此言啓禍，惜哉！若東宮之易出于誣，南宫之錮迫于勢，論者當原其心。

郭　登 字元登，武定侯英之孫

登從征麓川有功，進都督僉事，守大同。會英宗親征，成國公朱勇、西寧侯宋瑛、武靖伯朱冕全軍覆没，倉卒議班師。登告學士曾翚曰："駕入，宜從紫荆關。"乃忽東折向居庸關，纔四十里，虜至，上北狩。是時大同堡塢蕭條，城門晝閉，人心洶洶。登雖處危疑，而氣益壯，慷慨自奮，修城繕兵，拊循士卒，衆皆感激。八月，上皇至城下，索金帛，登閉門不納。上皇曰："朕與登有姻，何外朕若此！"登遣人奏曰："臣奉朝廷命守城，不敢擅啓。"竟不出，虜遂擁駕去。既而虜以和爲名，入犯京師。登欲帥所部兵，併糾集忠義，從雁門入援。先以蠟書馳奏："請悉起各處官軍、民壯入護闕廷，京兵擊於内，臣兵擊於外，使賊腹背受敵。"奏至，賊已退，優詔褒答。論者謂登此舉壯哉，雖不及行，而風聲所暨，亦足振中國氣勢。

十二月，虜欲復犯京師，登以京兵新選，不可輕發，疏曰："今日之計，可以養鋭，不可浪戰；可以用智，不可鬭勇。此謂知彼知己，可守則守。其淶水、易州、真定、保定一帶皆堅壁清野，京兵分據，犄角安營，以逸待勞，以主待客，勿求僥倖，務在萬全，此謂不戰而屈人兵，善之善者也。"

景泰元年正月，諜報虜入朔州。虜自屢勝以來，出入自由，竟莫與拒。登不勝憤，晝夜激厲將士，定爲賞，期必殺賊而後已。及是得報，遂率兵躡之，行七十里至水頭，日暮休兵。夜二鼓，報云："二十里東西沙窩賊營十二，皆自朔州搶掠而回者。"登召將士問計，皆言賊衆我寡，莫若全軍而返。登曰："我軍去城已百里，若一退避，人馬疲倦，賊以鐵騎來追，雖欲自全，得乎？"即按劍曰："敢言退者斬！"徑薄賊營。天漸明，賊以數百騎迎戰，登奮勇先登，諸軍繼之，呼聲振山谷，遂大破之。追奔四十餘里，至栲栳山，斬虜首二百餘級，奪回人馬器械萬計。時登以八百騎破虜數千，爲一時戰功第一。賜勅褒美，進封定襄伯。

登爲將智勇，善撫士卒，紀律嚴明，料敵制勝，動合機宜。初至大同，士可戰者不及數百，馬止百餘匹，不數年，馬至萬五千匹，精兵數萬人。與賊相拒一年，大小數十戰，未嘗挫衄。嘗以己意設爲攬地龍、飛天網等法，鑿爲深塹，覆以土木，人馬通行如履貫地，賊入圍中，令人發其機，自相擊撞，頃刻十餘里皆陷。又用砲石擊賊，一發五百餘步，每人馬死者數十，賊相傳以爲神。

天順元年謫戍甘州。初，上陷虜時，也先以復駕爲名，逕逼京師，于謙使人謂之曰："賴宗廟社稷之靈，中國有君矣。"及駕至大同，登言如之，蓋權辭以沮狡虜之謀也。上啣之，故謫。未幾召還，充團營總兵。卒，贈侯，謚忠武。

按：登武而能文，謀而善斷。當國步艱難之際，矢心報國，茂功勝虜，有古良將風，爲士論所推云。

楊　洪 六合人

洪有機變，用詭道，能爲奇兵，遇虜必擣其虚，或出其不意，善於劫營，累立戰功，頗爲衆所忌。而上每舉洪戰功，以勵諸將，故洪益自奮。

十四年，也先入寇，敗我土木，上皇過宣府北狩去。洪驚惶無措，閉門不出。議者謂洪握重兵，畏死而不急國難，劾洪，逮獄。已而虜復入寇，出洪獄中，使擊虜，大勝于固安，盡殲其衆，奪回人馬器械數萬計。論功，進封侯。卒，贈潁國公，謚武襄。

洪紀律嚴明，遇事敬慎。廣西部卒李友全誣奏洪，上付洪自治，洪故感激，愈戮力。

按：洪雖尚權譎，而有威嚴，故屢有戰功，爲三楊公所愛敬云。

王　越 字世昌，濬縣人

越景泰三年進士，初爲御史，有名。天順七年巡撫大同，成化六年禦虜延綏。九年，出延綏搜套，擣虜巢，有功。後，越自陳紅鹽池獲勝之功，爲白圭所抑，録功反在諸將後。事下兵部議，加越太子太保、兵部尚書，兼憲職。

時太監汪直喜用事開邊，薦越同統兵出大同，潛師出塞。至咸寧海，大捷，論功封咸寧伯。後鎮延綏，以功加太子太傅。已而言官劾其虚張聲勢，妄報大功，冒濫陞賞，擅開邊釁，奪爵，編管安陸州。

弘治十年，虜大入寇塞，起越總制寧夏、甘、凉軍務，并經略哈密。越遂襲斬賀蘭虜巢，奪還掠去人畜。

先是，越在大同，一日與保國公宋永領兵一千，周視邊所，虜兵猝至，且眾，永欲走，越厲聲曰："勿復言!"即揮兵上山，連兵札山麓嚴守。越曰："若走，撞陣，被其長驅入城，此禍誰當？我今已占上游，與戰必利。"遂驅兵下馬，于中選勇士三百，自將于後，餘七百人永帥而前。俱令啣枚，不許前兵反顧，一一如魚貫，不許參差，違令者斬以徇。列陣而行。時已向暮，虜兵懲懈，越命諸軍從山後依前令行五十餘里，始抵城下，不失一人。越謂永曰："若一時倉皇亂走，人心不定，虜兵追來，我兵無紀律，必致争先自斃。今却軍排次第而行，不攪亂。况我以精兵斷後，人必齊心。令其下馬而行，故彼不覺倦，而我安行也。"一時應變之機，從容克濟，有古名將風。而紅鹽池劫虜取勝，本兵家奇術，議者往往黜其功，時論惜之。

卒，贈太傅，謚襄敏。

按：越久奮師旅，謀定智臆。甄拔諸將校，薦楊四御史。其塞上功甚偉，而議者謂其任術，不足數，得無過歟!

王　信 字君實，南鄭人

信守荆襄，時石和尚、劉千斤反，信進據房、陸，民兵不滿千人。賊四千餘衆突至圍之，主帥逗遛不援，信乃多張旗幟，舉火晝夜不息，歷四旬餘。間以死士出戰，五六里舉火、鳴砲，賊以爲援兵至，驚走。追斬有功，進都指揮同知。已而移師鎮湖廣，條陳八事，曰繕城隍、廣儲蓄、省徭役、立賞罰、選能官、禁竄户、練將才、慎守備。又條上四事，曰慎專任以利民情、定倉儲以備兵荒、修兵衛以圖無患、禁利罰以省財用。

十七年，信又上言："湖廣蠻夷，雖曰腹心之蠹，無能爲也。但我軍奸黠之徒，利其竊發可以邀功，今但選精鋭，常加隄防，勿蹈前非，其患自悉。荆襄流逋，本意逃避徭役。今長老，子孫已成家業，濫加誅殺，非惟死及無辜，恐傷和氣。南亩之農，無所蓄積，斂獲未竟，餱糧已空，機杼纔停，布縷何在？求免饑寒不可得矣，乞選良守，令大加存恤。濫陞官員無慮千百，無一矢之勞，冒崇階之賞，乞查勘削奪。三司、方面，所以折衝禦侮，承宣激揚者也，當公以格物，廉以律己，端本澄源，則在朝廷而已。"憲宗下其章，飭勵衆職。

時永順、保靖二夷世相仇，信諭以威福，尋亦解，不爲亂。靖州及武岡蠻久不靖，守臣議勦之，信巡邊面諭，竟不煩兵。而下召諸苗，犒以牛酒，且詰其順逆之故，皆稽首曰："累歲苦麾使徵索，故作亂，今將軍待我如此，願爲屬役，何敢反耶？"因爲信舉肩輿，以表敬信。其所部指揮劉斌、張全，智勇過人，爲之力薦于朝。

按：信沉毅簡重，被服儒素。歷鎮大邦，不營私産；鈴閣之下，寂無人聲；金玉奇玩，一無所好；子弟但令自讀書，不爲陳請。君子謂我朝將臣廉正，前如山公雲，後如王公信，蓋絶無而僅有者也。

【校記】

〔1〕姚，下文皆作“洮”，此处當誤。清顧祖禹《讀史方輿紀要》卷一百十二“安南·富良江”條：“東流歷文盤州、臨洮府北境，亦曰洮江”。

〔2〕西，前當脱“廣”。

〔3〕窰，疑當爲“遥”。

〔4〕聚，疑當爲“驟”。

皇明將略録

總督襄毅公　韓　雍
太保肅敏公　余子俊
太傅端肅公　馬文昇
少保襄毅公　許　進
大司馬忠宣公　劉大夏
咸　寧　侯　仇　越
新建文成伯　王守仁
都　　督　馬　永
太保武莊公　梁　震

韓　雍 字永熙，吴縣人

雍正統七年進士。景泰二年，巡撫大同，上諭之曰：“善爲朝廷守北門！”雍精悍闊達，有智略，時出己見。經畫防守城堡，部署將校，訓練士伍，逾年戎政大修，虜人不敢近塞。

成化二年，廣西傜酋侯大狗倡亂，蔓延廣東高、廉、雷之境，所至殘毁，守臣不能制。時雍左遷浙江參政，兵部尚書王竑薦雍智勇過人，宜任討賊。遂擢爲僉都御史，同征夷將軍趙輔帥兵往討之。六月，大軍至南京，眾議欲分江西軍及達官，從游擊，由庾嶺入廣東，大軍則從湖廣入廣西，以賊在廣東宜逐之，在廣西宜困之也。雍曰：“不然。兵有聚而爲正，亦有分而爲奇。今廣西已無完郡，而大藤峽爲賊巢穴，不是之圖，而趨其末，則賊愈奔突汗漫，郡縣愈殘毁，所謂‘救火而嘘之’也，未見其能濟。苟全師至彼，南可以攻大藤峽，援高、廉、雷，東可以應南詔，西可以取柳、慶，北可以斷陽峒諸路。譬如常山之蛇，動無不應。腹心既潰，諸處之賊假息游魂耳，何須逐乎？叔敖曰‘寧我薄人’。軍志曰‘先人有奪人之心，薄之也’。所以兵貴拙速，不貴巧久，又何泥於困乎？”遂總率諸軍，兼程而進。七月至全州，會陽峒西延苗爲梗，擊滅之。斬失律指揮李英等四人，將士股栗。九月至桂林，按圖籍與諸將議曰：“修仁、荔浦乃藤峽之羽翼，不剪除之，則藤峽之勢不孤。”乃以永順、保靖及兩江土兵十六萬人分五路進，窮追至力山，賊大敗。十一月至潯州，遂進擣大藤峽，覆其巢穴。其中盤亘數百里，山澗險阻，有崖名九層樓，尤爲斗絶。官軍直抵其上，磨崖紀歲月而還。乃斬峽藤斷之，易名斷藤峽，以志武功。因遣將四出，雷、廉、高、肇諸寇以次削平。自是蠻夷畏懼，兩廣寢安。

初，雍奏調達官達軍千餘人從征，專命都督僉事一員領之。兩廣傜童出入山林，利用標鎗、牌刀諸短兵，不能當騎射，故達軍所向輒勝。昔狄青破儂智高于崑崙山，亦以番落騎兵取勝，雍即此策也。方雍攻峽出兵，令五鼓戰，將領聞賊已覺，恐遲失事，二更即發，大破之。雍賞其功，而問以違令之罪，以軍法當斬，乃具問，請釋，曰：“萬一不用命而敗，若何?”人謂雍得將家之體。師還，論功，擢雍左副都御史，提督兩廣軍務，兼巡撫。

六年，雍以憂去位，兩廣賊勢復熾。僉事陶魯言：“兩廣地勢猶一人之身，今軍政分而爲二，故賊入寇掠，無人任其責。乞勑大臣總督兩廣，如雍故事，庶事權歸一。”巡按御史龔晟亦言：“宜立總府於梧州，簡命大臣兼制兩廣，則事統于一，而責有所歸。”兵部亦言：“兩廣互爲唇齒，廣東籍廣西之兵力，廣西籍廣東之糧儲。今巡撫等官，名位頡頏，議論之際，甲可乙否。宜如魯等所請。”上可之。

乃起復雍總督，兼理巡撫之政。雍在梧州，得承制專決，盡法繩下，不貸大吏，以故謗議遂起。中官黄沁奏雍坐視徭賊出没，隱匿不報，以致賊復滋蔓，流劫郡縣。卒，謚襄毅。

按：雍之討廣寇也，先攻藤峽以擣其巢穴，次攻修仁、荔浦以剪其羽翼，且斬失律指揮以鼓其士氣，用達軍騎射以兼其長技，故能蕩平寇害。顧以專制盡法，遭譏致政，時論惜之。

余子俊 字士英，四川青神人

子俊景泰二年進士，累遷副都御史。巡撫延綏，乃廣築榆林城，增立三十六營堡。在鎮相度邊地，每徒行數十里，盡得形勢。乃上疏言：“陝西有三邊，延慶、寧夏、甘肅。三邊之中，延慶爲内地。國初逐出北虜遠遁黄河之外，至正初虜始渡河來犯，近邊守臣乃於沿邊立界石，創置榆林諸營堡，外築墩臺以瞭望。天順以來，虜知我東西諸邊各據險以守，難於窺伺，惟延慶一帶地無險阻，可以馳突，屢來犯邊。掠我邊人以爲鄉導，遂知河套所在，入屯其中。自是虜居内，而我列屯守禦，反在其外。臣請于沿邊一帶墩臺空處築爲邊墻，立砦堡。况界石一帶多高山陡崖，宜依山形，隨地勢，或剷削，或累築，或挑塹，綿引相以爲邊墻甚便。”報曰可。於是東起清水營之紫城砦，西至寧夏之花馬池，延袤二千里。每二三里間爲對角敵臺，砦連比不絶。又于空處築短墻，橫一斜二，如新月狀，以爲偵敵避箭之所。凡爲堡十有二，崖砦八百一十有九，小墩七十有八，大墩一十有五，甫兩月而功畢。自是虜寇益稀。子俊又請盡釐陝中人有伍籍、詭落及罪謫南戍子孫不耐南方風土者，實榆林衛。又擇軍中俊子弟教之讀書，請建學，立官師，爲弟子法。俗多棄地，不圃藝，令吏教之樹蔬菓。開界石外地，興屯田，歲獲數萬石。自是榆林遂爲重鎮，雄於諸邊。

十三年，入爲兵部尚書。子俊在邊久，知虜情及將校勇怯、地里險易遠近、虜所出入，凡邊臣奏請，從中調度，輒中機宜。會遼東巡撫陳鉞説汪直立功固寵，而己亦得倖進，于是虛張邊警，言虜酋伏當加欲糾三衛入寇，請討之。事下兵部議，子俊曰：“禦戎宜先守備。建州邊衛，祖宗時覊縻而已，不深治也。今伏當加罪狀未著，遽征之，非祖宗初意。必不得已，遣重臣往節制之。”直不從，卒起邊釁。論者服子俊先見。

十八年，虜欵大同，上命子俊督京營兵禦之，虜去，子俊引兵還。又上言邊務曰：“自古命將出師，誅暴禁亂，見可而進，知難而退，進退之間，非車不可。臣奉命以來，熟看大同地方山川平曠，宣府地方一半相等門廷，寇至，車戰爲宜。爲今之計，大率以萬人爲一軍，戰車五百餘輛。用步軍千人駕拽，行則縱以爲陳，止則橫以爲營，車之空缺去處用鹿角杵補塞。凡戰士器械，不勞馬駝，乾糧不煩自齎。若是，虜賊合衆對壘，彼用弓矢，止有百步技能，我用鎗砲，動有三四百步威勢。如相持過久，彼將分散搶掠，我則出兵，或首遏其驕橫，或尾擊其惰歸。前項車營，最便策應。運有足之城，策不飼之馬，此億萬年守邊簡易之法也。”上可之。遂造戰車數千輛，爲練武圖，以教士卒。

已而子俊又上言：“去歲受命行邊，即以曩在延綏增修邊墻事宜建議奏聞，蒙賜允行，適歲歉而止。今會同宣大、山西一帶文武守臣，隨方經略，躬率士馬，遍歷邊關，登高履險，凡四十餘日。度地定基，東自四海冶起，西至黄河止，長境一千三百二十里二百三十三步。舊有墩一百七十座，内該增築四百四十座。大約今年八月始事，來年四月可告成功，視昔延綏之費雖曰有加，實一勞永益之功也。”上然之，即勑所司預備器物。給事劉昂、御史朱欽交章劾子俊興築邊墻，虚耗邊儲，羣情怨嗟。上命工部侍郎杜謙勘報，還報子俊在邊未及二年，費用官銀一百五十萬兩，糧料二百三十萬石，雖因供給軍馬，修築墩臺，更置兵器，皆出公用，然亦勞民傷財，不爲無罪。上乃令子俊致仕。未幾復召爲兵部尚書。及卒，贈太保，謚肅敏。

初，子俊在榆林時，徐廷璋巡撫寧夏，馬文昇巡撫陝西，亦浚濠築墉，繕亭障，有功績，時稱“關中三巡撫”云。

按：子俊嘗言：“大臣謀國，遇有大利害，當身任其責，豈得養交市恩，爲遠怨自全之地?”以故鎮榆林時，怨謗紛起，而堅執不撓，卒能成功，垂利後世。及鎮宣、大，欲推榆林之法，盡修兩鎮邊墻，竟爲讒忌所阻，弗克成功，識者惜之。

馬文昇 字負圖，鈞州人

文昇景泰二年進士。成化四年，固原土達滿四反，擢文昇右副都御史，巡撫陝西，與總督項忠帥兵討之，進至固原。四據石城之險，官軍屢戰不利。忠督兵攻圍，賊堅壁不出。文昇曰：“聞賊城中無水，芻粟亦漸乏，若絶其樵汲，則釜魚當自斃矣。”忠然之。令官軍堵窒其水源，又掩捕樵汲者，多被擒。詰之，乃知城中正艱於水，卒用坐困之策擒四斬之。

八年七月，北虜寇臨洮、鞏昌，文昇敗之，追至黑水口，斬首數千級。命兼節制三邊。九月，虜復寇常州，深入固原及好水川。文昇檄召諸路兵按伏湯芊嶺，虜至遇伏，驚遁，盡棄輜重，俘斬二百餘級。因改其嶺爲得勝坡，勒石紀功。

十四年，建州女直復叛。巡撫陳越[1]欲誘殺進貢夷人，以掩己過，由是東夷譁懼爲亂，上命文昇再往撫勦。時汪直恃寵倖功，陰主鉞議，邀文昇偕行。文昇弗聽，疾馳至鎮，撫黑鎖忒等二百餘人。比至，虜已解散矣。直無所解，深啣之。鉞行事乖方，每被文昇更置約束，不得逞，亦恨之。會直巡邊，鉞懼見罪，戎服遠迓，除道飾廚，供張解僃，賄託傔從；而文昇獨與直抗禮，奴視其左右。左右多譽鉞而詆文昇，鉞復乘間毁之。直還，奏文昇妄啓邊釁，謂女直建州諸虜皆以文昇禁不與易農器，故屢寇塞，文昇遂下獄謫戍。然所禁實鐵器，非農器也。士論皆惜之。已而直敗，鉞亦敗，文昇得雪，復官。

弘治六年爲兵部尚書。時安南、占城有違，言占城請命官往問其罪。文昇上言："《春秋》'王者不治夷狄'。今安南負固多年，若遣官往至其國，以掉口舌，小必文過飾非，大或執迷玩命。若置而不問，損威已多，若問罪興師，貽害猶大，非計也。"乃止。諭安南貢使，令還占城侵地，竟不煩兵而解。

七年，議絶土魯番。先是，哈密在肅州西北千五里里[2]，本韃靼、回回雜處之國也，永樂初其地設哈密衛，封元肅王之裔脱脱爲忠順王，賜金印，令爲西域之襟喉，以通諸番之朝貢。脱脱死，傳子索羅帖木兒。嗣王無子，王母理國事。憲宗朝，土魯番鎖擅阿力王虜王母、金印而去，國人驚散。已而王母死，鎖擅阿力亦死，子阿黑麻嗣位。甘肅守臣請乘間以王母甥早慎襲封爲王，遣兵送入哈密。阿黑麻謂早慎非脱脱之貴族，佯與結親，誘執之。孝宗朝，阿黑麻以金印、城池歸歸[3]。文昇謂："哈密三夷種共居一城，早慎非貴族，故衆不服，必得元之遺裔方能服諸番，興復哈密。"因訪得王侄陜巴，襲封忠順王，主國事。未幾，阿黑麻復擄陜巴及金印去。報至，朝廷遣兵部侍郎張海往經略之。遂脩嘉峪關，而捕哈密黠詐回回通阿黑麻教令及覆爲奸者二十餘人，發戍廣西。文昇曰："此虜既遣使入貢，復虜陜巴、金印，其心輕中國，不大創之，不戢。請閉嘉峪關，絶諸番貢，令西域歸怨阿黑麻，以携其黨。"上從之。阿黑麻緣此益驕横，詐稱以萬人入寇甘肅。報至，朝議頗駭。文昇曰："土魯番至哈密十數程，哈密至苦谿又數程，路乏水草，聞夷使入貢多帶水行。今若遠來，肅州有備，彼豈得全歸哉？料不能至，特以虛聲恐我耳。"已而果不至。八年，阿黑麻復令酋目牙木蘭率番夷二百餘據哈密，文昇因肅州指揮楊翥入朝奏事，詢之，具得其道路并牙木蘭可取之狀。遂遣許進與總兵劉寧、彭清率番漢兵入哈密擊之。牙木蘭遁去。阿黑麻亦悔過，遣使入貢，併以陝巴、金印來歸。

十一年，京師西直門有熊入城，守衛者不之覺。文昇謂野獸入城非宜，奏參守衛者，且乞嚴武備，以防不虞。十四年正月朔日，陝西地震，聲響如雷，地裂，湧水如河。文昇上言曰："考之古典，地震乃夷狄不承中國之兆。夫陝西四鄰番虜，而延、慶二府又與河套密邇，朔日地震未已，而十五日胡虜擁眾入寇，夷狄侵陵中國之兆明矣。即今小王子，部落日眾，精兵數萬，其酋火篩者梟雄桀黠，往往敗我官軍，其志不小。今海內民困財竭，兵衰將懦，文恬武嬉，法令不振。乞陛下祇畏變異，脩者[4]尅責，行仁政以安萬民，重臺諫以廣言路，節金帛以備緩急之用，免齋醮以省無益之費，止傳奉無例之官，禁奏討有礙之地。今虜在河套，正用兵之際，乞取回陝西織造絨褐內臣，以蘇一方軍民之困。"上皆行之。

正德元年致仕。卒，贈太傅，謚端肅。文昇立朝五十餘年，以身狥國，不避艱險。凡有大議，眾莫能決者，文昇至，一言而決。至於值事變，臨利害，屹然如山，不可搖奪。

按：文昇坐圖滿回，計克北虜。建州女直擾亂，則疾馳而解散之；安南、占城相仇，則善諭而解釋之；土魯番陵虐哈密，為西域之梗，則興兵致討以服之。真可謂文武全才，故名聞夷夏。

許　進 字季升，靈寶人

進成化二年進士。弘治元年陞僉都御史，巡大同，數條邊事，戎政脩明。小王子瓦剌兩種聞進威名，遣其酋哈桶、察察、小保等二年三貢，僅費帑金六萬兩，雲中、上谷、河曲塞竟無虜害。是時士馬强壯，軍容整肅，而進之才智忠毅，又能斡旋應變，故每貢多至三千人，少亦不下二千，下關皆下馬脱弓矢，入舘，戢戢聽命。

八年，土魯番阿黑麻復令頭目牙木蘭劫忠順王入據哈密城，兵部尚書馬文昇曰："用兵不可已矣，顧方略何如。"密召肅州衛、撫夷指揮楊翥至京，問襲殺牙木蘭之策。翥曰："從罕東衛至哈密道路徑捷，若調罕東番兵三千爲先鋒，以漢兵三千爲後繼，各持數日熟食，兼程襲之，取之必矣。"文昇大喜，薦進巡撫甘肅，而奏請勅之如翥策。進至鎮，陰結赤斤、罕東諸夷爲援，又結小列秃截土魯番後，誓言遠征，不恤浮議。是冬，與都督劉寧、彭清冒雪夜行，出嘉峪關二千餘里，擣哈密城。牙木蘭遁去，得忠順王陝巴及都督罕慎，復哈密城，斬首百餘級，獲牛馬駝數千。時牙木蘭既走，遺别種八百人登臺自保，將校請"斬此八百首功，公可封侯"，進曰："吾拊脅從，柔遠人，期在安集而已，安忍以多馘爲功哉？且逆天道無後，古之戒也。"乃遣人諭之使下，八百人得不死。因疏請懷輯罕東諸夷，相援以離土魯番黨與，而孤其勢，西域遂平。

正德元年代劉大夏爲兵部尚書，未幾致仕。卒，贈少保，謚襄毅。

按：進撫大同而致兩種來貢，援哈密而使牙木蘭遁走，其威足以服夷如此。然哈密之役，君子謂陝巴雖暫入哈密，不數年復失之，馬端肅之作《興復哈密記》，自敘其功已誇矣，而襄毅雖入哈密空城，竟不能守，亦何益哉？昔光武閉玉關以謝西域，不欲勞中國以事外夷，非萬世馭夷之長策乎？

劉大夏 字時雍，華容人

大夏天順八年進士，爲職方郎中。時安南屢侵占城，遣使奏請討之。中官汪直因獻取安南之策，傳旨下部，索永樂中調兵食之數甚急。大夏匿其籍，徐以利害告尚書余子俊，力阻之，事乃得寢。

朝鮮使者苦建州虜邀劫，請改貢道由鴨緑江。中官有朝鮮人，爲之地，事下兵部議。大夏執不可，曰："朝鮮貢道，自鴉鶻關由遼陽經廣寧，過前屯入山海，還回四三大城。戍此，祖宗微意。今若引鴨緑江抵前屯、山海路大徑，恐貽他日憂，不可從。”遂止。

弘治十年，虜入塞，行師乏軍興，大夏以户部侍郎出經略之。或曰：“半邊糧草半屬中貴子弟，此行恐取禍。”大夏曰：“處天下事，以理不以勢；定天下事，在近不在遠。俟至彼圖之。”既至，召邊上父老，日夕講究，得其要領。一日，揭榜通衢云：“某倉缺糧幾千石，每石給官銀若干，凡境内外官員、客商家願輸者，米自十石以上，草自百束以上聽，即中貴子弟不禁也。”不兩月，積蓄有餘。蓋往時糴買法，糧百千石、草千萬束方聽，故中貴子弟争相爲市，轉買邊人糧草續運之官，牟利十五。自大夏此法一立，有糧草之家皆自得告輸，中貴人家即欲收糴，無所得。議者謂此法利國便民，且使貴家無所施其怨而投其姦，真糴市良法也。

時邊臣急，孝宗以兵事屬中官苗逵，謀出兵掩擊。大夏爲兵部尚書，力言不可，但令各邊料敵戰守，上善之。一日，上問天下衛所軍士如何，對曰：“貧與民同，安能養其鋭氣?”上曰：“諸軍居有月糧，出有行糧，何故貧?”對曰：“江南困於運糧，江北困於京操，此外浪費猶可不盡知者。”因條上軍民疾苦十事：一曰京住官軍苦於出錢供用；二曰在營官軍困於私役做工；三曰江南軍士因漕運破家；四曰江北軍士因京操失業；五曰竭軍民之力運糧，而濫食者衆；六曰罄生民之力買馬，而私用者不顧法禁；七曰各處鎮守太監貪婪；八曰各處守備内臣占軍數多；九曰陞賞被於勢要；十曰禁衛苞苴公行。上嘉納，悉行之。

十七年七月，虜寇大同，上欲親征，輔臣李東陽曰：“近日北虜與朶顔通，潮河川、古北口甚爲可憂。今聞賊在大同稍遠，欲往東行，正不知何處侵犯。若彼聲東擊西，而我軍出大同，未免顧彼失此。”劉健亦言：“大同險遠，本鎮尚可支持，潮河川去京師不過一日，最爲切近，猶宜先慮。”上意未決，猶欲出軍，大夏力言京軍不可輕出，上曰：“太宗朝頻年出兵，逐虜數百里，未嘗不利。”大夏曰：“太宗之時有糧有草，有馬有兵，又有好將官，所以得利。今糧草缺乏，軍馬疲斃，將官鮮得其人，兵士玩於法令，非謂[5]不能殺賊，亦恐因而自損。”上納之，師遂不出；而虜爲邊將力拒，亦引去。

大夏平生不以勢位自居，遇事有疑者，不以公移顯行，雖屬官亦具手簡，直述其事，紙尾書名。故所委事無大小，皆盡心力，不相欺負。

正德三年，劉瑾專政，與劉宇仇誣“輕議夷人”，謫戍肅州衛。大夏氈帽布袍，途步過大明門，匍匐頓首，策一蹇驢赴戍所，被甲執鋭，與諸軍無異。未幾瑾誅，得赦歸復官，致仕。卒，謚忠宣。

按：大夏不從汪直伐安南，不許朝鮮易貢道，經邊倉糧草而足國便民，條軍民疾苦而上悦下安，且力阻親征而虜患亦息。君子謂：明達治體如賈太傅，諳練國事如陸敬輿。諒夫！

仇　　鉞 江東人

鉞世襲寧夏指揮同知，遷遊擊將軍，驍勇敢戰。

正德五年，安化郡王寘璠反，遣人招鉞，令以兵來會。鉞佯許之，率眾赴鎮，寘璠令釋兵仗而入，入即奪其軍。鉞單騎歸私第。時興武營守備保勛與賊連姻，京師訛言鉞、勛從賊，大學士李東陽曰：“鉞有機權，必不從賊。請用勛爲參將，鉞爲副總兵，以討之。”命下數日，勛上疏言：“臣母及妻、子俱在賊中，臣義不顧家，恨不飛渡黄河，食賊肉，謝朝廷！”

鉞歸私第，稱病臥，陽約遊兵壯士楊真等百餘人布中外，候保勛、楊英諸兵至河上，從中發爲内應。俄而報諸兵已至河上列營矣，寘璠聞之大懼，與僞將何錦議防禦之策。鉞使紿錦曰：“事急矣，宜速出守渡口，防决河灌城，遏東岸兵，勿使渡河。”錦信之，果與丁廣等率馬步軍三千人於壩上等處防守。於是諸親信、黨惡皆出，惟留周昂守城而已。

無何，寘璠欲出城祭社稷、旗纛等神，使鉞陪祭。鉞度己不出，必周昂自來請，遂稱病亟，而伏家僮陶斌、來得以俟。昂果自來。比入門，鉞猶堅臥呻吟，言旦夕且死。家僮猝起，捶殺昂，斬其首。鉞起，披甲仗劍，跨馬出門，一呼而諸遊兵壯士皆集。鉞與楊真等徑馳詣寘璠第，擒縛之。乃遣人詐傳寘璠令，召何錦引兵回城，而令所遣人密諭錦部將鄭卿以擒寘𫔎之狀。錦方帥兵還，鄭卿即以所部兵擊殺胡璽、魏鎮等十餘人；倡爲城中事定，以携衆心。又趣河口，將巡河劉鉞、姜永等盡殺之，衆遂大潰。錦與丁廣等單騎脱走至賀蘭山，欲投虜，爲邏兵所獲，械送軍門。寧夏平。論功封咸寧伯。七年，以征流賊功進侯。

按：鉞不動聲色，而立奇功於虎吻，李東陽稱其有機權，信矣！若陽從寘𫔎而陰圖之，與温太真之圖王敦相似。

王守仁 字伯安，餘姚人

守仁弘治十二年進士。正德元年，劉瑾亂政，守仁時爲武選司主事，抗疏乞誅之，瑾大怒，縛杖闕下，謫貴州龍場驛丞。十一年遷僉都御史，巡撫南贛、汀、漳等處。時江西上流山谿中劇盜四出劫掠，廣東、湖廣、江西諸撫臣互相觀望，久之，積至數十萬。提督軍務、兵部尚書王瓊素奇守仁才，請武宗與守仁兵符，兼巡撫。守仁日夜練兵，不數月得精兵數萬，首誅通賊監生吴讓。

十月，徵湖廣兵，夾攻桶崗。而横水、左溪在其東，守仁與諸將議曰："桶崗地險，賊破爲難，然恃横水、左溪爲羽翼，不先破横水、左溪，則勢不能與湖廣兵合。若進兵兩寇之間，腹背受敵，非利也。況賊但聞吾檄湖廣兵夾攻桶崗，而横水、左溪必觀望未備，可出其不意先破之。先破横水、左溪，而後移兵桶崗，破竹之勢也。"乃遣偏裨許清、邢郇〔6〕、王天與各率兵千餘，自南康、上猶入，令皆會於横水；又遣郟文、唐淳、季斅、舒富各率兵千餘，自大庾之又安、聶都、穩下，上猶之金坑入，令皆會左溪；又命伍文定、張戩各率兵從上猶、南康分入，以遏分軼。守仁自率兵千餘，從南康進擣横水，與諸軍會。

分布既定，乃以是月七日分道并進。横水賊謝志山、萬貴模聞官兵至，倉集衆各險隘，設滚木、礧石禦之。守仁未至賊巢三十里駐兵，夜募鄉兵善登山者四百人，各執一旗，懷銃砲，由間道攀崖入險，分布近巢左右極高山頂，伏覘賊，令度我兵至險，舉砲應之。又先遣壯士緣崖上，奪險，盡發其滚木、礌石。亡何，守仁進攻，賊據險迎敵，忽聞近巢諸山頂砲聲如雷，煙焰蔽天起。守仁急麾兵逼之，賊大驚走，謂我兵已盡入破其巢穴矣。官軍乘勢追逐，破横水大巢，志山、貴模皆棄險走；唐淳又破左溪大巢。是日俘斬甚衆，遂屯横水、左溪。

時已約湖廣兵於十一月初一日夾攻桶崗。守仁以桶崗猶險，而横水、左溪潰賊奔入焉，守益力，移兵臨之，駐重險之間，卒難取勝。若乘戰之之威，遣人諭以禍福，招降之，彼必恐懼從命；或不從，必反覆籌議，乃乘其猶豫而襲之，可以得志。於是遣素通賊官民李正、劉福泰入賊巢諭之。賊見使者，皆喜，乃集衆議，而横水、左溪奔入之賊又謂不可，遲疑不爲備。守仁日遣使促降，而别遣邢珣、伍文定、唐淳、張戩分道冒雨而入。賊聞諸兵入險，皆奔入内隘，逼水爲陣，以拒官兵。邢珣麾兵渡水前擊，張戩衝其右，伍文定又自懸崖下攻賊脇，賊大敗，遂破桶崗大巢。時湖廣兵亦至。賊衆遁入山谷者，守仁遣將捕之，先後擒斬及饑餓墜崖谷死者，不可勝計。於是横水、左溪、桶崗之賊略盡，計出師兩月餘，凡破巢八十四，擒斬三千餘，俘獲三千六百有奇，釋其脅從千餘人。捷報，璽書褒諭，進守仁右副都御史。

初，守仁欲征横水、桶崗，慮浰頭賊乘勢出擾，使人賞以金、布諭降。賊首池仲容不從，亦使人詣守仁，陽應而陰覘之。守仁度兵力未暇及，姑羈縻之，令勿出爲亂耳。及官兵破横水，仲容懼，遣弟仲安率老弱求降，願從征立功，意實覘虛實，但欲乘間内應也。守仁廉得其情，令從别哨，以遠其歸路。及桶崗平，守仁遣使賜牛酒。賊方嚴備，詭使者曰："龍川新民盧珂、鄭志高欲仇殺掩襲，故備之，非備官兵也。"守仁佯信之，怒珂、志高，移檄龍川令廉二人擅兵狀，且諭仲容事平當還兵討之。及守仁兵還，二人來告變，言仲容反狀。時仲安領兵在守仁所，守仁恐其疑，乃陽怒二人仇誣，云："彼方遣弟領兵報効，安得有此事！"遂置二人於獄，密使人至獄中諭意，令毋恐。十二月，守仁至贛，張樂大饗將士，下令曰："横水、桶崗已平，浰頭又歸順，境内無虞矣。民久勞苦，今置休兵爲樂。"遂散兵，使歸農，且遣仲安歸。仲安歸，報其兄以珂等被囚故，仲容意大安。守仁又别購賊所親者，説仲容以王官勞來意厚，當親往送之。仲容然之，遂率徒四十餘人詣贛州謁守仁，見軍門無用兵形，又知珂等繫獄，意益安；遣人歸報其黨，謂事無他。守仁乃夜釋珂等，復間道歸，發兵，而令諸官屬以次設牛酒，日宴犒，緩其歸。已而度珂等已至家，諸郡兵當大集矣，乃設犒於庭，引仲容入，擒之。趣諸郡縣兵直抵賊巢，賊徒敗走，聚九連山，四面險絶，惟一道通，賊設礧石、滚木拒之，官兵不得入。守仁令官兵衣賊衣，抵暮，詐爲賊黨敗走者，山上賊見之，果招呼入，官兵乃得入。及度險，遂扼其路，賊始知爲官兵，欲禦之，則大軍繼至矣，賊遂潰。乘勝逐北，大小三十餘戰，滅巢二十有八，俘斬三千餘。爲之開縣，置官府，明約束。諸賊盡平處，告人皆立生祠，歲時祀之。

十四年六月，宸濠反，守仁以福建軍亂，往撫，過豐城聞之，曰："誓不與賊俱生!"遂急走，小舸返吉安，與知府伍文定謀起兵，而檄召知府邢珣等。又密遣諜四出投檄，言京師及湖廣、廣東、廣西、南江、淮安、浙江各發兵討賊，以疑宸濠，使不敢出南昌。又致叛臣家屬，謬托腹心曰："吾特應承聚兵耳，寧王成敗未可知，吾安得遂進兵乎?"賊果疑四路兵且至，不敢直趨南京，又喜守仁或不進兵，遲回數日始出南昌，攻南康、九江、安慶，而守仁之兵已大集矣。

七月至豐城，衆議所向，或謂："寧王經畫旬餘始出，留備南昌必嚴，攻之恐難卒拔。今寧王攻安慶久不下，兵疲意阻，若以衆逼之江中，與安慶夾攻之，必大敗。寧王敗，南昌不攻自服矣。"守仁曰："不然。我師越南昌下，與寧王持江上，安慶之衆僅能自保，必不能援我於中流，而南昌之兵議其後絶我糧道，南康、九江又合勢乘我，腹背受敵，非利也。不若先攻南昌。寧王久不克安慶，精鋭皆出，守禦必單弱，我兵新集，氣鋭，南昌可克也。寧王聞我攻南昌，必解安慶之圍，還兵自救，比來我師已克南昌，彼聞之自奪氣。首尾牽制，此成擒矣。"乃分兵爲十三哨而進。先是，守仁部署已定，陰遣人密書與賊腹心李士實、劉養正、閔廿四、吴十三，若有約爲内應者。書既發，故令人洩之賊黨。書所過處，賊黨以告宸濠，宸濠盡得致書人及書，遂疎士實等。士實等勸宸濠去安慶直趨南京，否則徑出蘄黄趨京師，宸濠皆不聽。於是守仁攻南昌，破之。宸濠在安慶聞之，急解圍反顧巢穴。報至，守仁集衆議之。或謂："寧王兵威衆盛，逞怒悉甲而來，我援兵未集，勢不能支，不若堅壁自守，以待四方之援；彼久頓堅城之下，兵孤援絶，將自潰矣。"守仁曰："寧王兵力雖强，然不過以事成封爵富貴誘惑其下耳。今進取不能，巢穴又覆，沮喪退歸，衆心已離，我已鋭卒乘勝擊之，彼必不戰自潰矣。"於是迎戰樵舍，縱火攻之，大破賊衆，遂擒宸濠。

已而諸奸佞江彬等導上南巡，下詔親征。諸奸佞欲攘功，忌守仁，欲去之。時宸濠未死，諸奸佞素與賊通者多在上左右，頗有異議，畏守仁，不敢發。守仁内戢兇倖，外防賊徒，激勵將士，日夜如對勍敵，宸濠遂伏誅。時内閣大臣素惡王瓊，亦忌守仁，以提督軍務得專制召兵平賊，歸功於瓊，内閣益不悦，久之不賞，嘉靖初始封新建伯兼南京兵部尚書。未幾，以憂去。服闋，竟不召。讒謗屢形，守仁不自安，累疏辭封；乞録諸勤王者功，竟格不行。

嘉靖五年，岑猛之黨盧蘇、王受再叛，嶺南大困，上起守仁以兵部尚書總制兩廣。守仁至南寧，開示恩信。蘇、受自縛而歸，守仁薄責之，遣歸農。因八寨反側，久毒嶺表，遂用蘇、受等赴戰。即同永順、保靖土兵互相犄角，或遏其前，或截其後，或張左右翼夾擊，於是八寨之賊略盡。捷聞，輔臣桂萼素忌守仁，言其挾詐專兵。時守仁亦病，乞致仕，行至南安道卒。

按：守仁初征横水、桶岡諸賊，浰頭池仲容，皆出其不意，以奇勝者也。又破宸濠，則始而移檄召兵，中而離間賊黨，既而竟攻南昌，所謂奇正相生者也。陽明之用兵神矣！或者以異端斥爲陸子静之流。嗚呼，子静原非異端，而何過爲陽明病哉！

馬　　永 字天錫，遷安人

永世金吾衛指揮，機警，善騎射。正德六年，流賊起，以督戰功進都指揮同知。江彬統宣府兵，練西内，永以千總隸兵，稱病不起。彬强起之。遂稱病篤，以故得免彬禍。

後守備遵化，虜入馬蘭峪寨，殺參將陳乾。以永爲參將，守太平寨。虜入塞，戰栢崖堂，再戰白羊峪，斬首五千級。進都督，治三屯營。盡遣諸軍，散遣老弱，聽其農市，取其庸。倍給諸健武者衣餉，健武者又皆喜，人人奮習武藝。是時，漁陽一軍獨稱雄。

朵顔酋把兒孫結諸虜，邀官賞不得，轍[7]入塞。永迎擊於洪山口，大敗之，斬首五十八級。嘉靖三年，把兒孫復入青山口，斬其驍酋，乃引去。把兒孫自是畏兵威，效順保塞。

四年，都御史張文錦、參將賈鑑以大同北距虜地，平漫不甚阸塞，議於鎮城之北九十里築五堡。將成，議徙鎮卒二千五百家往戍之，爲大同藩籬。諸鎮卒竊相謂曰："去城下二十里，猶苦虜抄掠無寧，目今五堡孤懸幾百里，虜至，誰復相援？即死不願徙也。"訴之文錦，文錦不許，嚴令趨之。鑑亦望風竣法，鞭其小校。衆遂激變，殺文錦及鑑。朝議用兵不利，且撫之。永力言不可撫，曰："他日九邊效尤，將有唐室藩鎮之禍。"上勅永提兵出居庸討賊，俄以流言中止。後以事奪官，南京安置。十二年，大同軍再亂，殺總兵李瑾。討之，久無功。廷臣薦永，召至，業已聽撫罷兵矣。復還南京。亡何，遼東軍亂，逐都御史吕經，上召永總兵遼東。已而虜入塞，永率兵五千人擣其巢，焚其庭而還。未幾，遼東軍再亂，永率家兵逼賊，斬四十餘人，乃定。進左都督。尋卒。

永爲將，善詷虜情，先知所從來及衆寡，設伏待之。故虜往往失利而去。又善養士，同甘苦。善知人獎拔，蕭性、劉淵皆起列校，爲方鎮。

按：永善養士卒，知人，善詷虜情，即此儘足制勝矣。若其論亂軍不可撫，以唐事爲鑒，尤得拔本塞源之意。

梁　震 新野人

震世榆林衛指揮使，以功屢遷都督同知，鎮守陕西。時關中少虜患，而大同、宣府虜數入塞，殺掠吏民，乃改震總大同兵。大同自五堡之役，殺巡撫張文錦、參將賈鑑，尋又殺總兵李瑾，軍益驕横。震聞令，率家丁五百人馳至雲中，申明束約，曰：“我無爾凌，爾無我叛，王法軍令具在，我不敢破紀綱誤國。”其家丁時時向鎮兵語曰：“爾敢滅主將者，恃眾耳。兒郎輩無不一當百，今恐不得恃眾矣。”鎮兵稍斂縮。

十八年，震鳩率給餉，脩五堡，軍中不敢譁，五堡竟復，虜不敢近塞。及震卒，五堡旋廢。俺荅、阿卜孩、吉囊三入雲中塞，直逾太原，窺平陽，自是鴈門、河東、上谷皆殘破。若震不死，五堡不再廢，虜亦豈敢轍[8]輕入塞？

朝廷思震功，贈太保，謚武莊。震在邊，練家丁，時時出塞劫虜營，不敢近塞。得虜營，馬盡與諸出塞劫者，故人皆效死，虜益畏懼。震卒，家丁無所歸，守臣以聞，令入伍，與衣糧，邊將頗得其力。

按：震以五百家丁扶植將威，復築五堡，以遏虜衝，□足稱守將云。

【校記】

〔1〕越，後文皆作“鉞”。此處誤。

〔2〕里里，衍一“里”字。

〔3〕歸歸，衍一“歸”字。

〔4〕者，疑應疑爲“省”。

〔5〕謂，疑應爲“惟”。

〔6〕郇，後文爲“珣”，此處誤。

〔7〕轍：疑當爲“輒”。

〔8〕轍，疑當爲“輒”。

皇明將略録

参將　沈希儀
都憲　胡宗憲
都督　戚繼光
都督　劉　顯

沈希儀 廣西貴縣人

希儀世襲指揮使，累功遷都指揮僉事。義寧賊寇掠臨桂還巢，希儀追之。巢有兩隘，賊伏兵丁嶺隘以伺，使熟猺以某隘閉告，而導官兵入丁嶺隘。希儀策之，斬閉關而入，果無兵守。於路擒販者數人，以丁嶺隘伏兵告。遂牽以趨巢，大破之。

荔浦賊八千餘渡江東寇，希儀倉卒率五百人待於江岸。諜報賊飽而歸，將及江，希儀曰："滑石灘狹，牽線而濟，雖衆可薄也。蛟龍灘闊，成列而濟，衆難圖矣。吾欲奪之闊而致之狹。"令製旗軍中，無尺布，乃伐竹揭竿，而編篾以爲縿，頃刻成數百旗，樹之蛟龍灘，令羸卒數十人守之；燃柴烟以疑賊。賊至，果避蛟龍灘，趨滑石灘。希儀分兵兩岸，而潛以小艦載勁卒伏葭葦之中。賊濟且半，希儀以艦乘瀧急衝之，兩岸軍噪而前，水陸夾攻，賊後行擠墜淵，其前盡俘之。收賊所掠牛馬之在兩岸者。是役也，以五百人破八千餘賊，可謂奇矣。

嘉靖八年，岑猛叛，都御史姚鏌召希儀計曰："吾欲討猛，而歸順岑璋，猛婦翁也，助猛奈何？"希儀素能得土官陰事，曰："璋女失寵，而璋心恨猛，徒貌合耳。"鏌曰："猛乘上流之勢，擁兵建瓴而下，則蒼梧諸郡危矣，奈何？"曰："此不足憂。大率土官飽富貴，戀巢穴，所以叛者，懼誅耳，非有他志。猛離田州，而子女玉帛皆在彼，或乘虛襲之，安得不慮乎？"鏌曰："恐猛走交阯。"曰："猛走交阯，則閉不得歸矣，彼安得不慮乎？"希儀乃潛使人於璋[1]與璋交通；於是鏌進兵，分五哨入。時猛勁兵盡在上流，諸將莫敢南，希儀獨引兵南之，去上流五里而軍進。攻隘，隘堅，希儀以奇兵千餘騎夜從間道繞出上流之背，立幟爲號。黎明合戰，先以遣間道卒皆已登山立幟。初，璋與希儀密約，遣二千人陽助猛守上流，遣精卒千人陽以護女爲名居猛左右。及合戰，璋兵在陣後望見山上幟，大嚚曰："天兵得上流矣！"潰而却。猛兵見後陣却，亦嚚而却。官軍乘之，斬首數千級。遂入上流，乘勝攻田州，猛窘急，欲走交阯，而璋兵指猛所欲走之路曰："此路皆天兵矣，不如且走歸順爲後圖。"猛不得已從之，璋出境，陽泣而迎之，奉之别舘，陰遣使希儀於田州。時璋使頗洩其事，諸將恐希儀獨擅破賊功，以萬人擣歸順。璋先覺之，乃醉猛，斬其首，先函送軍門，復斬他酋首，貫猛尸，以與諸將。諸將喜得猛首，抽軍馳至軍門，則猛真首已梟一日矣。猛死，田州平。

安置岑猛子岑邦相於福建。希儀曰："昔思恩設流官，反側至今未整，若田州復燃，兩賊必合從矣。"鏌不從。亡何，田州酋盧蘇果與思恩酋王受連兵劫城。希儀又曰："兩酋能用其眾，以復故主爲名，今若返岑邦相於福建，而置之南寧，此奇貨也，可使兩酋坐受縛矣。"鏌復不聽，而徵兵十萬征之。既而失利，鏌以罪黜。新建伯王守仁代之，撫定兩酋，其謀多出於希儀；因薦爲右江參將。

右江故治柳州。柳在萬山中，城外皆賊巢，軍民至無地可田，而室廬妻子數被焚劫，知府劉璉殪於賊，自是軍、民、官必甲而後敢出城。且城中兵疲，又不足仗。希儀始議勦五都。五都去城五六里，而巢最險，賊又最獗，所擄人畜最富，巢中不聞官兵者十餘年。希儀乃以五百兵付牙將蔣紹宗往擣其巢。賊蜂出，裹我軍，而隘其入路，使不得返。紹宗告急。希儀復聚兵五百入巢爲援，既至，聲砲者三，因奮擊賊。紹宗兵聞砲聲，亦出奮擊。賊分兵爲二，腹背戰不利，退守隘，懼，因熟傜求解。熟傜者，界在漢人、生傜之間，每隨勢依附，官軍勢盛則附官軍，賊勢盛則附賊。至是，熟傜説希儀請謂解鬬，希儀曰："返我生口牛馬，我兵乃去。"於是賊以所擄生口二十、牛馬百四十爲獻，而空隘，以通紹宗兵歸城。

初，賊勢張甚，而熟傜及城中黠吏民多爲賊詗者，賊耳目遍官府，凡官府動静，賊雖在谿洞千百里外輙[2]知之。或議大征，或議鵰勦，賊即陰備，而又或乘虚侵掠。希儀以爲圖勝筭莫如得賊情，而得賊情則莫如諜。若使官府人爲諜，賊必生疑，乃陰求素與傜人商販者數十人，假以買物召至府中，密諭之曰："吾知若輩通傜，吾不之罪，今更與若金，到彼販賣，爲我詗賊。"遂給五金，使益買物散入諸洞中。諸傜雖兇，然每販者至，則寨寨傳送護衛，恐損一販者，則諸販不至。故雖絶棧深箐，販者無所不歷，每有動静輙奔告希儀。希儀厚賞販者，而秘其事，雖親近不得聞。至期，鳴砲者三，則諸軍皆聚，但命之曰：今日出某門。遣腹心爲旗頭引諸軍，諸軍貿貿隨行，不知隨往何地，獨希儀與旗頭兩人知之耳。頃之劄營設伏，賊果至，遇伏而奔，則追殪之。或賊寇他所，則希儀軍又已先在，賊驚以爲神，即我軍亦不知主帥從何得之也。

又希儀始至柳，令諸傜得出入賣買，遊嬉城中，不禁。或入見，則以兒女撫之。久之，擇其巧者，結以厚賞，使詗賊。後賊發其火伍中，輙報，希儀復厚賞之，間語之曰："汝既見我，汝妻子何不來見夫人?"諸傜因令傜婦五六來見夫人，夫人慰勞，賞以針線、包帕、銀簪等物。察其夫曾以賊事報者，引至他所勞之曰："汝夫爲吾大人盡力良苦。"復私賞之，益以珍果美物，置其袖中。又命妾婢灌之以酒。傜婦得賞，醉酒而出，夫婦歡喜歸巢。其私得賞物者，每出以誇諸傜婦，諸傜婦心艷之，嗾其夫使報賊情，冀已入府得厚賞。自是傜婦來者至數百人，夫人傾筐篋不能給賞。希儀又間使人往巢，陰以夫人命賜物，自是賊中消息，傜婦必嗾夫使報，或諸傜不肯言，則傜婦每乘使至賜物時，自對使者言之。故希儀盡得賊情，用兵如風雨來去。既得賊時，率輕騎勦其尤劇者一二人。兵至巢，以管爲繩，繞記劇賊家，示諸軍所捕。繩内老幼、婦女、牛畜無一免者；繩外無一濫及，人人皆喜。若我兵入巢，有助賊逆戰者，既還軍，遣熟傜檄之曰："若助賊逆戰，吾無赦。"頃之擣其巢，盡殲之。自是鵰勦數百家，竟無一人敢助賊殺者。所獲劇賊多不殺，但剜兩目，刵兩耳，賞數金而遣還巢。自是賊或擄掠，每不遣兵，但令剜目者騎，令一人牽騎以詣賊，使徵所擄掠。賊見之，驚曰："此某巢某也!"震攝不敢隱，盡還所擄掠。賊或被剜目者索不已，至出自所有與之。希儀以給被擄者，以其餘給剜目者。故賊所獲，每不補所償，而益無利。希儀在柳州，凡剜目七人，其六人皆爲官用，惟覃萬星一人復爲賊，竟以計擒殺之。

舊制發兵必請命督府，督府檄下乃發。希儀以爲吾治文書，則吾掾史知之，督府檄下，則督府掾史知之，知者多則謀洩矣。況柳州去督府千里，待報逾時，坐失機會，而書檄往來，又恐爲水陸諸巢所得。故凡率兵入巢，未嘗先請，既勝則上首虜督府，而以邂逅追賊至巢爲辭，於是督府不能以文法詰之，兵謀得不洩。希儀嘗欲勦一巢，恐謀洩，乃佯病。所部入問之，希儀曰："吾病，思禽獸肉，汝等能從我獵乎?"因起出獵，去賊二里而止，營軍中始知非獵也。其秘密如此。希儀嘗察賊所止，宿於風雨晦冥之夜，四散遣人各齎火砲，以筒貯火，衣毯衣毳帽，與草同色，潛至賊所。同夜，聲砲者二，賊盡驚"老沈至矣"，挈妻、子，裸而匍伏上山頂，兒啼女咷，或寒凍死，或墜崖谷死，或爲虎噬。諸妻、子各嗟怨爲賊何益！及黎明，各下山詗之，則寥無人聲。陰使人至城詗之，諸巢所使同會於城旁，西巢人曰"昨夜老沈到吾巢"，東巢人曰"昨夜老沈到吾巢"。已相疑怪，又詗城中人，則希儀安坐城中不出，益怪駭曰："昨聲砲者誰耶? 鬼耶?"自此賊落膽。

希儀在柳十三年，各賊幾盡，獨馬平四都傜賊韋扶諫者七捕不能得。會報扶諫逃入三層巢，潛兵勦之，則扶諫又與三層巢賊往劫他所，乃俘三層賊妻、子七十餘人以歸。平時，所俘賊妻、子盡與狼兵爲賞，至是獨不與，匿空室中，善飲食，又使狼兵挺刃入室作欲搶狀。希儀佯鞭退狼兵。如是者三，欲使諸賊婦女德己，而潛使諸傜聞之，以繫其心。乃遣熟傜往謂諸傜亡妻者曰："吾不害汝，但得韋扶諫，則還汝妻、子矣。"諸傜有四五人來投希儀，希儀令入視其妻，夫妻相持，泣曰："非沈公，吾爲狼兵搶殺久矣。且扶諫非汝爹娘，何不縛以贖我?"諸傜心割而別，復見希儀曰："扶諫已逃他巢，願爲緩圖，萬勿以妻子與狼兵也。"希儀許之。諸傜往詭扶諫曰："官府擄吾妻子，而穿山驛及守堡百户，與巡司俱在山中，今往劫之，三印可得也。官府懼失三印得重罪，必易還我妻子。"扶諫從之。既離巢，諸傜既醉而縛之，置巖洞中，使熟傜報希儀曰："已得扶諫矣，恐見賣，乞遣吾妻、子於三十里外相易。"希儀乃鎖傜妻、子，刃挾之以行，至三十里，使熟傜諭諸傜曰："爾若劫妻、子，吾先殺之，然後戰。"諸傜曰："吾獻扶諫，懼沈，諸公遣三十人自取之。”希儀慮諸傜有變，乃選十五人賞而遣之曰：“得扶諫，吾重賞。若傜殺汝，吾重賞汝家。”又質熟[3]妻、子，以十五人付熟傜曰：“十五人若損一人，汝妻、子虀粉矣。”至巖峒中，果得扶諫。出五里外，諸傜復懼扶諫往而妻、子不至，請易於此。希儀乃先遣諸傜妻、子數人，往言刃挾諸婦狀。諸傜懼殺妻、子，遂易扶諫以歸；剜目截耳，分屍四，懸諸城門，諸傜出入見之，無不股慄。諸傜既熟希儀威信。希儀嘗調一巢往征他巢，雖懼熟，不敢不往，盡俘以歸，希儀即以所俘牛畜賞之。自廣西爲將，如韓觀、山雲皆能使傜人不作賊，惟希儀能以傜攻傜，前此所未有也。

初，思恩土官岑濬被誅，以其酋徐五、韋賢[4]爲土巡檢，分掌其兵，而聽於流官。然夷民獷悍，不樂漢法，叛服不常。有一人因托濬子名岑金，諸酋遂聚兵奉金爲主將，攻城邑，復故地，夷人多欲爲嚮應者。初濬誅，其酋楊留無所歸，乃率眾千餘詣賓州，應募爲打手，至是欲歸投金。時希儀與兵備皆在賓州，留入，言曰：“吾之小主人在，請往。”希儀但慮岑金託思恩，未暇慮楊留在肘腋也，聞留言，即心駭，以爲金去賓州數百里，而留若應之，表裏相扇，賓州危矣；賓州危則咽喉哽，咽喉哽則廣左盡騷矣；此事大，不可急圖，宜以計欵之。乃惋色謂留曰：“汝第往。我夙聞岑金是岑濬第九子，岑氏其復乎！”又欲深動留，乃呼至密所曰：“爲我語金，若欲官，必勿殺人劫城，當以萬金賂我，當以狀訴我及諸上司。如萬金不能遽得，即立一券爲信可也。”又以花紵與留，曰：“爲我寄金，得官，則爲衣衣之，可常念我也。”留出，又呼謂之曰：“徐五、韋貴素仇汝，亦仇金，可善備之。”留深信希儀無他意，及詣金，具告其言。金大喜，因率兵五千詣賓州，至城下，守者報請勿納，希儀佯罵曰：“金非賊，何爲不納?”覘者以告金，金心益安，遂率眾散入城，與留及親信二十人皆裹甲見希儀，奉萬金帖子。希儀笑而受之，曰：“汝得官，勿忘我恩。”因令其侄見金，曰：“金，汝兄弟也。金得官，他日每一出征，乞四功與汝。”頃之，復爲金謀曰：“汝以萬金賂我，兵備公獨無賂乎？可寫帖子，吾爲汝致。”希儀即以兩帖子示兵備，笑而焚之。

乃遣金詣兵備。明日，希儀犒金卒牛酒，兵備亦犒之。希儀復召留與金，謂曰："倘兵馬殺金，是吾殺之矣；倘刺客殺金，是貴、五殺之矣。今以金付汝。"留乃日夜金甲爲備。希儀後遣侄至金營，與同飲食、臥起，金益心死於希儀矣。希儀欲縛金，而憚其眾；時巡按在南寧，欲誘金至彼執之。乃請兵備先詣巡按，密語其故。因謂金曰："吾挈汝訴巡公。"因爲作訴詞，稿塗改數次，以示忠於金。又曰："吾與汝往南寧，恐貴、五中塗暗箭射汝，可換土官衣裝，衣青衣，雜掾史中，而先令五千卒隨我後行。又恐貴、五賂吾庖毒汝，每食必與我同，否則勿食。"金皆如其言，益信希儀愛己。行七十里至思龍驛，又謂金曰："南寧人皆言汝叛，今以五千人往，恐人疑汝，不若散遣三千，選腹心健卒二千。"又行一日，去南寧百里，謂金曰："汝至南寧，恐從人衣糧不給，不若以千人營於此，而以千人從爲便。"金皆然之，從至南寧者纔千人。金入見巡按，巡按曰："吾爲汝奏。"翌日遣人至金營，犒其眾，而留金待奏。居五六日，希儀又謂金曰："汝眾衣糧將盡，思恩去南寧甚近，何不遣其半歸取衣糧？若坐待糧盡，則眾散矣。"金復遣其半。其前所遣營於百里外者，亦以乏糧稍稍散去，獨五百人散處城中。希儀欲縛金，恐五百人死戰，必至殺傷，欲別爲計。適所遣取衣糧者又至，希儀乃請巡按曰："今去南寧，可使金從，於路圖之。"至思龍驛，忽報貴、五將萬兵至，陽迎巡按，而陰襲金，金大驚。希儀亟呼貴、五罵曰："汝安得擅兵至此！金得官與不得，唯朝廷所命，汝安得私仇之！"復密謂金曰："貴、五兵且至矣，可入賓州吾吾[5]府中，則貴、五無奈汝何矣。"金遂馳入賓州。居數日，貴、五請甘心於金，希儀不許，密請巡按散遣貴、五兵，緩圖之。時金眾尚千人，與楊留所將殺手千人，皆在賓州内外。希儀遣留率殺手百人，遣金率百人，俱護送巡按至柳州以自結。及至柳，入參將府，令夫人出見金，曰："金乃吾子也，若得官，聽調往來，吾雖不在，汝必見之。"金大喜。時金所部打手百人皆營於城外，其大酋五六人皆病臥，獨四五人從金。希儀將縛金，先以狼兵三百人護巡按，三百人護兵備，以三百人入府待事，置酒勞金，至醉，夜遣狼兵縛之。黎明，使人召留於城外，預先合各狼兵夾墀左右立。留與其黨三十人入見希儀，大言曰："非楊留忠，不能成此事。"以十金勞留，留愕然。希儀曰："汝爲之，而汝不知乎？岑金，國賊也。非汝與我同心誘金至此，安得擒之？汝尚欲註[6]衆乎？"蓋希儀又欲以疑留於其黨也。留懼不敢言，其黨皆股栗。希儀復曰："吾爲留奏功矣。"因見留於巡按及兵備，各勞賞之。又勞城外二百人牛酒，令留帥還賓州。遂令留捧檄散遣金兵之在賓州者，曰："所誅止金一人而已。"乃以金械送巡按，撲殺之。留亦慚懼，發病死。思恩復安。

希儀見督府於梧州。時鹽船八十餘艘阻峽，賊不能前，左江孫參將千人送之，不能，督府改命希儀。先時，希儀泝峽，峽有大酋侯公丁嘗出謁，希儀寄六羊令公丁牧之，至是遣人取羊。公丁奉羊至潯，希儀命諸鹽船牛酒犒公丁，而使之護船上峽。公丁身居希儀船尾，命其徒乘小舟護船，囑曰："吾身質於沈公，若護不謹，吾碎矣。"希儀回遣班首一人與公丁從人護船。時左江兵備聞公丁在官船，欲掩捕之，密言於希儀，希儀曰："人信我，而我詐之，不祥。召而縛之，不武。且獲一人而疑諸夷，將焉用之？"兵備猶豫未決，希儀陰公丁以其故，曰："可亟回。"公丁泣去。而曩所遣班首護鹽船上峽者亦至，不失斗升。督府聞之喜曰："孫參將千人，不如沈參將一班首。"

按：希儀膽勇機警。其私財與所俸禄賞，半給諸人爲耳目者，其出兵多賫私財以行，有先登與斬首者即給賞，故人争盡死力。惜不獲盡用其才耳。

胡宗憲 徽州人

宗憲嘉靖戊戌進士，累官監察御史。巡按浙江時，海壖奸商乘時盜犯，因緣忿怒，轉爲寇賊。浙人久不覿兵，望風奔潰。賊連得利，徒黨滋蔓，動以數千萬計，且善用兵，所徵四方武勇莫敢抗。自壬子春至癸丑、甲寅，掠殺燔燒，叢萃藪窟，而兩浙三吳之禍慘矣。

三十四年夏四月，劇賊徐海、麻葉覘知杭嘉兵調松江擣巢，率衆數千人水陸并進。時杭城無兵可守，人情洶懼。宗憲方巡浙東台温等郡，得報，星夜馳至嘉興。會賊從嘉善來，前驅薄城外。宗憲曰："兵法攻謀爲上，角力爲下。"乃取酒百餘罌，投毒，載之兩舟，選卒慧而猛者，假冠服，坐舟上，佯作餉軍狀，載向賊所。從道見賊，即棄舟走。賊信不疑，争取之，諸酋長飲之，多死。然徒黨尚衆，我兵寡且怯。適保靖宣慰彭藎臣領兵數千至，宗憲傳語之曰："賊善伏，且知分合，我兵嘗爲所誘，宜分左右奇正翼擊之。"藎臣不聽，乘鋭直前，果遇伏，挫於城南之石塘灣。宗憲聞之，曰："如是我技窮矣。"親詣軍營拊勉之，苗兵皆感激思奮。宗憲察其可用，乃指畫石塘地形曲折，曰："汝宜分道而伏，俟賊至，前鋒迎敵，佯敗走，俟其過伏，伏盡起，三面夾攻，蔑不勝矣。"藎臣如其言，賊果敗走平望。平望故别有苗兵營，四面合圍，賊還走王江涇，疲勞又餒，遂大潰。土兵與官軍乘之，斬首二千餘級。

五月，復犯杭州，至塘棲，二宣慰之兵失利，賊掠北關去，欲由蘇州入海。經吴江之平望，浙、直鄉兵合擊之，賊腹背受敵，敗走松江。至三店，宗憲邀擊之，斬首七百餘級。是戰也，不藉客兵之援，而鄉兵之議遂起矣。是冬，進僉都御史，提督軍務。

已而賊入紹興，宗憲親提客美兵往勦之，遇賊江橋，僅隔一河。宗憲謂諸將曰："賊見我，不顧而南，其氣未可乘，若稍止觀望，即可圖矣。"乃於馬上自持一幟，作指揮狀，賊果聚觀，宗憲笑曰："此易與耳。"乃令土目田九霄邀其前，同知曲入繩襲其後。賊見兩兵渡江，大怖而走，至後梅，匿民家。宗憲復大笑曰："賊若乘我兵半渡迎擊，勝負猶未可量，今投死地，無能爲矣。"悉衆圍之三匝，縱火焚之，死者强半。

賊越金鄉，趨台州而北。時宗憲方奏樂清之捷，聞之，喜曰："賊來有三敗，我皆得之，不足平也。初寇登平陽，守將不循約束，故得深入，今台守譚綸，干城之將，且素受方略，賊玩蹂其强，一也。兵法：小敵之堅，大敵之擒。賊方得志三港，其氣驕；我兵方捷於樂清，其氣勁。以勁乘驕，如摧朽耳，二也。客美兵精悍甲，諸部萬里從征，勇氣正鋭，但初來未諳險阸，今授以布伏邀擊之法，三也。遂分道布絶。

十一月，賊抵新昌，知應台關有備，去至嵊縣三界上官嶺。我兵前後夾擊，且多張旗幟，爲疑兵以撼賊，賊四面受敵，且戰且走，入清風嶺烈女祠，俘斬一百七十級。

三十五年三月，命宗憲以兵部侍郎總督浙、直、福建軍務。四月，徐海寇乍浦，提督都御史阮鶚卷甲趨之，宗憲亦分兵澉浦、海鹽之間爲聲援，而自兵壁塘棲相犄角。頃之，賊罷乍浦圍，徑掠峽石，越皂林，出烏鎮而北。鶚即道挾河朔之兵騎而馳，及於皂林，令善射者且躡且射。賊怒，鼓噪而前；鶚勢急，單舸走保桐鄉。參將宗禮、裨將霍貫道厚集其眾以待，戰數合，殺賊數十人。會日暮，賊引去，而禮等絶鄉導，不得擇善地便水草以自休止。明日，忍饑而戰。賊樹而望，見孤壘，無他援，縱兵擊之，禮與貫道戰死，賊遂乘勝圍桐鄉。宗憲聞之，曰："賊已困桐鄉，假令復分兵困崇德以劫我，我兩人若抱石自沈矣，于國事奈何?"遂還省城，檄諸路爲戰守計。初，宗憲與監督、尚書趙文華謀曰："人言王直以威信雄海土，無他罪狀，苟得誘而使之，或可陰携其黨。"乃遣辯士入海中諭直。直感悦，遣養子毛烈欵定海關謝過。宗憲曰："直與海，唇齒也。直既悔過，海獨不可説乎？否則以利誘之，或可狃其志。聞桐鄉城小而堅，緩數十日則永保兵至，可破之矣。"于是疾走入，諭烈。因厚遺諜者，陰過海，云："直已遣子欵關，朝廷赦之矣，汝獨無意乎？且新總督推心置人腹，不乘此時解甲謝過，更復何待?"海頗然之，亦遣囚[7]謝過。因要宗憲以中國貨物遺他倭囚，宗憲許之，輒以銀幣厚遺來酋。因令營中盛軍容，縱來酋觀之。來酋既德我厚遺，又畏我兵威，歸以報海。明日，海復遣他酋來，宗憲亦待之如前。凡數復，海自是歸心於宗憲矣。獨薩摩王弟帳下書記酋陳東疑海私宗憲所遺，猶鞅鞅未從也。海間遣酋次城下，私謂城上兵曰："某已聽胡公解去矣。"是夕，海果從崇德而西，乞宗憲以兵夾擊東。宗憲猶心訝，未之許，而東獨盛爲樓櫓、撞竿，以撞城。時桐鄉令金燕守禦之具已備，方撞竿自樓櫓中躍而撞城，城幾壞，一男子爲緡索，環竿所擊故窟處，竿復至，即以緡挽而上，因鋸絶之。阮鶚又募敢死士，督戰甚急，殺傷賊數十人。東無奈何，且聞海去，亦稍稍引去。桐鄉之圍始解。

時徐海陽爲聽撫，而心實狐疑，宗憲深以爲憂。會海上之賊由吴松而西南出，復萬餘人。宗憲恐海或中變，與之連衡，急啗海，使東出擊賊，可得舟還島。海然之，果迎擊於朱涇，斬首數百。賊夜走放，海不及取其舟而還。宗憲又諜聞海麾下獨書記葉麻[8]爲長酋，爲人黠悍，近與海争一女子，有微隙，非用間急縛之，則無以死彼内附之心。於是遣諜諷海縛麻以出麻之[9]，而麻之部曲多疑懼矣。又策陳東素與葉麻聲勢相倚，乃出麻囚中，令詐爲書勸東反兵殺海，其書竟不遺東，而陰泄之於海，以激怒之。海讀其書，涕雙下，益感宗憲愛己，不忍爲東所殺也，日夜謀縛東以報。宗憲知海甘心於[10]東矣，然不忍疾擊海，恐疾擊則兩人窮迫而深相結也。適尚書趙文華移兵渡江，約宗憲共擊海，且遣諜謂海曰："海連兵而來，罪不容死，非縛陳東以獻，恐無以謝朝廷。若能，則吾當同督府諸公疏釋之，不然必齏粉矣。"海大怖，出千餘金賂薩摩王弟，詐請東代署書記，及得東，即縛以獻。自麻葉與陳東兩書記相繼縛，而諸酋長洶洶内亂矣。

時諸酋怨海無鬭心，其氣日索。海欲掠舟入海，恐爲海中兵所劫；欲列壘拒官兵，又業以内附，且陳東之黨日夜謀襲之。宗憲諜知之，曰："彼既亂，吾可乘之矣。"遂令諜私海曰："我欲宥汝，奈趙尚書以汝罪大。何而聽我艤數十艘於海上，汝誘衆逐之，令我軍俘斬千餘級，以謝趙公，而汝因得自全乎?"海不得已，遂約副使劉燾引兵伏乍浦城中，曰："某日時我當引衆出海峯，去城半里而陳，佯令衆酋逐上艘，我旗麾之，城中官兵即舉燧爲號，急擊勿失。"至期，諸倭逐海上艘，不及而還，諸官兵乘勝蹂而前，俘斬數百人，溺海死者不可勝計，乍浦之賊無孑遺矣。

海自以數有功於朝廷，願與部下入欸，且庭謁。宗憲許之，期日而去。然海猶疑懼；先期一日，擁酋數百人陳於平湖城外，自率酋百餘，求胄而入城，宗憲許之。海見宗憲，稽首曰："死罪！死罪！"宗憲下堂，謂之曰："汝苦東南久矣，今既内附，朝廷赦汝，慎勿再爲孽！"厚犒遣之而出。宗憲忿其猶冑而入，不誅，恐貽後患，然其部下尚千餘人，又難即破，乃佯令海自擇善地居之。海遂擇居沈家莊。宗憲請於文華曰："吾聞善兵者乘其所之。海與陳東黨已深仇，今合而兩□者，危迫故耳。沈家莊故東西兩處，而中縮河爲塹，何不説海以西莊居東黨，而自擇東莊以居部下酋乎？"諜以諭海，海果如其言。頃之，永順、保靖兵至，東黨疑海約官兵夾勦，夜伏邏卒東莊上瞰之。適海皇急出，從間道欲走幕府以自托，邏卒瞰知之，歸報東黨。東黨聞之大驚，即勒兵過海所，罵曰："死即俱死！"遂私相稍鬭。明日，官兵四面墻立，永、保兵大呼而入。會風烈，宗憲麾眾縱火焚之。海投水死，千餘酋蒐斬殆盡。

初，歙人王直，少落魄，任俠，及壯，多智略，一時惡少若葉宗滿等皆樂與之遊。間嘗相與謀曰："中國法度森嚴，動輙觸禁，孰與海外乎逍遥哉？"時海禁尚弛，遂與其徒之廣東造巨艦，抵日本、西洋諸國，往來互市，致富不貲。夷人信服之，稱爲五峯船主。會五島夷爲亂，直有宿憾于夷，欲藉手以報，請海防將官討之，聲言爲朝廷宣力，以要重賞。將官餽米百石，直以爲薄，大詬，投之海中。從此怨中國，頻入侵寇。嘗以扁舟泊列港，參將俞大猷驅舟圍之，直突圍去。從此怨中國益深，時時流劫海濱，而福清、昌國、黄巖、臨山之間，吏民死鋒鏑者以數萬計。但爲計狡譎，每彼殘處，必詭云某島夷所爲，故東南雖知王直之叛，而不知禍由於直。獨宗憲按浙，見賊進退皆合兵法，料必有坐遣者，遂疏請遣辯士蔣洲、陳可，願以移諭日本禁戢部夷爲名，以伺察之。已而倭酋董二被擒，訊，道直事甚悉，與宗所所[11]差合。朝廷以宗憲灼見禍本，降璽書褒勞，而閫外之事一以委之。

初，辯士洲等臨行，宗憲語之曰："王直越在海外，難與争勝，須誘而出之，乃可成擒。"又曰："直不履戰陳，而數遣偏裨侵擾，是彼操其逸而以勞疲中國也。須宣布皇靈以携其黨，道滅賊立功以保其家，此上策也。"及洲等至五島，遇毛烈，道以移諭事，烈曰："無爲見國王也，此間有徽王者，島夷所宗，令渠傳諭足矣。"洲等乃見直，曰："胡公遣洲等敬勞足下，稱雄海曲，志亦偉矣，何爲盜賊之行?”直曰：“直爲國家驅盜，非爲盜也。”洲等曰：“足下招聚亡命，糾合倭夷，殺人掠貨，非盜而何？今胡公艨艟雲屯，戈矛雨注，而欲以小島與之抗衡，是螳螂臂而當車轍也。”又曰：“胡公推心置腹，任人不疑，拔足下母、妻、子獄中，舘穀甚厚，其心事可知矣。何不乘機立功以自贖，保全母、妻乎?”初，直聞母、妻被戮，心甚忿，及聞無恙，又竊喜，始有渡海之謀。其親信皆曰：“不可輕往，當遣我至親爲彼所素信者先往宣力，以堅其心，待彼不疑，然後全師繼進，乃可以逞。”直然之。遂托宣慰別國爲名，留蔣洲在島，令葉宗滿、王汝賢、毛烈同陳可願回至寧波詰之，皆曰：“宣諭未至時，徐海已擁薩摩洲入寇矣。今王直歸順，先遣吾儕投赴效力，成功之後，他無所望，惟願進貢、關[12]市而已。”宗憲得報，揣知其計，姑從所請。疏上，許之。已而海果寇嘉興諸郡甚急，宗憲乃謀之毛烈，以觀其志。烈初欲小試慇懃，故甘心舟山之寇，至於徐海，正其所倚以圖大事，且欲直速來共濟，乃辭曰：“此非吾所能，須吾父來乃可耳。”遂留王汝賢在軍門，而自以招直爲名，與葉宗滿開洋去。是年海就擒，宗憲恐形跡彰露，委心汝賢，撫摩若親子，宗滿兄弟并加禮遇，時時對將吏曰：“直非反賊，顧倔强，不一見我；若見我，當有處也。”直聞，謂宗憲誠樸可欺，欲乘機以全親屬，且未知海死，以爲縱不如所料，亦可與之相援得志而去，遂決策渡海。先遣毛烈等率鋭卒千餘，泊岑港，據形勝。分布已定，直乃慷慨登舟，釃酒誓衆曰：“俞大猷吾嘗破之列港，須謹備之。”宗憲知其有隙，當直未至時，豫調大猷千金山，而以總兵盧鏜代之。鏜舊與毛烈從事舟山，同飲食，撫循倭夷備至。直坦然不疑，惟日礪兵刃，伐竹木，爲開市計。時宗憲策已定，姑列狀上請，以安其心。上知直爲釜魚，顯詔誅之。宗憲得詔秘而不宣，夜馳至寧波圖方略，密調戚繼光等潛伏水陸要害，以夏正爲死間，紿直曰：“汝欲保全家屬，開市求官，必須歸降。若帶甲陳兵而稱降，又誰信汝？今汝之大兵在此，即往見軍門，敢留汝耶?”直艴然不悦。而宗憲與其所親毛烈、葉宗滿先來見者連床臥，因佯露諸將請戰書於几，烈等竊視，驚怖。

夜半，宗憲作醉夢中語云：“吾欲活汝，故禁不進兵，汝不來，休怨我也。”含糊其辭，復吐滿床。烈等漏之于直，直始疑之。宗憲又使方大忠往來游説，直猶豫未決。宗憲以直執戀岑港已逾五旬，察其心神，終屬觀望，乃開關揚帆，示欲進兵。直偵知四面兵威甚盛，終無脱計；且聞海已敗歿，孤立無援，因嘆曰：“昔漢高謝羽鴻門，當王者不死。縱胡公誘我，其奈我何。”乃以部兵無統，欲得毛烈攝之。宗憲知海上賊惟直機警難制，其餘不足慮，以犬易虎，可也，遂遣烈往。直乃桀然詣軍門，時三十六年十一月也。宗憲執之，具疏，請斬于市。明年二月，毛烈泊舟山之岑港，聲言欲爲直報仇，勢甚張。宗憲命諸將水陸并進，賊衆大亂。夜分，縱火焚其舟，死者無筭。餘賊奔巢，我兵躡之，斬賊栅而入。烈窘甚，奪舟而遁，復爲颶風所覆。王直之黨至是盡矣。

三十九年，論功加宗憲太子太保，進左都御史。後被讒，徵入京師，卒於獄。

按：宗憲之殲倭夷，專以計勝。是時，王直、徐海、陳東相爲聲援者也，宗憲先誘王直以散徐海之黨，繼誘徐海以孤陳東之勢，及海、東同斃于平湖，則又設計以制直。宗憲之功深矣！若徒恃征戰，則桐鄉之圍不易解，平湖之功不易收，而直亦豈肯登岸就擒哉？

戚繼光 字元敬，定遠人

戚之先起定遠，厥考孝廉，爲連帥，坐神機營。其母王夫人夢神人衣絳衣降於庭，虎變而躍梱内。是日日華五色，故孝廉名之曰繼光，字元敬。隆準方頤，轂而鷹揚，身如晏平仲，而英風逼人。襲世勳，上《練兵議》，其略曰：“無兵而議戰，亦猶人無臂而格干將。乃今烏合者不張，徵調者不戢，吾不知其可也。聞義烏露金穴括徒，遞陳兵入疆邑，人奮鈴棘禦之，暴骨盈野。其氣敵愾，其習慓而自輕，其俗力本無他，宜可鼓舞。及今簡練訓習，一旅可當三軍。”督府乃檄少保亟募三千人，假以節制。則以什伍起于丘乘，兵寓于農。第西北地夷，宜得地利，南而走險，不利并驅，乃間長短兵夾振而進。隊立一人爲長，偏則伍之，兩則什之。犄角互張，攻距、擊刺互用，是名鴛鴦陣，惡用鵞鸛爲哉。居無何，卒服習矣。

其殊勳茂烈不可勝紀，於浙台則平島夷，於江右則報捷，於閩福則破倭酋。其爲總戎也，策備邊總戎三書，備陳"七原六失四弊"，大較言："兵制，西北什倍東南，虜馮積威劫邊人，邊人望風而靡。戰將率朘軍費，豢外舍兒，視虜飽歸，尾而鵰勦，掩老羸爲功級，既贖而賞有差，封殯首以當雄飛。彼自以爲得計，借日當戰，鮮不唾之。且不練何以議兵？無兵何以議戰？練兵之效，臣嘗試之東南。請簡部將若而人，分出三輔州縣，部募三千丁壯，部將將之，合爲四營，營各五部，每營立一裨將，爲之連衡，總攬折衝則主將專制，簡練訓習，一如東南，比及三年，堂堂乎可格虜矣。長驅出塞，務令咋指而避窮廬。迨其非時，則大舉討罪之師，逐北而虛大漠，然後屯田足餉，罷戍銷兵，坐致富强，則百世之利也。"

其備薊門也，言："薊塞上周垣二千里，一瑕則百堅瑕，比年遞圮遞修，滋費無益。請更版築，諸戍士畫地受工，跨墻爲臺，睥睨四達。臺高五丈，虛中，爲三層臺，宿百人，械器餱糧具在。虜至，則當陴以守，退則番休。第力詘未能舉羸，先築千二百座。薊人多木，彊律之軍，正將不堪，請募南中入彀者一軍，以倡勇敢。"乃募南兵三千，如期至，陳而待命郊外。自朝日雨甚，至于日中，軍容益莊，總于山立。邊將大駭，將軍令固如是乎！既相要害，程功能，部署臺垣之役。工力藉班軍，則以南兵爲渠長，薪木取諸塞外，其餘則以益樵蘇。少保巡工，介第爲植，少舍則課殿最，晏賞決罰有差。黔皙益以壯麗獻功，不旬月告成事。是役也，在縣官僅發十萬緡，經費考工足當百二十萬。

復增募南兵二萬，編武戍之。議立車營，出戰則以代城郭。車四面結靷爲方陣，步騎二旅中藏之。遇虜，乘陴火器先薄五百步外，稍近則步兵出轅，下距虜馬，排擊之，虜却而奔，則縱騎兵乘勝逐北。慮師不宿飽，復益輜重營以從。有發，則南兵當選鋒，入衛兵策應，主兵戍守，踐更者任轉輸。首分數，次刑名，次技擊，次步伐，次偵邏，次嚮導，次批擣，次遮擊，次追襲，次俘馘，次首功。軍政畢張，無不以律。

其生平功勳不能悉書，其生平將略每見諸議論。在浙有《紀效新書》，在薊門有《練兵實紀》，皆鑿鑿見諸行事。而此則于汪司馬所撰神道碑中摘其槩云。

按：嗟乎！安得戚將軍再生，以騷除奴虜乎？

劉　顯 號草塘，豫章人

顯以軍功積勞至參總。猨臂善射，膽略奇壯。嘉靖三十六年夏四月，倭奴寇揚及淮，殘喙州縣十有三，殺都指揮一，所過朝市爲墟，暴骨如莽。我圉孔棘，留京戒嚴。時劉將軍方北下，將祗役金山，大司馬張公檄將軍守浦口。無何，白司馬曰："賊性貪惏，輸掠既衆，其欲已盈，必無南。今去者半，其在泗州者需亦去耳，不如擊之。顯留此不能自效也。"大司馬許之。會御史馬公移書辟將軍，將軍乘傳謁御史，御史喜，命具饗饔將軍。將軍曰："賊在，顯不咽食也，請爲君滅賊，還饗耳。"

五月乙卯，與其家甲驅至安東。諜之賊艘二十九，賊衆，時脅從散去。簡人人倭也，遺將軍謾書。將軍笑曰："賊素易我，且歸，則志惰，可待而斃也。"廼伏甲岡下，躬率四騎薄賊艘詬之。賊出，將軍叱三騎使前，以身殿，斬一人以狥，且戰且却。射馬中矢，馬駭，將軍下馬抉鏃。賊卒馳將軍前，將軍躍馬斬馳者。賊至岡下，弩發，賊多中弩者，然且扶傷而鬬。甲亦殊死戰，賊乃引去。甲欲逐之，將軍曰："日旰矣，勿逐也。"賊言焚民廬以摧我，將軍即先自焚；賊縱所俘美女子以蠱我，將軍戒毋犯，悉縛送有司。將軍度夜當雨，謂甲曰："我露宿，是彼以逸待我也。"乃違岡十五里而軍焉。選人持火器，夜涉賊艘，賊數驚，徹夜不得寢。厥明，丙辰，援桴誓衆。將軍執一幟，以號于衆曰："汝官軍有能敢勇殺賊樹功勳者，立此幟下。"得三百人。曰："我前拒，汝爲後勁。"命甲四十人塞隘巷之衝，每巷以五人守，以五人巡，曰："賊出，汝踣。"

命甲六十人，分四部伏岡下，曰："賊潰，汝擊。"命三巨艦積葦泊上流，曰："賊艘，汝燔。右之虚營以張其勢，左之疑兵以分其黨。"復令數人升屋而譟，曰："獲賊矣！獲賊矣！"既誓，乃陣。賊自巷出者，連斬四五人，遂不敢復出。退，語其魁。魁怒，摘冠揮袛，左手持刃，右手持扇，登岸麾賊衆蟻螻，矢集如雨。將軍單騎遇之，格者半，掇者半。矢盡，又張其鋭圍將軍數圍，弗克，將軍射賊輒殪，賊氣稍奪。將軍曰："彼衆我寡，不先磔其魁則衆不携也。"廼一呼突賊壘，斬前隊二人，直擣鼓下，斫指揮者，自頂至踵裂其尸。出賊陣後，賊衆披靡，相怖以目。甲四起夾擊之，斬獲甚衆。賊大潰，還奔舟，舟焚。將軍追至舟上，盡斬之。又擒一魁名五大王者，亦斬之。溺水死者不可殫計。淮倭悉平。

將軍不胄不介，著一白單衣，巾褌如之，身不滿七尺，猶夫眇小丈夫耳。及遇敵，提兩刃，騰躍超踴，矯捷若飛，刃起，見刃不見將軍。淮民自河上觀者，咸咄咄曰"神人神人"云。其爲將，平九流、横江、白草、松盤、芒佈等洞。嘗以三百騎破獠萬人，孤身被圍，轉戰三日，夜斬獠繫馬首，潰圍而出。守蜀十年，身經百戰，不一衄，皆必勝之筭，非徒勇而倖以成功者。有子劉綎，爲遼將，泰昌元年死於建酋之難。

按：顯謀略奇壯，戮賊辭饗。岡下善射，賊多中矢而死。號令森嚴，戒將士毋犯蠱迷。精忠達旦，縛妖淫立送有司。以寡敵衆，活擒魁斬，衝出重圍。悉平諸洞，騰躍舞刃，一似天君臨凡。鎮粵旬年，計定戰勝。提兵無一句之差，調將有成功之筭。其子單騎破虜，扼腕亡於陣中。

【校記】

〔1〕於璋，二字疑衍。

〔2〕轍，當爲"輒"。後同。

〔3〕熟，疑後脱"徭"字。

〔4〕賢，後文皆作"貴"，此處誤。

〔5〕吾，疑衍。

〔6〕註，《廣右戰功》为"誆"。

〔7〕囚，應爲“酋”。后同。

〔8〕葉麻，當爲“麻葉”。

〔9〕麻之，二字疑衍。

〔10〕於，疑應爲“殺”。

〔11〕與宗所所，疑應爲“與宗憲所見”。

〔12〕關，疑應爲“開”。

集　外

宗給論

嘉靖八年《宗室》載，屬籍八千二百三人，親王三十位，郡王二百三位，世子五位，長子四十一位，鎮國將軍四百三十八位，輔國將軍一千七十位，奉國將軍一千一百三十七位，鎮國中尉三百二十七位，輔國中尉一百八位，奉國中尉二百八十位，未名封四千三百位，庶人二百七十五名。嘉靖三十二年部臣歐陽德題稱，各府禄糧共八百五十三萬石，即山西存留一百五十二萬石，而宗室禄米二百一十二萬石，河南存留八十四萬三千石，而宗室禄米一百九十二萬石。嘉靖四十四年，御史林潤、給事中何起鳴題稱，天潢之派已盈三萬餘位，集多官會議六十七條題，奉欽依《賜名宗藩條例》内一款議處，殿折郡王及鎮、輔、奉國將軍三分本色、七分折鈔，鎮、輔、奉國中尉俱四分本色、六分折鈔，郡、縣主、鄉君、儀賓俱二分本色、八分折鈔。

自古帝王有天下也，莫不褒隆宗室，以資維城之助，然萬世周悉之慮，萬物一體之仁，亦未始不行乎其間。有褒隆之典而無周悉之慮者，漢是也；無周悉之慮而有一體之仁者，宋是也。彼其大啓九國，周匝三垂，宫室百官，制侔天子，褒隆至矣。而末流横溢，僭逆屢生。文帝采賈生之議，景帝用晁錯之計，武帝施主父之策，累世積謀，若防巨敵，幸而勝之。使有三子者早爲周悉，以慎厥初，則終漢之世，其强當不至於七國之變，其弱亦何嘗有奉觳恐後者哉？力强則勢軋，封大則難繼。天子扭難繼之恩則權替，諸侯擅相軋之勢則釁生，欲其不逼上而陵下也，難矣。變起於權替，必過懲以制之；釁作於勢軋，必極力以撓之。世遠情疏，加之以過懲力撓，欲其無廢隕而耗斁也，亦難矣。宋以睦親廣親，棣華親賢，四大院聚皇族於京師，爵位禄位，升進以序，幸第宿衛，兩無猜疑，黜陟敘蔭，同軌庶姓，賢賢親親，可謂一體矣。而靖康之亂捲席以北，惟屬籍稍疏與賜第居洛並效職州路者，迺幸有以自全。使早有散佈遠慮，豈有北轅之慘若彼哉？聚居則情親，情親則猜忌不作，而相勸以忠，是以終宋之世無宗室之亂，而多忠藎之助。金元之變，仗節死義屨奮而蹈者，叔皎、時賞輩，至百有餘人，亦其法意使然也。

我朝稽古睦宗，鴻爵大封，散佈天下，恩意隆給，有宋之厚而無宋之弊。親王、郡主、將軍、中尉，以世序差，迄於無窮，皆食租衣税，勿干民事，有漢室褒崇之盛，而無漢室尾大之危。漢至元、成，諸侯王子孫澌盡矣；宋至靖康凡六世，隨蹕渡江僅存百人。當今麟振，蕃懋秦、晋、曲陽、慶成、西河、交成、永、和、周、楚、魯、蜀、華陽、代、山陰、襄垣、宜寧、隰川、定安、靈丘、懷仁、肅、遼、慶、岷、南渭、韓、沈、唐、趙、襄、淮、德、崇、吉、益、衡、汝、榮、靖江、弋陽、江川四十二府，數盈三萬有餘位，自古宗藩之盛未有如今日者。昔皇祖固未能豫睹今日宗支之盛，而不容不以厚道教後皇，故《祖訓・供用》章前列唐宋禄制，而後定以今制，聖意蓋可知也。夫親王歲支萬石，奉國中尉歲支二百石，總支八百六十萬餘石矣。近雖裁以二八、三七關支之例，然斷自郡王以下，所損無幾也。况生生十年二十年以及無窮，又何繼之？雖盡天下不足爲禄矣。

《祖訓・職制》章云："凡郡王子孫有文武材能堪作用者，宗人府具名以聞。"朝廷考驗，换授官職，其陞轉如常選法。然廷臣每重其議而不敢發者，良以鎮國將軍其禄已比一品，即欲换授，當以何官與之？陞轉如常選法，則黜陟亦當如常考法，其致政而歸也，又將何以處之？其勢固有所不可也。無已，則宗學乎。稍仿宋制而爲之，每府建立宗學，三年大比則於每藩鄉試各增解額數名，以賓興其賢者。除已封外，其未封未名者，斷以某年月日爲始，盡令就學，每月人給廪米二石。考校監臨，屬之提學及御史官，一如府州縣儒學之例，每歲各以三等簿填註考語奏聞，而歸其籍於宗人府。其登薦科目者，换授轉遷皆如進士舉人之例，且如王親不許授以京秩。其致政歸也，亦以考察舊例處之，如年老致仕，則以原職俸禄終其身，貪暴不謹則亦黜爲庶人，明其罰。其不與登薦者，三十歲爲限肄業。十五年之間，學行考語五居上等、十居中等，宗人府以名聞，釋褐授職如舊制，不及格，比照祖制襲封事例减半給禄。其棄禮義捐廉恥甘居下等者，遵祖訓輕則降等，重則黜罰之。其宗學所設儒官亦須稍重其權，又必便於御史憲臣之節制者，每府以宗室位數爲准，大約二百名設與一官。此宋人已試而效者，特在皇上親定其禮制而行之耳。

嗟乎！此亦補偏救弊規也，非全筴也。何也？君子之澤，五世而斬。斬，絶也，爲絶不爲恩也，非聖王之薄也，勢有所不能，則禮有所不可也。稽之史傳，漢更生、唐神通、宋汝愚，皆以碩德名勳夾輔帝室。光武係長沙定王之後，玄德乃中山靖王之裔，一則以販米爲生，一則以織蒲爲業，何嘗有一官半職耶？即此觀之，則知歷代之所以處宗室者，初未嘗概施以禄養之恩，亦未嘗獨禁其入仕之路也。先儒朱熹嘗言："漢法惟天子之子則裂地而王之，王之子則嫡子一人繼王，庶子皆封侯，侯惟嫡子一人繼侯，餘子皆無封。"今若仰體祖宗善變之心，裁以聖賢中正之道，參之漢唐宋已成之規，郡王而下見封者止許一子承襲本爵，餘又遞減，至五世而絶，其在五世之外者，士農工商使其自便。大約爲民者，量免本身雜泛差徭；其有犯法爲非者，有司俱得照齊民一體斷究處置。其出仕者，大約如宗學出身之例，其有犯贓作匿者，撫按官俱照百官一體彈劾拿問。此則萬世可行之道也。但其事體重大，其議非一人所敢倡，其怨非一人所敢任，若聖明主持於上，賢宗室調停於中，百官協贊於下，曉之以理勢窮極之故，告之以朝廷不得已之心，亦無不可行者。請再以宗藩之心推之，其中富裕者雖多，而艱窘者亦不爲少，大抵禄入雖存定額，錢糧有數，經歲不得關支，長養聚於一城，生意蕭條，舍此又無他計，與其厚之以有名無實之禄，孰若開其自生自養之天？愚竊謂照前通融，匪獨朝廷幸，尤諸宗室幸也。

（據《國朝名公經濟文鈔》卷之一）

遼東論

遼東爲燕京左臂，三面瀕夷，一面阻海，山海關限隔内外，亦形勝之區也。歷代郡縣其地，國朝盡改置衛，而獨於遼陽、開元設安樂、自在二州，以處内附夷人。其外附者，東北則建州、毛憐、女直等衛，西北則朵顔、福餘、泰寧三衛。分地世官，互市通貢。該鎮總計馬步官軍九萬九千八百七十五員名，馬九百九匹，子粒二十六萬一千四百六十七石，歲運銀一十八萬五千二十四兩，米一十二萬四千六十六石，草二百四十萬五千二百一十一束，豆七萬五千二百二十九石六斗。天津海道止可達於廣寧、遼西一帶，其金、復、海等處仍以登萊海道爲徑。

遼東夷情與諸鎮異，許氏云云矣。大意謂東北諸夷屋居火食，射獵非其所優；西北諸夷既在羈縻之屬，竊發頻多，終不敢顯然大舉，要在隨時安輯，先事申嚴，禆恩威並著，足制其心，斯計之上，而俘斬論功則第二義也。豈知夷運亦有盛衰乎？今適值東夷運衰耳。如對盧者，足智多謀，坐摧唐甲；劾里鉢、阿骨打者，沉毅勇鷙，健鬥無前。皆遼以東産也。即北狄，如此輩者指可幾屈哉？蓋白山聳秀，渤海瀠洄，鴨緑、混同左右遞相持護，山川融結，其生尤物宜矣。乃若規三岔以通上谷之徑，控金、海以擅魚鹽之饒。東據開元以爲襟，然必整理威遠、青陽，而開元之藩籬益固；北據廣寧以爲吭，然必措置臨潢、鎮静，而廣寧之形勢益張。經斯鎮者，幸無以東夷之弱而易之也。至於山海一線之關，我塞彼不可來，彼塞我亦難往。中原多事，遼東其自爲一區乎？公孫康可睹矣。

（據《國朝名公經濟文鈔》卷之二）

薊州論

薊，燕京左輔也，古會州地，國初即其地封寧藩，設大寧都司、營州等衛，與宣府、遼東東西並建，以爲外邊。靖難後，兀良哈部落内附，乃改封寧王於南昌，徙大寧都司於保定，散置營州等衛於順天之境，而以大寧全地與之，授官置衛，令其每年朝貢二次，每次衛各百人往來互市，永爲藩籬，即朵顔、大寧、福餘是也。自此宣遼隔越，聲援斷絶矣。

正統以前，夷心畏服，地方寧謐。土木之變，頗聞三衛爲也先嚮道，乃命都御史鄒來學經略之。正德以來，部落既蕃，朵顔獨盛，結親奄北，累肆内侵。參將陳乾、魏祥前後重兵陷没。嘉靖二十九年復道虜入直，逼京都，始議添設總督軍門駐紮薊州，總計馬步官軍七萬八千六百二十一員名，糧四十六萬八百石，豆六萬七千五百石，子粒米麥一萬三千七百七十八石六斗，布絹折鈔銀二萬，綿布一十二萬一千六百餘匹，綿花絨六萬六千三百斤，草四十萬三千束。

開平陷入虜庭，大寧徙之三衛，天子自爲藩籬矣。在今日邊情惟薊鎮爲急。規復舊疆未敢卒言，乃若築垣固封，列兵扼險，雖過計不爲迂，過力不爲勞，過勞不爲損也。何也？所關至重也。今計其制禦之勢，大略有四焉：以冷水口爲一路，自山海關抵太平寨，而以建昌爲適中之地；以古北口爲一路，自馬蘭谷抵石嶺塘，而以密雲爲適中之地；以昌平爲一路，自渤海所抵鎮邊城，即以昌平爲適中之地；以紫荆、倒馬爲一路，自沿河口抵故關，而以易州爲適中之地。顧此關口均云要害，而古北口惟尤要。何也？蓋冷水、馬蘭有重□疊嶂以爲天險，紫荆、倒馬有漁陽、上谷以爲外藩；古北口一帶沙淤水漫，平夷曠邈，萬騎馳驟，縱横無防。然總之亦有險可據也。虜若自黄榆川而來，則必由潮河川；自磚朵子而來，則必由黄家寨；自黑谷關而來，則必由三箇嶺。顧此三處者，兩山夾峙，真我兵之占地也。過此不守，使賊入平原曠野，則欲戰不能，欲守不得矣。

乃若陜卒入衛，始自庚戌，今歲額焉，憊甚矣。括其資以募土著，不兩宜乎？當事者竟默而不言，豈以國事爲家事者哉？

（據《國朝名公經濟文鈔》卷之二）

大寧論

舊設大寧都司，内轄錦州、全寧及大寧、和衆、富庶、金源、惠和、武平、龍山等縣，蓋古遼西郡也，契丹號爲中京大定府。是故大同在西，燕在南，遼陽在東，大寧則居其中。其東南四十里爲松林，松林水出，是爲廣河。大山深谷，幅員千里。馬迂崇隆迤逶，連亘京師之西。山内有長泊，周圍二百里；大鹽泊周圍三百里；小鹽泊周圍百里。山高而長，水闊而聚。且其地東傍福餘，若招漳、潮、吴、浙水商遠通日本、新羅，則自新羅可以通沃沮，由日本可以通穢貊。穢貊古爲渤海東京龍源府，沃沮古爲渤海南京南海府。既通二府，則漳、潮水商或經唐恩、浦口，或經穢貊、沃沮，直抵扶餘，而西入大寧矣。契丹曾置通吴軍，其道由此。

太祖驅逐殘元于古會州之地，設大寧都司及所屬營州等衛，以爲外藩籬，復命魏國脩山海關、喜峰口、古北口、黄花鎮、潮河川一帶，以爲内藩籬。永樂中搬回大寧，以其地委朵顔三衛，而以内藩蘺爲界。大寧既棄，則開元、興和不容不失，宣德中移守獨石、龍門，勢固然也。土木之變，獨石八城俱陷，所恃者一長安嶺横亘虜衝耳。今計其規復之略，大軍出喜峰，直搗錦川、全寧，而夾以開平中屯、興州右屯及興州、永寧之師，遼海出偏師以綴福餘，而繼以義州、廣寧之眾，步騎出於牛山，舟師進於小陵，此其成計，不可易者。然非十年生聚、十年教訓，未易言矣。

（據《國朝名公經濟文鈔》卷之二）

宣府論

宣府，漢上谷郡。國初設開平衛，置八驛：東則涼亭、沈河、賽峰、黄厓，直接大寧；西則桓州、威虜、明安、隰寧，直接獨石。文皇三犁虜庭，皆自開平、興和、萬全出入，自大寧淪失之後，興和亦廢，而開平失援難守。宣德中廼衛獨石，棄地蓋三百餘里。土木之變，獨石八城皆没，雖旋收復，然氣勢日微。

宣府特重矣。總計本鎮馬步官軍一十二萬六千三百九十五員名，馬六萬六千九百八十匹，屯糧六萬二千三百零二石，地糧三萬一百五十三石，種糧一十一萬五千八百八十六石，驛傳糧一萬四千三百三十三石，稻糧徵米一千一百七十九石，草二十二萬六千七百七十一束。

宣府自東路之西海冶迤邐而西，歷北中二路，抵西路之西陽河，爲大同界；大同東路之東陽河迤邐而西，歷中北二路，抵西路之丫角山，爲山西界；自山西之老營堡迤邐而西，歷水泉、偏頭、保德州，爲黄河界。計一千九百二十里有奇，皆逼臨虜巢，所謂外險也。又老營堡轉南，迤邐而東，歷寧武、雁門、北樓，抵平刑關，又迤邐而南而東，爲保定界。歷龍泉、紫荆、倒馬，之吴王口、插箭嶺、浮圖峪、沿河口，又東北爲順天界。歷高岸、白羊，抵居庸而止。計二千五百里有奇，皆峻山層岡，所謂内險也。兩險截然，固天之所以限華夷者。奈何邇者夷虜結陣長驅，遠掠汾、沁，全晋爲眚，邊議日興。豈其險固不足恃耶？良由法紀日弛，防範日懈，故有險與無險同。夫設險云者，因地利而紀之以人力也，内倚諸關，外增崇垣，百萬綿堞，北之金湯。任宣府者，不責以戰而責以守，其不能乎？

（據《國朝名公經濟文鈔》卷之二）

大同論

大同，古雲中地，川原平衍，故多大舉之寇。西則平虜、威遠，中則左衛、右衛，皆稱要害，蓋虜南犯應、朔諸城必窺之路也。東則天城、陽和，爲虜入順、聖諸處之衝。而平虜西連老營，與偏關近，直逼黄河，焦家坪、娘娘灘、羊圈子等處皆套虜渡口，往來蹂躪無虚日焉。

總計該鎮馬步官軍、舍餘土兵共五萬四千一百五十四員名，糧料、布花、屯糧、屯草及京運年例通共銀七十七萬五千一百八十八兩七錢五分。屯糧一十二萬七千七百二十一石，每石折銀八錢。屯草一十七萬六千四百一十一束，青草三十七萬二百一十束，每束折銀三分。年例銀七萬兩，例鹽七萬引，馬四萬六千九百四十四匹。山西起運夏秋二税，糧料二十九萬一千四百七十五石，每石折銀四錢；夏秋税糧折布一十八萬三千五百四、綿花絨八萬斤；草二百四十四萬四千八百五十束，每束折銀八分。河南起運小麥九萬六千石，每石折銀四錢。

唐築受降城，守在河外。漢用主父偃之策，據河爲守。國初棄置豐州，獨衛東勝，已失四面之險。逮正統以後又復棄去東勝，大同藩籬日薄矣。且自五堡激變，撫驕軍悍卒如撫嬰兒，啼則與果，稍剌剌作聲，以軟語提携之，無復上下分，大同之紀綱日墜。况山川平夷曠邈，在在可通，北虜竊穴套中，時時竊發，則今日之大同稱難守焉。若夫尋漢唐之故跡，未敢輕言，復東勝之舊封，亦難卒辯，而補偏救弊之政，其在陽和、天城一路者，不宜專守陽和、天城，而宜分據瓦窯、永嘉、白羊、鵓鴿之險；其在左右二衛一路者，不宜專守左右二衛，而宜分據黑山、華皮溝、牛心、兔毛河之險；其在平虜、老營一路者，不宜專守平虜、老營，宜分據黄家山、井坪、紅門之險。乃若偏頭、寧武、雁門三關，語其地，則寧武據兩關之中，當華夷之要，爲東西之應援，寔陽方、義井之門户，外接八角堡，内維岢嵐，故設總府以臨之，居中調度，良有意焉。偏頭四逼黄河，與套虜僅隔水，蓋自渾脱飛渡以來警報不息，然山澗崎嶇，難於大舉。老營東接平虜，至大同邊不遠，使東西聯絡，築邊固塞，且屯且守，則丫角墩而南、陽房口而東，烏用是紛紛也。舍門户而理堂室，誠不得已焉耳。雁門當廣武、朔州、馬邑、大川之衝，通忻、代、崞諸郡縣之路，虜從左右衛而入，勢當首犯。東越廣武，則北樓、平刑皆爲虜衝；西越白草溝，則夾柳、鵰窠莫非要守。雁門警備於是爲急矣。嗟乎！百孔千瘡之鎮必得豪傑者專任之，明罰勑法，不猛不寬，漸而待之，庶有濟乎。

（據《國朝名公經濟文鈔》卷之二）

榆林論

榆林舊治在綏德，秦爲上郡，歷漢、隋、唐皆爲邊鎮，宋没。西夏元年，章孔興據守。國朝定陝西，孔興北遁。設綏德衛，屯兵數萬守之；

撥千户所，屯治榆林。成化八年，都御史余子俊廣開榆林城垣，增置三十六營堡，邊牆起甫川，西至定邊營，長亘千二百餘里，横絶河套之口。該鎮官軍四萬九千二百五十員名，馬二萬四千四百四十六匹，糧料一十八萬九千七百二十八石，民糧三千九百石，草八十八萬一千二百六十束。

余肅敏城築榆林，世多侈其績，而引以爲罪者亦間有焉。在許論，則云“襟吭既據，内地遂安”。在王越，則云：“虜賊大舉，或由榆林東雙山堡入寇綏德，或由榆林西南定邊、花馬池入寇固原。榆林之兵其在東也，則以無險而不能守；其在西南也，則以路遠而不能援；其在綏德舊鎮也，則以兵寡而不能禦。則移鎮榆林者，未見其爲利也。”二氏皆以籌邊久著聲稱者，是非安所折衷哉？大抵移鎮榆林，包收米脂、魚河三百里膏腴之地，且東連牛心堡，可便應援，西截河套之衝，可便耕牧，千三百里樹藝、樵采、圍獵之利，我軍民得擅而有之，是以地方豐庶，稱雄鎮焉。

自虜據套以來，我軍之耕牧絶矣。耕牧絶則轉輸艱矣，轉輸艱則士伍耗矣。是榆林受病之原乃在於失河套之初，而不在於移鎮榆林之日也。榆林之軍不患不勇敢善戰也，患其枵腹不得一飽而復來“米珠草桂”之謡也。許氏謂陜州有河可通綏德，若計沿河郡縣改徵本色，悉以輸之，榆林其少蘇乎。此今日之急務也。乃若亂蜂墩、野豬峽是直衝魚河之徑，虜自此出軍駐魚河，則斷榆林、綏德爲兩矣。又東自定邊營，西抵寧夏東黄河岸、横城堡，三百里中多平漫沙漠，虜賊大舉，多由此入，經斯鎮者其留意焉。

（據《國朝名公經濟文鈔》卷之二）

寧夏論

寧夏亦朔方地，賀蘭山環其西北，黄河襟其東南，爲關陜重鎮。衛城西南一百四十里有峽山，峽口兩山相夾，黄河經其中，誠塞北一勝概也。成化前虜患多在西河，自虜據套以來，河東三百里更爲敵衝。築牆晝守始於巡撫徐廷璋，而花馬池一帶邊牆皆總制楊一清、王瓊、唐龍增築。本鎮馬步官軍三萬七百八十七員名，馬四千一百八十四，糧料二十萬七千五百五十七石，民糧四千六百九十石，草一百三十六萬一千五百束。

國初撤受降而衛東勝，以當一面之險，後又撤東勝以就延綏，則以一面之地當千里之衝，遂使河套沃壤棄爲虜巢。深山大河勢固在彼，靈夏外險反在河南，而花馬池一帶適其利涉之境，遊騎往來無日無之，宜乎延、寧、固、靖終歲之不得以少休也。玆者復守東勝，以河爲界，東接大同，西接寧夏，使河套方千里之地歸我耕牧，開屯四百萬頃，歲省內地轉輸，誠爲上策。顧力有未能，未敢議及。

姑以目前言之，以平虜爲一路，而其險在鹽山、新興、靈武等處；以寧夏爲一路，而其險在赤水、寧化、玉泉、馬炮泉等處；以中衛爲一路，而其險在東園堡、桑遠堡、舊安寨等處；以花馬池爲一路，而其險在定邊營、楊柳堡、清水、興武、鐵柱泉、靈州等處。而靈州爲尤要，蓋靈州北臨廣套，西控大河，實寧夏之喉襟、中原之門户。靈州不守，則寧夏隔爲外境，環固勢孤無援，無環固則無陜矣。此今日寧夏防禦控制之大略也。

通計四路之虜情言之，花馬池爲最急，寧夏次之，平虜、中衛又次之。何也？平虜徙自鎮遠，失地百里，民利雖促，扼塞可憑。中衛偏在西隅，寧夏四百餘里，然塹山湮谷，有險足恃，分閫参遊，氣勢自别，地狹易守，責以中材亦足辦矣。寧夏當賀蘭之衝，乃前山後山諸賊出入之徑，趙瑛、周尚文素著威名，亦曾敗績此山之下，顧今將領較二子何如哉？花馬與套虜爲鄰，沿河三百里盡爲敵衝，是故虜窺平、固則直犯花馬，掠環、慶則由花馬之東，入靈州則清水營一帶是其徑矣。

築牆晝守可禦零賊，如大舉，河套虜騎長驅陜西，用兵無解甲息肩期矣。又聞先總制秦紘建議，於延、寧交界築邊塹一道，東起饒陽至徐斌水三百餘里，又西南至靖虜黄河岸六百五十餘里，通共延袤一千餘里。而地里甚遠，且清沙峴一帶多浮沙疏土，變遷不常。地里遠則兵分勢寡，哨守疏闊；變遷不常則隨築隨塌，忽浚忽塞。以故節年套虜多由青沙峴深入。安會之禍爲鑒不遠，是舊邊之未足恃也。青沙峴以北，紅寺堡以南，周環曠阻，殆數百里水泉四十五處，草木繁茂，虜每入寇必休息飯馬，安留旬日，呼爲小河套。萬一得志，巢穴可不慮哉？且土地沃饒，引水灌田，昔時阡陌宛然尚在，今不獲耕牧，坐失大利。雖設有紅寺堡一座，勢在孤懸，汲水甚遠，外高内下，四面受敵。外有梁家泉，虜每據水頭駐守，攻圍城堡。

今以地形較之，自徐斌水舊邊外起，至鳴沙州止，共一百三十九里，比之舊邊至靖虜黄河六百五十里者，止當六分之一。誠得其要害，守其捷徑，扼喉當關，非若迂遠之難守也。且山岩溝塹天造地設，爲力甚易，又且堅固，可圖永久，非若沙磧之易壞也。此邊既成，所云水泉四十五處盡括在内，胡人不得南下而牧馬；所云沃饒阡陌盡得耕墾，不下萬餘頃，招集軍民耕牧，可獲大利。是舊守在内，六百餘里迂遠之難，今守在外，一百二十里要隘之近，舊守浮沙疏土之不足恃，今守深溝高壘之可久，利害較然矣。又聞寧夏瀕河，當虜衝，冰合受敵，至夏始寧，故名。今虜居套中，朝夕窺伺，終歲無寧刻矣。

（據《國朝名公經濟文鈔》卷之二）

甘肅論

甘肅即漢武所開河西四郡，以斷匈奴右臂者。蘭州爲金城郡，過河而西，歷紅城子、羌浪鎮，六百里至涼州，爲武威郡。涼州之西，歷永昌四百餘里至甘州，爲張掖郡。甘州之西，歷高臺、鎮夷，四百餘里至肅州，爲酒泉郡。肅州西出嘉峪關，爲沙瓜、赤金、苦峪至哈密等處，皆燉煌郡地。洪武五年，馮勝下西河，乃以嘉峪關爲限，遂棄燉煌焉。自莊浪岐而南三百餘里，爲西寧衛，古湟中地。自涼州岐而北二百餘里，爲鎮番衛，古姑藏地山舟。

甘肅馬部官軍三萬三千八百九十四員名，馬八千九十一匹，糧六萬五千七百九十七石，民運本折糧布銀一十萬七千三百九十五兩一錢二分，鹽糧二萬六千八百一十四石八斗，草一百一十萬一千八十九束，年例銀四萬。莊浪漢土馬步並招募官軍加一萬八百五十六員名，馬三千四百六十七匹，糧料二萬三千九百一十三石，民運糧銀三萬一千九百九十一兩二錢，兼支銀四千四百四兩四錢，鹽糧一萬四千四百四十九石三斗，鹽糧銀四千六百五十兩，草二十八萬六千一百九十四束，布一萬一千一百八匹，棉花四千一百六十五斤。涼州馬步官軍一萬八百五十八員名，馬二千五百二匹，糧料四萬五千五百二十三石七斗四升，民運本折糧銀四萬一千三百九兩三錢，鹽糧一萬六千四百八十三石九斗二升，草四十一萬五千一百八十六束，年例銀三萬，兼支銀三十三兩三錢七分，布一萬九千九百六十四匹，棉花八千四十五斤。

甘肅一線之路，孤懸河外幾二千里，西控西域，南隔羌戎，北遮胡虜，經制頗難。紅城當莊浪、西寧之中，可便策應，而苦水、黑山是其外護，鎮番爲涼州、永昌門户，六壩、紅紗又鎮番要害，而長草湖一帶尤爲入寇之衝。其地雖有險可據，但遠在揚州三百里之外，四面受敵，尤極孤危。且溥於鹽利，華夷賴之，恐爲必争之地。甘州祁連、胭脂二山在焉，乃匈奴要地也。漢時失此山，嘗歌曰："亡我祁連，使我六畜不蕃；亡我胭脂，使我婦女無姿。"國朝設行都司於甘州，而以肅州爲甘州門户，城西六十里築嘉峪關，爲肅州藩籬，關外有羈縻六鎮，即哈密、赤斤、安定等衛是也。後哈密、赤斤陷於土番，安定破於海賊，而甘州之門户單，藩籬薄矣。許氏云："北虜倏去倏來，南番坐守之夷耳。"惟土魯番自兩犯甘肅之後，荼毒日滋，漸不可長，豈知死命亦嘗在我也。何也？閉關絶貢，欲茶不得，五日渴疾，不汗死矣。當事者操其柄而善應之，不弛不猛，庶幾其有瘳乎。

（據《國朝名公經濟文鈔》卷之二）

降城論

初朔方與突厥以河爲界。河北有拂雲祠，突厥犯邊必禱祠下。適默啜悉兵西擊突駝施，張仁愿上言，請乘虛取幕南地，於河北築三受降城，絶虜南寇路。唐休璟以爲兩漢以來皆守河南，築城虜腹中，終爲所有，不便。仁愿固請，從之。因請留歲滿戍卒助工。咸陽兵二百人逃歸，仁愿擒之，盡斬城下。軍中股慄，役者盡力，六旬而三城就。東城漢雲中郡地，中西城漢五原郡地，相距各四百餘里，並據要津。又於牛頭、朝那北山置烽堠千八百所。自是突厥不敢度山獵牧，減鎮兵數萬。

此唐人渡河置城以保河南也。夫河南之地，沃野千里，其爲中國利甚厚，故古人重之。然其始全於趙武靈，而失之楚漢之兵争，繼收復於漢武，而失之晋魏之雲擾。夫破義渠開上郡者，秦也。而陰山高闕之塞就，則河南之要領無虞。徙豪傑實新秦者，高帝也，而朔方、金城之郡置，則匈奴之右臂斯斷。是二君者，其謀淵，其力勤，其功大。河南之地值此，可謂有遭矣。然楚漢之兵争，而匈奴遂南；晋魏之胡亂，而赫連竊據，豈非地里近胡，遠隔中夏，守之者難防，伺之者易入，闢之者曠時，而淪之者不終朝哉？逮夫隋，城大利，唐樹思摩，其於要荒愈不之講。

仁愿此舉，壯志勃興。渡河置城，古跡頓復。夫扞堅者獸全，籬固者蔬茂。屯河外之戍以迎戰，謹沿河之燧以屯田，無事則河南之耕足以供三城之需，有事則三城之戍足以爲河南之守，可謂策之上也。論者疑其舍險不據，置城虜中，而不知兵事有進，機不容髪，退處河南，則長河與虜共之，一有警備，屯耕俱廢，已爲守之下策矣，況進取耶？雖然，仁愿此舉有三可乘焉。默啜敗亡之餘，植根未深，晚歲昏悖，部衆解體，此其勢可乘也。西攻駝施，悉衆以往，曾不留守以虞我師，此其時可乘也。唐自太宗以來，威震四夷，總管出塞，捷奏日聞，瀚海燕然，都護布列，此其力可乘也。合三可乘而重之以仁愿之知兵好謀，馭軍有法，版築興而役不稽期，逋逃戮而朝無異議，故能尋秦漢之遠蹤，建朐衍之長策，三城之就如一日也。雖然，開元款塞，復處河南，元和置城，遂移天德，則在唐人已不能繼其武矣。嗚呼！豈易言哉？

（據《國朝名公經濟文鈔》卷之二）

安定論

洪武七年，有安定王遣使貢鎧甲刀劍，遂賜以織金文綺四匹，仍詔其酋長，立爲四部，各賜以印，曰阿端、阿眞、苦先、帖里。謹按安定與瓜沙、赤斤、蒙古、曲先、海西等處，皆古燉煌地，内沙州爲要，蓋其州有玉門、東倚、三危，北望蒲昌，去哈密、土魯蕃尚八百餘里。嘉靖中，安定爲海賊所陷。

漢用主父偃、張騫之計，於西河據二關而列四郡。我朝鑒其遠戍勞民，以邊地封付番酋，沙州徙於嘉峪。逮後戎虜猖熾，關隴騷然。幸彼此猜疑，結連未固。我若以甘州之兵東臨罕東，又以罕東、西咯、安定而夾，以西寧、赤刀之兵以臨沙州，而肅州屯堡之衆亦奔赴之，則東西合勢，而玉關、陽關可復。由是内開四郡之屯，外和陽域之虜，則關隴安枕，幽並永奠矣。考唐時西安、北庭之費，俱取足於玉門關、陽關、柘關。外渡白馬河，西入俱毗羅、阿悉城以至思渾河、沙城及于闐之大石城，又赤山、碎卜、賀臘，碎葉之西有朱國、新城、頓建、阿史不來、俱蘭、税建、怛羅斯、史德、龜茲、達幹、疏勒、水城、段蘆、岐山、赤河、坎城、闌城、胡弩、固城、吉良城、郅支、滿演、渡洲、盤陀、葦關、皮山、姑墨、焉耆、於衎、榆林、龍泉、東夷僻、西夷僻、赤岸、安西，凡四十處。唐時置有城鎮，今皆爲番部落矣。陽關外若蒲昌、伊盾、石城、弩支、時勒、井渡、尚未、潘仙、悉利、支井、勿遮、移祉、彭懷、東蘭凡一十三處，亦番落也。玉門西去哈密尚八百里，其哈密、火州諸處，古有羅護、赤停、赤谷、長泉、龍泉、蜀山凡六部，其南平安、昌礌石、銀山、盤山、張三新城、柳岑、金沙七屯三部，俱屬土番。其瀚海、青海、神山、沙鉢、馮洛、耶勒、俱六、輪臺、張堡、烏宰、清鎮、葉河、黑水、東林、西林、月弓、蟄失密、伊麗凡一十八處，唐時城堡衙署今悉爲諸番衙帳焉。

總計西域諸部，内外形便，赤停當其衝，羅護扼其要，哈密、火州、碎葉、龜茲、北庭、安西爲六大都會，今皆失於戎虜，而不可復矣。倘得豪傑通敏之人久任而責成之，練兵積粟，期以十載，搜掠河套、海西，以復降城、玉門舊塞，然後守關息民，大通互市。久之，起例抽分，以供戍卒，是不煩内地寸兵斗糧而可以坐守邊關，豈特唐人能享其利而我不能哉？

（據《國朝名公經濟文鈔》卷之二）

三衛論

三衛即兀良哈，夷種也，在烏龍江南、漁陽塞北。春秋時山戎地，秦遼西北境，漢爲奚酋所據。東漢征，走匿松漠間。後魏復還，號庫莫奚服，屬契丹，爲大寧路。户四萬六千，口四十四萬八千。

國初割錦、義、建、利諸州隸遼東，設都司惠州，領營、興、會三十餘衛所，即北平行都司也。洪武十四年封皇子權大寧，爲寧王。二十二年分兀良哈爲三衛於横水之北，曰朵顔，曰福餘，曰大寧，處降胡。以脱魯忽察兒、海撒男奚、阿失里爲三衛指揮使同知，並邊爲我藩籬。靖難初，首劫大寧兵，及招兀良哈諸酋率部落從，有功，遂以大寧畀三衛，寧王移封南昌。徙行都司於保定，爲大寧都司，令三衛歲二貢，衛百人。東起廣寧屯，歷喜峰，近宣府，爲朵顔；自黄泥洼逾瀋陽、鐵嶺至開原，爲福餘；由錦義渡遼河，至白雲山，爲大寧。皆逐水草，無恒居。

三衛朵顔最强，分地最險，永樂中最親附。宣德中，入漁陽塞，上率諸軍出喜峰關，敗諸虜於寬河，誅其大酋。自是稍馴順。正統中又叛，侵盜東北諸關寨，索鹽米而已。以故喜峰、密雲間有都指揮或都督鎮守，驗夷貢已已。福餘、大寧結也先爲鄉道，朵顔獨據險不從。也先至，不能入寨，不得利，大掠福餘、大寧人畜去。敕都御史鄒來學經略，已而設大監、參將，又設總兵。景泰四年，守臣言兀良哈貢使往來不絶，爲尾刺間牒，詔自後役至，伴二三人入京，餘不得輒入關。成化四年與北虜毛里孩通，侵天城，遣都督李鐸禦之。十二年通乩加思蘭，謀寇遼東，敕邊臣備之。然亦不敢大爲寇盜。弘治中，守臣楊友、張瓊燒荒出塞掩殺，邊釁遂起。正德中，部落既蕃，陽順陰逆，屢肆侵盜。朵顔都督花當求添貢，其子把兒孫深入擄掠，動稱結親。迤北革蘭臺者，花當孫也。花當長子革列孛羅早死，其弟把兒孫驍勇。十年，把兒孫入馬蘭谷塞，殺參將陳乾。遣都督桂勇討之，把兒孫遣扯禿等來言，請入貢，且獻馬，贖殺乾罪。我亦幸無事，遂奏虜退，班師。未幾入寇，參將魏祥全軍覆没。時把兒孫較勇，屢謀奪嫡，諸酋惡之，不相附。尋亦死。花當種人皆附革蘭臺。遲之，來請嗣。番官邊臣以爲言，下兵部，令譯部落，後復許貢。革蘭臺仍入寇，漁陽諸小關皆殘破。

廢東勝，則大同、寧夏不爲援；廢大寧，則遼東、宣府不爲援。以榆林援大同、寧夏，則偏頭關、花馬池等處所以孤危；以朵顔三衛代大寧，則喜峰、古北口、黄花鎮等處所以單薄。

（據《國朝名公經濟文鈔》卷之二）

興和論

興和在萬全都司野狐嶺之外。其地遠望若高阜，至則又是平地，乃陰山之脊地，甚寒。過鳳凰山之西南，有沙城。又渡數岡，即至興和。元號爲中都。地宜牧馬，可樹稻麥。宣德棄興和，退守龍門，虜遂逾野狐嶺直過宣府。其開平所轄興、恒諸州最宜田牧，亦自宣德棄去，徙入獨石。

國家定鼎幽燕，宣府是其北輔，過野狐嶺便爲狄境，然則棄興和退守龍門、棄開平徙入獨石者，豈得無罪？今日所以圖議收復以爲宣府之蔽，而奠神京萬載之安者，可容緩哉？或以爲宜令獨石、龍門、赤城、雲州諸軍出攻開平、桓州、興州，仍以萬全、懷安等衛之兵由宣平、德勝逾野狐嶺潛掠興和、中都，直抵哈剌罕，西傍橐駞之山，阻陟澗之險，俟獨石諸軍殄定興、桓之辰，然後畢出，徑搗雙泉海，與獨石諸軍共會開平，則兩軍合勢，威振無極，東北諸胡定矣。

其開平之間有玻璃谷之要，興和之間有哈剌罕之險。哈剌罕者，即五雲關也。關内諸山古稱陰山之脊，深塹澗壑宛然天成。嗚呼！守玻璃以衛開平，戍五雲以固興和，大興耕牧以息轉輸，勿貪邊功以富守關之卒，則東北永以不聳，萬全勢重而燕京益壯矣。嗚呼！審時度勢，比德量力，將無待耶。

（據《國朝名公經濟文鈔》卷之二）

哈密論

哈密在甘肅西一千二百里，漢西域、唐伊川地。武帝置河西四郡，又出玉門關通西域，置都護以絶北虜西番之交，當時謂之絶匈奴右臂，則今日之哈密云。成祖封元遺孽脱脱爲忠順王，賜金印，主哈密，凡西域入貢悉道哈密譯上之。成化九年，忠順無嗣，王母理國事，土魯番阿力陷哈密，擄王母、金印去。二十年，立其國都督罕慎。弘治元年阿力子黑麻復陷之，殺罕慎。四年，以城金印來歸。五年，立元裔陜巴。六年，黑麻復擄陜巴金印去。八年，兵書馬文昇聞撫夷指揮楊翥熟知哈密道路夷情，遂命同肅州副總兵彭清由南山捷徑至罕東，調蕃兵兼程往襲。會守臣皆帥兵往，師行不速，事泄，至則牙木蘭遁去。彭清追剿之，斬首六十級，復哈密空城。九年，阿黑麻復襲破哈密。遣彭澤經略之，澤以彩幣銀器誘獻城印。未幾復叛入寇。十年，以陜巴金印來歸。十七年，哈密頭目力克合辛往土魯番迎取阿黑麻次子真帖木兒來主哈密，陜巴知之，走瓜州。尋送陜巴至哈密。正德元年，陜巴卒，子拜牙襲。八年，哈密人來告拜牙不善主國，拜牙懼，奔土魯番。十一年，土魯番令火者他只丁牙木蘭來據哈密，且侵入嘉峪關。嘉靖三年統衆入關，抵甘州。十一年又以城印來歸，表辭頗驕嫚，多所挾求。兵書胡世寧建議："忠順王速擅並牙郎已自歸土魯番，雖還哈密，亦其屬夷，其他裔族無可立者，回回米馬兒黑木之族以其同種類亦歸之，畏兀兒、哈喇灰二族入居肅州已久，欲驅之出不可也。然則哈密將安興復哉？總使有忠順王嫡派應立之人，朝廷與之金印，助之兵糧，誰爲守，不過一二年即爲所擄奪也。不如閉嘉峪關，置哈密不問，不必再辱皇命，究詰城印，以中彼要索之計。如彼不肆侵擾，則許其通貢。或復爲寇，閉關絶之。”尚書桂諤議亦同。朝廷從[1]自是不復言興復哈密云。

漢武之通西域也，自世祖閉關之後無善策焉。我朝置嘉峪，限封建爵，哈密樹藩籬，蓋觀其順逆之勢，而通閉之樞在我也。自夫邊臣寡策，哈密失守，土番入據之後，甘肅之事日煩矣。興復之計，議論無已，復之不便，棄之亦不便。何也？土番專據之勢已成，生聚教訓，屹然亦巨部也。納貢互市，羈縻之術，全鎮藉用爲休，乃欲勒兵遠舉，得乎？縱使款塞而來，歸我城池，彼肯輕棄如脱哉？賈胡無厭之求不已，則執詞以逞，陜巴之萌孽又著矣。故以爲復之不便。哈密者，唐伊州故地，屯田舊都，非若珠厓之可捐也。國家一統之盛，珠厓盡入編户，而謂伊州外之爲可乎？天下有道，守在四夷，封哈密封朵顔，一也，所以扼虜之吭而拊其背也。哈密棄矣，遂以嘉峪爲寇門，單弱無援，而謂甘肅之孤懸爲無虞，黄河爲可恃乎？此不可棄之明驗也，故以爲棄之不便。

然則可遂已乎？曰：外户不閉，堂奥可窺，唇之亡也，惟齒之寒。不然，徙海寇歸哈密乎？一策也。不然，徙帖木哥歸沙州乎？亦一策也。或曰窮虜可役，徙海寇便也。曰：海寇者套虜之讎也，遺孽餘喘，又嬰以吐蕃之獷悍，而謂其不北走胭脂，南走祁連，不可得也。矧夫饑則求附，飽則颺去，顧乃資望風欲逞之羽翼哉！徙海寇不便。或又曰：徙海寇，徙帖木哥，一也，巢穴既成，必難摇動。懷土重遷，情也，徙帖木哥亦未便也。曰：帖木哥罕東藩遠，内徙白城沙州，其故土也，完城沃壤，土蕃以耕獲之利，垂涎久矣。爲帖木哥者，豈能一日忘情哉？一也。近聞彼種有登石關兒，望沙州則欷歔慟哭而去，是其桑梓在念，水木本源，孰謂犬羊無人心哉？二也。番酋日事讎殺，漸覺衰弱，况又邀竊市貢，我制其命，而帖木哥之力亦足與之抗。三也。海寇依附四夷，議昏議援，而彼族有紅帽兒者相與犄角，則其所念在彼，所避在此昭然矣。四也。内徙迄今方二十年，其故老猶存，召而諭之，給以糧餉，假之聲援，則其墳墓廬舍田園，舊思勃然矣；若曰事體重大，遲回十數年之後，則壯者老，老者死，後來冷落鄉關之念，機會斷不可圖。五也。故以爲徙帖木哥便。帖木哥徙矣，銷内變，植外禦，控吐番，捍肅鎮，則沙州形勝，西陲之扼塞在焉，又何以哈密爲哉？

（據《國朝名公經濟文鈔》卷之二）

内關論

龍泉、紫荆、倒馬、故關，此畿輔内邊關也，俱屬保定。提督馬步官軍一萬三千七百六十三員名，子粒米二千六十石，新增折色銀三百五十兩，餘丁三百三十名，馬四百二十二匹。

元人攻燕，勁騎搗居庸，北附其背，大軍出紫荆口，南扼其項。今宣大、鴈門、蔚朔等關，雖爲畿輔外藩，然降城、高關、東勝未復，外藩關鎮僅可自支，則内關亦未可恃以爲安也。蓋嘗通論四關之險，龍泉爲上，倒馬次之，紫荆、故關又次之。通論四關之勢，則紫荆爲急，倒馬次之，龍泉、故關又次之。獨論紫荆、倒馬之勢，紫荆雖負山臨河，不足以據一關之樞。西則白石口，極爲平漫，堪馳十兩〔2〕；東則馬水口，外臨廣谷，内無完城，且相去紫荆四百里，倉卒有警，應援不及。倒馬則落路、吴王二口均當要害，又切近茨溝等村。故今所憂者，不在紫荆正關，而在水馬、白石，不在倒馬正關，而在客路、吴王也。

（據《國朝名公經濟文鈔》卷之二）

邊募論

太子家令晁錯上言：“兵起而不知其勢，戰則爲人擒，屯則卒積死。今胡數轉牧、行獵塞上，以候備塞之卒，卒少即入。不救則邊民絶望降敵，救之纔到，胡又已去。聚而不罷，爲費甚大，罷之則胡復入。如此數年，中國費苦，民不安矣。陛下幸憂邊境，發卒治塞，甚大惠也。然今遠方之卒守塞，一歲而更，不知胡人之能。不如選常居者，家室田作，具以備之，以便爲之高城深塹，要害之處調立城邑，毋下千家。先爲屋室，田器具，乃募徙實，復其家，冬夏衣廪能自給乃止。胡人入驅，能止其所驅者，以其半與之，縣官爲贖其民。如是，則邑里相救助，赴胡不避死。其與戍卒不習地利而心畏胡者，功相萬也。且使遠方無屯戍之士，塞下之民父子相保，無虜患，顧不美哉？”帝從之。

兵莫便於土著，莫不便於戍遣。戍遣則水土風氣未易習也，山川夷險未易諳也，墳墓家室未易離也，且力疲於道途，財費於番易，法撓於逋逃，弊積於顧役。凉秋夜月咸謳歌以思歸，瓜期若愆即攘臂而生變，若轉輸艱辛且未論也。土著有是乎？

竊思三代以下得禦虜之宜，養鋒蓄鋭，不耗内而善外防者，君莫漢文。若畫禦虜之策，知彼知己，盡地利而得人和者，臣莫鼂錯。若觀今之去彼歲何啻百千！北狄之興亡强弱幾易種矣，其言固鑿鑿可行也。嗚呼！團結之力十倍於徵調，飛輓之苦百倍於屯田，安得錯也而與之極論乎？

（據《國朝名公經濟文鈔》卷之二）

徙戎論

唐太宗擒頡利，走薛延陀，西域來降者十餘萬。詔議處置之道，群臣請悉籍降口，納兖、豫閑處，使習耕織，百萬之虜可化爲齊人。中書令温彦博請如漢武帝時置降匈奴五原塞，全其部落，以爲扞蔽。魏徵曰：“突厥鳥獸野心，非我族類，今其來降，不忍誅滅，當遣還河北。夫秦漢以鋭師猛將擊取河南地爲郡縣者，不欲使近中國也，奈何以河南居之？”中書侍郎顔師古、給事中杜楚客、禮部侍郎李百藥皆言，宜處之河北，樹立酋長，俾統部落，視地多寡，令不相臣，國小權分，終不得抗衡中國，長駕遠馭之道也。帝卒從彦博説，分處於豐、勝、靈、夏、朔、代之間。

中國根幹也，四夷枝葉也，割根幹奉枝葉，木豈得滋榮哉？三覆唐臣諸議，納之兖、豫者忌不弘，委之河南者從而遺患，魏徵遣還河北，師古國小權分，聖人復起，不能易也。國朝降達，處之閩廣者，即唐諸臣之謀；處之定、保、恒、冀者，即唐彦博之謀。迄今養育二百年餘，其居處飲食尚未變，其故習每有南冠楚囚之意焉。往聞庚戌虜□□，飄然有淩風之想矣，顧劉淵、石勒非向洛陽侍子乎？定、保、恒、冀去京都幾何？亦大逼矣。經世者能無江統慮哉？

（據《國朝名公經濟文鈔》卷之二）

海防總論

沿海自廣東樂會縣接安南界起，歷海條粤爲文昌界，鋪前港爲會通界，神應港、豐盈浦爲瓊州界，麻頭浦、吕灣浦爲臨高界，田禾灣爲儋州界，峨詐山爲昌化所界，歷白沙營爲感恩縣界，大洞天、小洞天爲崖州界，牙娘澳、雙洲門爲淩水縣界，七十二徑、牙山、淡水灣爲欽州界，革木營、烏雷山爲靈山縣界，青嬰池、楊梅池、平江池爲廉州界，邵州爲永安所界，泖洲爲康海所界，瀏洲爲錦農所界，調洲、獨豬山爲石城千户所界，磠洲、小黄程、汾洲爲寧川所界，青聚山、羅浮峰爲神電衛界，海淩山爲雙海所界，小獲山爲海朗所界，中獲山爲陽江所界，大獲山爲新寧縣界，西熊山、鶚洲山爲新會縣界，萬斛山、上川山爲順德縣界，石岐峰爲香山縣界，蛇西山、大南常山爲南海、番禺界，烏沙洋爲白沙巡司界，九星洋爲福永巡司界，珊瑚洲、渡柸山爲東莞縣界，合蘭洲爲大鵬所界，馬鞍洲爲鐵岡驛界，寧洲山、桔州山爲惠州界，記心洋爲平海所界，徐娘山爲海豐縣界，大星尖山爲捷勝所界，吉頭峰爲碣石衛界，前標峰爲甲子門所界，陶娘灣、靖海悤爲靖海所界，大浮山、玉嶼山爲潮陽縣、海門所界，小柑山爲蓬州所界，大柑山爲大城所界，大京山、九猴山爲饒平縣界，計五千里抵福建。南澳山爲玄鐘所界，歷侍郎洲、石城嶼爲銅山所界，歷鴻儒嶼、沙洒悤，爲陸鼇所界，大澈嶼、壁洲山爲鎮海衛界，小澂嶼爲月港界，舊浯嶼爲高浦所界，嘉禾山、大擔山爲中左所界，小擔虎頭山爲金門所界，大登山、小登山爲福全所界，大捕山、小捕山爲永寧衛界，埕埭峰、獺窟峰爲崇武所界，沙塘灣爲惠安縣界，嶸嶼、白嶼爲峰尾巡司界，湄洲山爲南泉寨、蒲禧所界，石獅峰、小澳峰爲平海衛界，埕口、三江口爲冲心巡司界，綱山、王家嶼爲萬安所界，六湖山、碧水島爲鎮東衛界，踵門山爲蕉山巡司界，日嶼、月嶼爲梅花所界，即會城、三波礁、五虎粤爲連江界，下千塘四嶼爲定海所界，花瓶爲北茭巡司界，飛鸞渡爲寧德縣界，青山峰爲大金所界，天千山、丁家程、大俞山、三星山、流江爲福寧州界，計二千里抵淛江。懸中峰爲蒲門、莊士二所界，歷長沙門、大崑山爲金鄉衛界，鳳凰山爲平陽所界，銅盆山爲沙園所界，仙口峰、飛雲渡爲瑞安所界，大衢山、海安港爲海安所界，霓嶴、披山爲寧村所界，黄華港爲磐石衛界，大岩頭爲磐石後右界，前山、霎斗門爲蒲岐所界，九眼塘、斗門關爲三山巡司界，丫髻峰爲楚門所界，臨門溢爲隘頑所界，省梅坑爲沙角巡司界，大陳山、石塘港爲松門衛界；金清閘、西嶼閘、冰豐閘皆朱文公所造，爲新河所界；金沙灘、鏜礁爲海門衛界，海門港爲海門前所界，五嶼爲桃渚所界，三門山爲健跳所界，石蒲港爲前後二所界，青苔灣爲昌國衛界，小目山爲爵谿所界，西廚山爲前倉所界，孝順洋、白塗爲大嵩所界，大射山爲穿山後所界，洛茄山、長白山爲中左所界，大魚灣爲長山巡司界，招寶山、巾子山爲定海衛界，金家嶴爲寧波界，丘家洋爲慈溪界，金塾蒲爲龍山所界，松浦港爲松浦巡司界，黄山爲觀海衛界，破山浦爲三山所界，化龍浦爲餘姚界，臨山港爲臨山衛界，西海塘爲上虞界，漁山、蒙池臺爲紹興三江所界，鱉子山爲蕭山界，和尚山、栲門爲會城界，茶浦門爲海寧所界，大衢山、小衢山爲澉浦所界，桑扶山爲海寧衛界，西海口、馬跡山、北丁興、殿前山、淡水門爲乍浦所界，計二千七百里抵南直隸。三姑山爲金山衛界，胡家港爲金山巡司界，上鈞山、中鈞山、下鈞山、大盤山爲青村所界，蒲嶴爲南匯所界，陳前山、茶山爲南蹌巡司界，寶山爲上海界，永字山、分水礁、海礁山、彩淘港爲吴淞所界，浪岡山、顧涇港爲嘉定界，竺箔沙、送信嘴、小團沙、新安沙爲大倉界，大陰沙、管家沙爲崇明界，福山、狼山、三槿口爲通州千户所界，唐家港、海門島爲泰州界，亂沙、新洋港爲鹽城界，開山、淮河口、鶯山爲安東界，蚄山、高公島爲海州所界，清河口、已頭河爲贑榆界，旬島、勞山島爲安東界，孤砻山爲石臼所界，計一千八里抵山東青沉峰界。歷胡家峰爲高港巡司界，沙嘴峰爲靈山衛界，黄埠峰爲夏河寨界，洋河□爲膠州界，大勞山、田横島爲鼇山衛界，走馬峰爲□墨界，馬山爲浮山所界，旬島、赤島爲雄崖所界，吾島、徐福山爲大山所界，巨高島爲大嵩衛界，竹島爲海隅所界，松島、莫邪島、漫雞島爲靖海衛界，佛島爲津寧所界，五疊島、下勞山爲尋山所界，歇馬墩、洛口堡爲成山衛界，海牛島爲不夜城界，竇家峰爲百尺岩所界，古陌頂爲威海衛界，父島爲金山所界，新安堡、戲山峰爲寧海衛界，海雞山爲竈河寨界，武家莊爲馬埠寨界，洋山爲萊州界，八角島、碗蟻島爲登州界，劉家漥爲盧洋寨界，沙門島爲解宋寨界，單山爲黄縣界，桑島爲馬停寨界，鼂島爲昌邑縣界，歆末島爲壽光界，都里鎮爲蒲臺界，青島爲利津界，黄島爲賓州界，直沽口爲竇坻縣界，塔山爲盧龍衛寨界，南半洋山爲昌黎縣界，計一千二百里抵遼東。北半洋山爲山海衛界，蔬菜島爲中前所界，牛車島爲中後所界，孤山爲中右所界，向陽島、羅兒島爲金州衛界，石灘島爲左所界，東雲島、黄駝島爲蓋州衛界，屏風山爲復州衛界，鳳凰山爲中左所界，女兒河爲中屯衛、右屯衛界，遼河渡、古寺島爲廣寧衛界，麻田島、平島爲海州衛界，湯站堡爲鎮遼所界，臨江爲義州界，計一千三百餘里，爲鴨緑江朝鮮界。

總其入寇則隨風所之。東北風猛則由薩摩或由五島至大小琉球。而視風之變，北多則犯廣東，東多則犯福建，正東風猛則必由五島歷天堂官渡。而視風之變，東北多則至鳥沙門分䑸，或過韭山海閘門而犯温州，或由舟山之南而犯定海，犯象山、奉化，犯昌國，犯台州；正東風多則至李西嶴壁下陳錢分䑸，或由洋山之南而犯臨觀，犯錢塘，或由洋山之北而犯青南，犯太倉，或由南沙而入大江，犯瓜、儀、常、鎮，或在大洋。而風欻東南也，則犯淮揚、登、萊。若在五島開洋，而南風方猛，則趨遼陽、天津。防倭者以三四五月爲大汛，九十月爲小汛。向之入寇者，薩摩、肥後、長門三洲之賊居多，其次則大隅、築前、築後、博多，博人善造舟。而豐前、豐後、和泉之人間亦有之，乃因商於薩摩而附行者。

廣東列郡者十，分爲三路。高、雷、廉近占城滿剌諸番，烟烽希曠。中路東莞，東路惠、潮，皆倭寇不時出没之地。而東路尤爲要衝，若柘林者，則又東路控賊之咽喉門户也，無柘林是無水寨矣，無水寨是無東路矣。瓊州四面環海，東西九百里，南北一千一百四十里，長山峻嶺，三黎錯居其間，而五指腹心，盡爲黎據。□岡之中定安尤險，稍或撤備，門庭皆勍敵矣。頃因辛丑之亂，舉兵討平，事雖大定，險終在夷。議者欲於羅活峝據以重兵，斷其往來擒伏。噫，必如是而後爲久安之計乎！福洋烽火門寨設於福寧州，所轄官井、沙埕、羅浮爲南北中三哨，後官井添水寨，則又以羅江、古鎮分爲二哨，是在烽火、官井當會哨者五。小埕水寨設於連江，所轄閩安、鎮北、茭焦山等七巡司爲南北中三哨，是在小埕當會哨者三。日南水寨設於莆田，所轄冲心、蒲禧、崇武等所司爲三哨，而文澳港則近添設於平海之後，是在日南當會哨者四。浯嶼水寨設於同安，上自圍頭以抵日南，下自井尾以抵銅山，大約當會哨者二。銅山水寨設於漳浦，北自金山以接浯嶼，南自梅嶺以達廣東，大約當會哨者二。由南而哨北，則銅山會之浯嶼，浯嶼會之日南，日南會之小埕，小埕會之烽火，而北來者無不備矣。由北而哨南，則烽火會之小埕，小埕會之日南，日南會之浯嶼，浯嶼會之銅山，而南來者無不備矣。哨道聯絡，勢□長蛇，防禦之法其能逾此耶？總計八閩之地，二面當海者二，興、泉是也；一面當海者二，福、漳是也。其要害地，如晋江、深扈、獭窟、興化、冲心、平海、龍溪、海門、漳浦、島尾、南靖、九龍、寨溪是也。然莫有如福寧之尤險者；三面孤懸海中，如人吐舌，賊入必首犯之。舊寨設於州東北六十里三沙海面，後焦宏倡議棄徙松山，今必復舊而後可乎！浙洋沿海舊設四總，今增爲四參六總矣。四參者，杭嘉湖一、寧紹一、台一、温一也；六總者，定海、昌國、臨觀、松海、金盤、海寧也。悉其防禦之制，自内達外，有三重焉。會哨於陳錢，分哨於馬跡、羊山、普陀，爲第一重；沈家門、馬墓之師爲第二重；總兵督發兵船爲第三重。備至密也。乃若定海者，是寧、紹之門户，舟山者又定海之外藩。其地則故縣治也，爲里者四，爲嶴者八十有三，五穀之饒，魚鹽之利，可供數萬人，不待取給於外，非若普陀諸山比也。國初置昌國衛於其上，屯兵戍守，誠至計也。信國經略海上，以其民孤懸，徙之内地，改隸象山，識其小而未見其大也。蘇松爲畿輔望郡，濱於大海，自吴松江口以南，黄浦以東，海壖數百里，一望平坦，皆賊徑道。往因不能禦之於海，致賊深入，其禍慘矣。今建議者曰：松江之有海塘而無港口者，則自上海之川沙、南匯、華亭之青村、柘林，凡賊所據以爲巢穴者，各設陸路把總以屯守之，而金山界於柘林、乍浦之間，尤爲直、浙要衝，特設總兵以爲陸路各將之領袖，又於其中添設遊兵把總一員，專駐金山，往來巡哨，所以北衛松江而西援乍浦也。至於蘇之沿海而多港口者，如加定之吴松、太倉之劉家河、常熟之福山港，凡賊舟可入者各設水兵把總以堵截之。至於崇明，孤懸海中，尤爲賊所必經之處，特設參將以爲水兵各將之領袖，又於其中添設遊兵把總二員，分駐行治營前二沙，往來巡哨，所以遠哨海洋而遮蔽港口也。外内夾持，水陸兼備，上之可以禦賊於外洋，下之可以巡塘而拒守，亦既精且密矣。乃若淮、揚二郡，介於江淮之間，東瀕大海，三面堤防。考其形勢，起自東南蓼角嘴，抵姚家蕩，綿延四百里，除安豐等三十六場俱在腹裏，未爲要害，要害之處乃通州也，狼山也，楊樹灣、裹河鎮也，餘東餘西等場也，蓼角嘴、吕四場也，掘港、新閘港也，廟灣、劉家莊、金沙場也。其尤要者有三：曰新場，爲其出入至近，逼揚州也；曰北海所，爲其通新閘港，且有鹽艘聚泊也；曰廟灣，爲其爲巨鎮而通大海口也。須設三把總以駐之。仍用陸路遊擊一員，駐紮海安，則東可以控狼山、通州、海門之入，而西可以捍禦揚州矣。倭患之作，嶺嶠以北達於淮揚靡不受害，而山東獨不之及者，豈其無意於此哉？良以山東之民便鞍馬不便舟楫，無過海通番之人爲之鄉導接濟耳。所虞者登、萊突出海中，三面受敵，且危礁暗沙不可勝數，非諳練之至，則舟且不保，何以迎敵而追擊乎？故安東以北，若勞山、赤山、竹篙、旱門、劉公、芝界、八角、沙門、三山諸島，乃賊之所必泊，而我之所當伺者；若白蓬頭、槐子口橋、雞鳴嶼、夫人嶼、金勞石、倉廟，淺灘亂磯，乃賊之所必避，而我之所當遠者。當事諸臣無恃其不來，恃吾有以備之，造舟，選卒，練習，故當將來廟堂或修海運以備不虞，亦大有賴焉，獨禦寇云乎哉？

遼東，古營、並地也。其背爲沙漠，花當吉列迷諸部落在焉。其面爲滄溟，其餘氣爲朝鮮。國朝設瀋陽、遼陽、三萬、鐵嶺四衛，統於開元，以遏北狄之衝。藩籬可謂固矣。洪武初，倭奴以玩南方之心而玩遼東，遼人以禦北狄之法而禦倭寇，斬滅無遺，海氛蕩熄。劉江金線島之捷是已。二百年來，邊備如故，倭敢遽犯哉？但地方千有餘里，馬步官軍九萬員名，止藉山海關一路饋餉。我朝北都燕，而遠漕江南粟，又自京師達於遼陽，飛輓不繼，何以食之？此其患非渺小矣。邇者登、萊運米，達遼甚便，惜未多耳。愚謂國初軍屯商中之制至爲精當，而大壞極敝，司國計者當深念而亟圖之，不當專責幕帥而已也。

（據《國朝名公經濟文鈔》卷之二）

漕河論

元至元初，糧道自浙西涉江入淮，由黄河逆水至中灤旱站，陸運至淇門，入御河。中灤今封丘地，淇門今濬縣，乃淇水入溝處，即枋頭也。中灤至淇門陸運一百八十里，頗難，遂舉海運。後又自任城開河，分汶水西北至須城之安民山，入清濟，故續通江淮漕，經東阿至利津河入海。任城今濟寧，須城今東平。其後海口壅塞，又自東阿陸運至臨清，始入御河。後韓重暉、邊源輩相繼建言，乃自安民山開河直抵臨清，江淮之漕始通。又後開會通河。終元之世，兩運並行，然海運歲三百餘萬石，河運歲不過數十萬石。

國初定鼎金陵，惟遼餉用海運。其時會通河尚通。二十四年河决原武，漫安山湖，而會通遂淤。永樂間肇造北京，糧道由江入淮，由淮入黄河，至陽武，發河南、山東丁夫陸運至衛輝，仍用船由御河水運至北京。後同知潘正建言，始命工部尚書宋禮復開會通。後又得平江伯陳瑄繼理而潤色之，用老人白英策築壩於東平州之戴村社，横亘五里，遏汶水東流入海故道，令盡出南旺，以三分之一南流，二注於北，遂罷海運，專由會通，迄今漕焉。每歲額運四百萬八千九百九十八石九斗九升二合，兑運三百三十萬五千餘石，支運七十萬餘石。兑運者，各軍駕舟至各府縣水次，兑糧起運。支運者，原係民船運至徐、淮、臨、德四倉，軍人駕船於四倉水次支運。近又有改兑之名，蓋免各民起運淮安等倉，加輿耗米，就令軍船到各該運府縣兑運。總用軍官，把總七，指揮一百零二十，百户七百七十七，鎮撫六，旗軍一十二萬一千七百一十一，船一萬二千一百四十八，皆南京、湖廣、浙江、江西、中都留守、江北、江南、山東官軍也。其遮洋三十萬，俱河南、山東糧，由兑灘水次，仍由海道云。

幽燕數百萬生靈悉懸命會通一河，百五十年有成績焉。觀河洛而思禹功，宋司空陳平江之勞侈矣。顧揚州一帶止於邵伯、白馬等湖，濟寧一帶止於昭陽、南旺等湖，所慮旱魃爲災，諸泉不應，則會通亦非常恃之道。元亦借黄河水以濟之，而近來患在於河，至則不淤且決，故劉莊襄有引狼兵除内寇之諭。此河之不可濟於運，誠爲消長相持之勢也。乃兩道並運，真爲勝算。顧談及海運者，輒摇首合目，以爲萬不可行。然則元運豈鬼神哉？或云：江勢至京口頗下，丹陽裹河患淺，練湖高據，宜厚所潴而時泄之。又云：濟寧地獨高，宜增金口壩規制，竭泗水以注濟寧。又云：引沁河自懷慶、武涉、郭村至徐州，出沛縣，以益二洪。又云：自開封、祥符迤北七十里，開鑿通衛河出淮。又云：江中運道之徑，自常州西河、勝新河出江，或自孟瀆出江，入泰興白塔河，出揚州灣頭，可省瓜州搬壩之費。又云：自昌平白浮村、神山泉過雙塔、榆河，引玉泉諸水進都城，繞至通州，置閘以宣節之，可省漕卒脚價之費。此數道，尤河運之所宜講也。

（據《國朝名公經濟文鈔》卷之三）

河源論

漢張騫持節西域，訪河源，以爲二水發蔥嶺，趨于闐，匯鹽澤，伏流千里，至積石再出。唐薛元鼎使吐蕃，訪河源，得之悶磨黎山。世之論河源者本此，皆莫知其非也。元世祖至元十七年命都實爲招討使，佩金虎符以求之，自河州寧河驛西行，四閱月，約四五千里，始得河源在吐蕃朵甘思西鄙，有泉百餘泓，方七八十里，泥淖不勝人跡，逼觀弗克。旁履高山下脉，燦若列星，以故名火敦惱兒。火墩，譯言星宿也。自東阻西，連屬吞噬廣輪，馬行百程，迤邐東鶩成川，號赤賓河。又六七日程，里术合流，入赤賓。其流寖大，始名黄河。又四五程至雪山，即崑崙也。自此向東北流，歷西番至蘭州，降凡四千五百里始入中國。又東北流過虜境，凡二千五百里始轉河東。又南流至蒲州，凡一千八百里。共九千餘里。而張騫所訪乃在西萬里之外，蓋爲吐蕃遮隔，不得□□故也。元潘記頗詳。河自周定王五年始失故道，漢而下徙決靡常。

圖牒所載，河蓋四大折矣。其初一折，由積石而逕湟中，則鄯闐也，是一折也。及至靈州西南遂轉北而行，凡千餘里，河北西岸即爲涼、沙、甘、肅四郡，是又一折也。迨其北流千里，而遥至九原、豐州，則又轉而東流，故豐州北面正拄大河，是又一折也。豐州之東爲榆林境，舊抵大河，而河從此州之東又轉而南，故勝州東北西皆抵大河也。自北而往，直至潼關，皆南河矣，此又一折也。近河全入淮。一自蘭陽東南流，由杞縣、睢州、寧陵、歸德、符離橋、宿遷、清河口入，乃嘉靖七年所開，今盛流矣。一自寧陵南入渦，經亳州、蒙城、懷遠、荆山口入。一自儀封北折，經黄陵岡、蔡家口、梁靖口，出徐州小浮橋，清河縣入。此河之三道也。

嗟乎！今之黄河，古之黄河也。自陝西、西寧、山西、河津，所謂積石、龍門，合涇、渭、汭、漆、沮、汾、沁及伊、洛、瀍、澗諸名川之水，與夫每歲六七月之霖潦，古與今無異也，何大禹則能安之於東北之故道，歷八百年而不變，而後世謀臣智士殫力運精，而不能保之於數十年之久？此何故哉？蓋神禹道河，自積石歷龍門，南至華陰，東下底柱，及孟津、洛汭，至於大伾，而下灑爲二渠，北則至於大陸，播爲九河，趨碣石，入於渤海，流道既廣，其勢自平。且是時阡陌之制未興，溝洫之法俱在，凡中原之地無非受水之地，凡中原之民無非治水之人，河亦安自而得横流哉？今故道失矣，溝洫壞矣。河自潼關上距宿海七八千里，建瓶而下，而又挾六七月之淫潦，與夫汾、沁、伊、洛之水，僅以開封、大名、魚臺、徐沛數郡委之，而盡匯於淮，且諸郡沙軟土疏，瀰漫平曠，無高山石嶺以束之，無洞庭、彭蠡以畜之，則其猛悍震蕩，任性而往也。故其所哉，善夫！

宋臣有言曰：避高就下，水之本性，河流已棄之道，自古難復。又曰：河不出於東則出於西，利害一也。今當隨其所向而備之，廣開河身以大其容，多浚支流以殺其勢。而河南、山東漸興溝洫之政，堅以持之，而主於必成，庶其有瘳乎。賈讓曰："今行上策，徙冀州之民當水衝者，放河入海，此功一立，河定民安，千載無患。"宋濂曰："夫以數千里湍悍難治之河，而欲使一淮以疏其怒，其勢萬萬無此理也。分其半使之北流，以殺其力，則河患可平。"宋之言與賈符，又神禹故道也，其真上策乎！又有云：漢自匏子再決，而其流爲屯氏諸河，其後河入千乘，而德棣之河又播爲八，漢人指以爲太史馬頰河者。是其委多，而河之大有所瀉，而力有所分，大抵偶合於禹所治河者。由是訖[3]東都至唐河不爲患者千數百年，或者以爲王景堤防之力，乃大不然，使無屯氏及德棣諸河之大無所瀉，而力無所分，景以尋丈之防而捍，猶螳螂之臂而可以捍大車之奔，吾不信也。至宋河復南決，南渡以後乃由彭城合汴、泗以入淮，而漢之故道遂失。愚以爲，中國之地西北高而東南下，故水至中國而入海者，一皆趨於東南。古河自龍門即穿西山，踵趾而入，大陸地之最下者也。今河惟不反故道，則其勢不得不障而排之使南。使反於故道，由漢之千乘以入海，則國家將無水患如東都如唐之時乎？今禹之九河既不可復考，而千乘、德棣之間，漢人指以爲太史馬頰河者尚未泯，可尋究如縷河之道，是將大有所瀉，而力有所分，非若一淮之小而扼其勢，使之橫潰爲民害也。或曰河北得無有礙於會通之漕乎？余則曰：河北而會通之漕不廢也。何也？漕以汶而不以河也。河北則汶自彭城以下必微，微則吾有制而相之，亦可以舟以漕，《書》所謂“浮於汶達於河”者是也。

（據《國朝名公經濟文鈔》卷之三）

海運論

至正二十一年元顏伯建議海運，擢朱清、張瑄以萬户押運，自劉家港入海，經揚州路通州、海門、黄連、沙頭、開洋，沿山陾而行，月餘始至淮口，過膠州牢山，轉成山西行，過劉公島、沙門，兩月餘抵直沽，運糧三萬五千石。二十九年，朱與長興李福四等言前道險惡，復開生道，自揚子江開洋，落潮，東北行，離長灘，至白水、緑水、黑水大洋，望延真島，轉成山西行，入沙門，開萊州大洋，不一月半即抵直沽，增糧八十萬石。三十年，千户殷明略又開新道，從劉家港入海，至崇明州三沙放洋，向東行，入黑水大洋，徑取成山，轉西至劉島，至登州沙門島，放萊州大洋，入界河，自浙西抵京師不過旬日，比前二道爲最便，歲運三百六十萬石，南蕃貨亦積，京師稱便。洪武三十年仿其制，歲運七十萬給遼東。永樂，會通河開，始罷海運。其三路，每日泊頓有所，俱載羅氏《廣輿志》。風雨占信有候，俱載沈氏《筆談》。造舟有法。俱載陳氏《蓬窗日録》。元運多從劉家港入，末年河南、山東之道不通，始以閩鹽易糧，從長樂港入運。

海運果元始哉？嘗讀杜工部詩云：“吴門持粟帛，泛海淩蓬萊。”則唐固已開之矣，但唐都關中亦無甚藉於此道也。國家豈唐比哉？幽燕當極北之地，而財賦之出多以東南，顧會通一河可恃以無虞哉？萬一沙滯金龍之口，河浮原武之涯，則泗、沂、洸、汶之流皆不足恃，而青濟之間爲咽喉梗矣。浚治不及施其巧，排決不及展其功，將何善後與？況事變之來，猶有未盡者。此英識遠覽之士每談海運必扼捥三嘆惜當事者之不勇於裁決也。

大抵海運之開，利居四五，而害止於一耳。減運軍三萬七千餘人，可以實卒伍也；減河船三千五百隻，可以裕帑財也；耗米率用河三之一，共減一百一十三萬四千，可以寬民力也；京師有警，閩廣舟師不逾月可集，或用擣虛，以規復廣寧、開平之舊，亦無不可，又可以飭武備也。其害之一止於飄溺耳。況造舟有法，占風有候，泊頓有所，而又求得海道習熟如朱清者督之，則飄溺蓋寡矣。觀《元史》，自至元二十年始，至天曆二年止，備載歷年海運所至之數，則所失者可據而知也，較之河運所失數頗相當。

近聞亦有意規復矣，然不利，輒報罷。夫百工曲藝，末事耳，有即爲之而即入佳妙者乎？久之自熟矣，況海運乎？奈何以一噎而廢食也。

（據《國朝名公經濟文鈔》卷之三）

新河論

淮河北岸，隔一里爲支家河，通新溝。至安東縣有澳河、嚮水、三叉，俱臨淮，可通。東則有東運河、朱家河、白家河、七里河，流入淮。又東有鹽場河、平望河、界官河、牛洞河、車軸河，流入海。俱宜築塞。中有遏蠻河在淮海之交，可置閘以殺水勢。西則有沭陽水，滙爲太湖，爲傳湖。又有楊家溝、西漣河、崔家溝、古閘河，皆入漣河。海口自支家河至漣河，水程三百八十里，入於海。由海州、贛榆至山東界，歷安東衛、石臼所、夏河、靈山衛、膠州瞭頭營，至麻灣海口，計二百八十里。隔馬家灣五里，可通把郎廟、新河口、店口、杜陳莊小閘、戴高劉家大閘、王朱杜家小村，至平度州，又經窩鋪停口、大成昌渠小閘、新河集、秦家莊、海倉口，至大海口，共三百七十五里。大海口至直沽四百里，通計一千四百三十五里。《輿地圖》云："登、萊本海運故道，稽之往跡，平度州東南有南北新河，水源出高密縣，至膠州分爲二流，北河西流入萊之海倉口入海。以其自膠抵萊，故云膠萊。"蓋元時所濬，可避迤東海道數千里之險。嘉靖十一年，御史方遠宜巡東萊，訪其遺跡，爲圖表之。副使王獻力主其説，近羅文恭亦取王議，備載《廣輿圖》云。

國家都燕，海運之復容已哉？復海運必開新河。何者？蓋海運由安東循靈山，歷陳家島緣岸而來，則觸浮勞之險，放舟大洋，入黑水，夾延真、白蓬頭，經成山、沙門，萬里波濤，未易涉也。新河由麻灣至海倉，相距纔三百餘里耳，非遠若濮海數千里之阻也。下款三沙之洋，上接三山之渤，水勢自然，非若引汶絶濟强决細流以蓄注也。此固元人所經畫未成者。嘗詢萊守陽賓云：新河自膠州歷昌邑、濰縣西北出界河口，只八十里，内六十里海潮日至，共二十里淤塞，舊時閘壩規制見存，至小直沽，易易也。

嗟乎！海運關燕都重輕，新河係海運通塞，此役當與天下共之，非淮海、山東之私役也。且元人業以爲之前驅矣，奈何吝此二十里之費而喪垂成之績哉？甚哉，愚俗之未可與謀始也！丘學士云："海舟不畏深而畏淺，不畏風而畏礁。"丘，濱海人也，其言諒有據矣。

（據《國朝名公經濟文鈔》卷之三）

星度説

術家云：天左旋，日月右轉。又云：降婁玄枵以負東海，其神主於岱宗，歲星位焉；星紀鶉尾以負南海，其神主於衡山，熒惑位焉；鶉首實沉以負西海，其神主於華山，太白位焉；大樑析木以負北海，其神主於恒山，辰星位焉。鶉火、大火、壽星、豕韋爲中州，其神主於嵩丘，鎮星位焉。

驗天文必合乎地者何？以天節氣難尋，地之中氣可按也。節氣者何？十一月大雪之類。中氣者何？十一月冬至之類。然天無體以列宿爲體，天無度以次舍爲度。歲有十二月，月有三十日，日有十二時，時刻皆八，子午卯酉則加二刻。天度所歷，所謂角婁井奎是謂度也；地面所經，所謂出卯入酉、出寅入戌、某時某刻也。以九百四十分爲一日，而又分爲四分之日；以周天分十二次，次三十度，而復爲四分之度。所以算也，日順數之，見其進，與天左旋；逆數之，見其退，而若右轉。是以自地面而觀其運行，則皆左旋。自天度而考其次舍，則日月五星以漸而東，其行不及天，而次舍日以退。然雖退，而其行未嘗不進，退雖逆其進，未嘗不順氣盈朔虚閏以生矣。乃若分野定於山河，陰陽昭於雲漢，自坤抵艮爲地紀，自坤抵巽爲天綱。分野與帝居相值，皆五帝墟也。故究咸池之政，而在乾維内者，降婁也，故爲少昊氏之墟；糾北宫之政，而在乾維之外者，訾陬也，故爲顓頊氏之墟；成攝提之政，而在巽維内者，壽星也，故爲太昊氏之墟；布太微之政，而在巽維外者，鶉尾也，故爲列山氏之墟；得四海之中，承泰階之政，軒轅也，故爲有熊氏之墟。

蓋懸象在天，其本在地，土氣之與天星以精氣相感，故占測分度，但以山河爲限，不主州國，是以先儒州國吾無談焉。其雲漢始終原於二至者必極其趣。十一月一陽生，雲漢漸降，退及艮維，始下接於地，至斗建間復與列舍氣通，在《易》則爲天地始交泰象也。逾析木津，陰氣益降，進及大辰升陽之氣，究而雲漢沉潛於東正之中，故《易》雷奮地爲豫龍出泉爲解，皆房心象也。星紀得雲漢下流，百川歸焉；析木爲雲漢末派，山河極焉。自析木紀天漢而南曰大火，得明堂正位，陽氣自明堂漸升，達於龍角，曰壽星。龍角謂之天關，在《易》以陽决陰象也。升陽進逾天關，得純乾之位，故鶉尾值建巳之月，列太紫爲天庭。五月一陰生，雲漢漸萌於天稷之下，進及井鉞，得坤維之氣，陰氣始達於地下，而雲漢上升，始交於列宿七緯之中矣。雲漢達坤維右而漸生，始列宿上觜觹、參、代皆值天關表，而在河陰，故實沉上流，得大梁。十月陰氣進逾乾維，始上達於天，雲漢至營室升氣益究，與内規相接，故自南正達於西，正得雲漢升氣，自北正達於東，正得雲漢降氣，其帝居所值五行精氣所以宰乎物者。是故金木得天地之微氣，故神治乎季月；水火得天地之章氣，故神治乎孟月。章道存乎至，微道存乎終，然陰陽變化之際，若微者沉潛而不及，章者高明而過亢，皆非上帝之居。

由是而觀，曆特爲紀數之書，象特爲觀天之器，大本大原則不在。

是故吾之所取者，南考中星，北察斗建。宅四方四隅，以定候審。二至二分之測星，究一元之流行，考雲漢之終始，因時收□，以與天合，斯過半矣。嘗讀《列子》云：天傾西北，日月星辰屬焉；地不滿東南，百川水潦歸焉。斯亦大觀之見也。天左旋，地處其中，故日月星辰，南視之則自東而北，北視之則自西而東。北極歸中，日月星辰四面旋繞，非就下也，遠不可見也。《論衡》云：日不入地，譬人把火夜行平地，去十里，火光滅矣，非滅也。此語精矣！崑崙，地中極高之所，水分四流，中國當崑崙之東，故江淮河漢皆入東海。而云“地不滿東南”者，知其委不知其源也。

（據《國朝名公經濟文鈔》卷之四）

地脉論

地脉向中國來者三支。北絡發崑崙，東折而東南行，其背爲北狄，其正結爲冀都，其支結爲燕，其餘氣爲東夷。中絡發崑崙，東南至岷山，由蜀隴轉北而東爲終南、長安之地，由關中出，至太華、伊闕，是爲洛陽。南絡發崑崙，逸東南而行，至大岷山，其背爲西戎，直南折而東爲五嶺，其餘氣爲南蠻；復折而東北，大盡於建康，其支結爲吴、閩、越。

冀州自雲中、上黨轉换而來，三面繞河，東北徂海，包護重疊，堯、舜、禹舊都也。但四旁險阻，貢輸非後世所宜。且河徙而南，氣太泄矣。燕京氣非正結，下沙轉少，藩籬單薄，而河南之徙與冀同之。長安古稱四塞之固，豪傑有取焉。然貢輸艱辛，後世費冗，即今能處之耶？洛陽天地之中，泰岳翻身顧祖，東海外蕩，江河前向，萃産賢貴，凝聚有因。顧今河徙，斷其來脉者三矣，而會通河復加截之，其力遂微。大峨而下至於五嶺，環抱中原，情無南向，則吴、閩、越信爲偏霸之居無疑也。今之一大都會其金陵乎！天塹長江護持不少，車舟會集，財用易輸。世謂江左不得爲宅中，偏安不可以圖大，是安於建康之説，而不能用建康於天下。夫安於建康者，知守江而不知用淮於江，知圖淮而不知用天下於淮，知據武昌之上游，而不知上游之守鎮，知積貨之易，而不知散貨以用於四方，知南兵之難振，而不知練兵於北之可用。故金陵不可以故常論，當有知者矣。

（據《國朝名公經濟文鈔》卷之五）

燕京論

燕京扆山帶海，有金湯之固，真定以北至於永平關，口不下百十，而居庸、紫荆、山海、喜峰、古北、黄花險阸尤著，故薊州、保定重兵屯焉。自山後諸州棄以與虜，則居庸之外即宣府爲藩鎮，廣平以南水陸畢會於臨清，而天津又海運通衢也。其防禦之勢，山西行都司當其衝，萬全都司護其背，大寧都司藏其備，薊州守備斷其徑。萬全都司一衛一所，嵌山西行都之境，以爲瞭遠之兵。大寧都司五衛一所，嵌薊州守備之境，以爲夾持之法。

秦漢備邊，所急在西北，上谷、北平爲緩；我朝所急在東北，甘肅、寧夏爲緩。秦漢急西北，故秦塞起臨洮，漢武置朔方，緩東北也。神京以遼東爲左臂，宣大爲右臂，古北口、永寧、居庸爲腦後。遼東限以山海，宣大隔之居庸。惟大寧淪失，天壽與異域爲鄰，宣府與遼東隔絶，腦後之防蓋甚疏矣。説者欲規復大寧，此豈可易言哉？養威蓄鋭、觀釁俟時可也。其他如遂城西北之牟山、保州西北之栢山、保安之八角口、定州之北岩，與夫石舅、銀坊、冶山等處，皆臨制中原之遥，然山川形勢與京都大是□背，苟屯兵聚眾，必死以守，未易當也。此外自安順東至任丘二十里，川塹、溝瀆、葦泉縱横，地類天牢。又東北至雄州三十里，又東至霸州七十里，又東抵海口，營田圩岍，集水淤寧，地類天陷。又自順安至安肅約五十里，葦草叢茂，地類天羅。凡此皆兵家所忌，遇澇更盛，未易進矣。乃建康、徐、淮、臨德之間，似當練兵儲將，可備緩急遣發，無徒藉手於北可也。

（據《國朝名公經濟文鈔》卷之五）

建康論

建康，古揚州地，六朝舊都也。祖宗創業實基於此。江限南北，古今恃爲天險。江北則徐、潁二州地，跨中原瓜連數省，並稱雄鎮，故淮安特建兵府，守以文武重臣，雖職司轉運，亦示控扼之勢焉。江南則安慶，當長江委流，西控全楚，爲江表門户。其十衛陳列江北者，浦子口、五衛、和陽、龍虎、應天、横海、武德、直當、龍江、下關，處東西之中。江淮衛設江浦縣，瀋陽右衛設和州，以防上游。英武衛設紅心驛，飛雄衛設池河驛，廣武衛設朱龍橋，當鳳陽、滁州之中，以防北衝。儀真之東、鎮江之北有揚，重鎮在焉，不爲慮也。

都金陵者，宜守淮以防外庭，守武昌、九江以蔽上流。守淮之勢，東固淮安、泗州，自丹陽而揚州，而淮安，而泗州，乃全淮之右臂也；西固鳳陽、壽州，自采石而和州，而壽州，乃全淮之左臂也。東無淮安，雖得泗州而不爲用；西無鳳陽，雖得合肥而不爲用。上游之勢，沅、湘諸水合洞庭之波而輸之江，江西諸水與鄱陽之浸匯於湓口，則九江爲之都會，故九江所以接武昌而蔽金陵。若用於天下，則徐邳、臨清，淮安之應也；荆州，武昌之應也；而襄陽又荆州之應也。固荆州可以開蜀道，固襄陽可以控川陝，固臨清可以通燕冀，固洛陽可以制潼關。其西南守江西以運百粤，其東南守浙江以治閩、吴，皆金陵之門庭、帑藏云耳。

（據《國朝名公經濟文鈔》卷之五）

律元論

司馬遷：黄鐘九寸。上下相生，損益算之，黄鐘至大吕減六分奇，大吕至太簇減三分奇，太簇至夾鐘減五分奇，夾鐘至姑洗減三分奇，姑洗至仲吕減五分奇，仲吕至蕤賓減三分奇，蕤賓至林鐘增二分奇，林鐘至夷則增四分奇，夷則至南吕增二分奇，南吕至無射增四分奇，無射至應鐘增二分奇，應鐘至黄鐘所增四寸三分奇。近士教授李文利所著《律吕書》本之《劉氏外紀》並《吕氏春秋》，詳加考證，即其黄鐘三寸□分算之，由十一月之黄鐘至十二月之大吕增六□，由大吕至正月之太簇增九分，由太簇至二月之夾鐘增九分，由夾鐘至三月之姑洗增九分，由姑洗至四月之仲吕增九分，由仲吕至五月之蕤賓增九分，由蕤賓至六月之林鐘減六分，由林鐘至七月之夷則減九分，由夷則至八月之南吕減九分，由南吕至九月之無射減九分，由無射至十月之應鐘減九分，由應鐘復回十一月之黄鐘減九分。

以司馬遷九寸之數准之，一氣短二分奇，又一氣短三分奇，又一氣短四分奇，又一氣短五分奇，又一氣短六分奇，又一氣短四分三寸奇，則月之大者宜過於三十日，月之小者宜不及二十九日。且陽氣自冬至後以漸而升，而律反減，則氣有餘而管不足；陽氣自夏至後以漸而降，而律反增，則氣不足而管有餘。不惟無以成歲，而律管氣候亦不可用矣。李書所主其增其減皆以九分，惟黄鐘之於大吕、蕤賓之於林鐘，其所增減比之他律不同，蓋大吕當五陰之盛，一陽始生，則陽雖進而尚弱，林鐘當五陽之盛，一陰始生，則陽雖□而尚强，大吕、林鐘固宜其增減僅得三分之二也。□謂黄鐘三寸九分，升陽漸益，至蕤賓而得九分，歸陽漸損，至黄鐘仍得三寸九分，蓋以太極陰陽五行由一以生二，由少以及多。見黄鐘數少，爲極清，以證宫聲爲極濁之誤，以左右對待，得一百二十九分，正三分損益，上下相生，至仲宫而窮之。誤以正徵，循環無窮，正隔八，相生往而不反之誤。畫圖立説，極其精確。楊廉氏云："鐘律自漢以來皆不得其傳，而此人之獨見如此，謂非天授，不可也。"

（據《國朝名公經濟文鈔》卷之八）

鹽　筴

兩淮鹽課三百萬，可當漕運米值全數。次浙，次長蘆，次福，次河東。總其數，與淮相當。福場無巡按，以行無遠地也。河東場無場官，以出有專所也。廣場兼之，故巡運俱無。各場鹽皆費人力煎煮，惟河東鹽以風而成，即周官不假煉冶之鹽。國初鈔法通行，每額鹽一引，給工本鈔二貫五百文，竈丁獲利甚厚，故販私鹽者處絞。

民非水火不生活，五穀與鹽等於水火，皆民生日用不可缺者，乃以私鹽而禁之，使不得行，其勢之决也，有甚於防川矣。鹽徒之害是也。今彌之之術無他，開餘鹽之利，弛私鹽之禁而已。開餘鹽之利，或如御史李祜所言：每正鹽一引帶餘鹽二引。或如詹事霍韜所議：每正鹽一引帶餘鹽三引。或令商人於緣邊報中，或令商人於鹽場買補。此則公私兼利，商竈兩便，私鹽不待禁而自無矣。且每正鹽一引帶餘鹽二引三引，是國家額外獲二三倍之利，而竈丁亦得收二三倍之息也。此外再有遺餘，當盡捐以予之，任其流通，貨賣不復拘迫，是盡變私鹽爲官鹽，亦可盡變鹽徒爲良民矣。

古今理鹽稱最，無如劉晏，其言曰："任其所之。"詳味四字，誰與禁哉？

（據《國朝名公經濟文鈔》卷之九）

馬政論

國朝領養種馬，南北直隸、河南、山東之民，兩太僕司總其事，而御史稽察印烙之。北數七萬，南數三萬。每歲五馬共俵解馬一匹赴京，上納給各軍餵養。後又寄順天所屬州縣，謂之寄養馬匹。山西、陝西又設苑監養於官，上苑一萬匹，中苑七千匹，下苑四千匹。陝西又有茶馬、洮河、西寧等衛，番族給金牌四十一面，該納差發馬一萬四千五十一匹，給與茶一百萬斤，取之四川保寧等府，三年一次。正德中，都御史楊一清修整茶馬，奏金牌之制久廢，無從稽考，止給茶易馬，似互市云。成化二年，南直隸地方奏稱，地不産馬，暫收折色，或三十兩，或二十四兩。自是比照日漸加增，解銀儲北太僕司，發各邊買馬，及各邊借支別用。隆慶中，李興化當國，憫桑梓領養種馬之艱，因他奏通行革去一半。

滁州吏書胡莊肅公云：廟灣之戰，全賴種馬，即多矮小羸瘦，倉卒中十猶可以擇二三應用，其他亦可爲負載糗糧之具；祖制，軍機未可輕議革也。

國之大事在戎，戎之所資在馬，馬政講畫自成周盛時已然矣。聖祖平定之後，歸馬華山，以示不服，而尤以馬政爲重。首設牧臣，擇牧地，頒牧政。其孳養民間者名之曰種馬，而解俵之馬緣是而征。蓋無事則爲種馬而養之於民，有事則爲戎馬而驅之以戰，豈非欲阡陌成群，江淮中原盡丘乘耶？此其斷自宸衷，藏賦於民之意遠矣。自後怠緩相仍，災傷沓至，奉行者漸失初規，領馬者深爲民患。成化二十三年，鎮江知府熊佑奏革種馬矣，尚書余子俊執奏止之。正德八年，都御史趙璜奏革種馬矣，尚書何鑑執奏止之。嘉靖三十八年，都御史翁大立奏革種馬矣，御史羅復執奏止之。彼豈不知馬之病民、民之當恤哉？良以祖制軍機未敢擅便，故二百年來雖節經言者論列，要不過止於隨時損益，救弊補偏而已，未敢遽議云革也。近日紛紛奏擾，始於通州鄉官御史錢嶸爲本州奏免，壞祖宗軍武之制，起士民僥倖之心，以至緣通州而得請者有數處焉，而今之比例陳乞，及淵淵而欲比例者尚未休也。考其奏中情節大約雷同，不過曰地不宜馬也，不過曰江南寄養也，不過曰種馬雖革備用猶存也，又不過曰原無免徵田畝即不係額設種馬也。細思之，均屬欺誑。

紹興中，張俊都督江淮諸軍，於淮開市市馬，後順昌、藕塘、城郾、朱仙之捷多以奇兵取勝。使是地而果不產馬與？則張俊不宜於此開市矣。使是地產馬而果不適用與？則張、韓、劉、岳諸將不宜以此取勝矣。巫臣教乘車以屈楚，謝玄用步騎以摧秦，豈借諸他國而用之耶？宋臣余靖有言曰“養馬在人不在地”，臣亦云然也，而可委於地之不宜乎？此其欺誑者一也。

朦朧而曰，宣德年間歲月之久，近莫稽，一槩而稱虎患，寄養始末之文移無據。或云來自高淳、六安也，而二處之種馬猶故也。或云來自溧陽、溧水也，而二縣之種馬尚存也。據錢嶸諸臣之奏，動稱江北之馬來自江南，再考都御史翁大立之奏，又稱江南之馬來自江北，可見皆無所據，特欲借此以倖脱種馬之計耳，而可委之寄養乎？此其欺誑者二也。

備用之出，原於種馬，猶之有田而後有租，有身而後有庸也。今革種馬，而獨□備用，是猶無田而取其租，無身而取其庸也，上爲無藝之徵，下出無名之賦。矧今日以無免徵而乞免種馬，又安知他日不以無種馬而乞免備用乎？故免種馬者即免備用之張本也，作法於貪，弊將安救？此其欺誑者三也。

至於所稱原無免徵田畝，即不係額設種馬，尤爲欺誑之甚。查得洪武二十八年定“民牧則例”，江南一十户共養馬一匹，江北五户共養馬一匹，内丁多之家充馬頭。永樂十五年又定“養馬則例”，江北五丁養馬一匹，江南十丁養馬一匹。則國初養馬純以丁論也。弘治二年，壽州民徐昱呈稱，鄉都隱下田糧未報，請清出養馬。隨該本州同知董豫具奏。因而旁及他府州縣有隙地者一併清出，其無隙地者原未嘗清也。三年，兵部主事湯冕之奏，又因董豫之意而推廣之。彼時始有免徵田畝名色出焉，而民之領種馬者已百有餘年矣。夫種馬之額在洪武初已定，而免徵之制係弘治以後隨時建白，則種馬之有無通未可以免徵之有無而爲據也。況論丁論田，其名不同，而實則一。何以言之？蓋論田者免其糧而獨當馬差，論丁者復其役而獨當馬差，此國家見行事例也。均之以一州一縣之土地人民，供一州縣之差徭賦役，而所謂免徵者，初未嘗借地於他郡別邑而有所助益於其間，即今之無免徵而領種馬者，豈獨數處爲然哉？應天、寧太、廣德、鎮江，查無免徵，設緣前例而乞奏，則江南江北皆赤子也，革於江北而不革於江南，則小民得以爲辭焉，將舉江南數郡而盡革之乎？山東、河南一無免徵，設緣前例而乞奏，則畿府、外郡皆赤子也，革於畿府而不革於外郡，則小民得以爲辭焉，將舉河南、山東而盡革之乎？若然，則爲國家養馬者北不過順、真、永、保，南不過廬、鳳而已。設昌平、鳳陽、臨淮諸處又比泗州、陵寢之制乞免，則祖宗馬政必至盡廢而後已，此豈可行乎？此其欺誑者四也。

或曰：如子所云，馬未可革矣，然馬又病民甚矣，究其極，必盡變民牧爲官牧而後可乎？曰：不必然也。太平日久，中原土地，民皆墾爲世業，縱有山巖川坂不可耕種之地，亦百一耳，安得閑田可以置監牧耶？果爾，則其害人又甚矣。然則如之何而後可？曰：馬之病民也，非馬也，乃緣馬以爲奸者病之也。有官吏科擾之害，有里甲侵漁之害，有編審之害，有二役之害，有輪養之害，有點視之害，有交兑之害，有印烙之害。信有如王道氏云云矣，然皆非法之所本有也，賢監司、良守牧悉心而稽察之，顧此弊不可除乎？乃若寄養畿府，誠爲額外，顧霸州、文安、永清、安和等處勳戚莊田無慮數十萬頃，此皆占種馬畝子粒也。得執法重臣悉心查復，法關陜監苑之制，而官牧之，乃不能耶？

（據《國朝名公經濟文鈔》卷之十）

東勝論

東勝在河套東西曲畔，古豐州地。東阻雲川，西控五老，去大同五百里，去寧夏四百里。國初置東勝諸衛，然事屬草創，士伍空虛。正統前猶守之，嗣後虜寇擁逼，遂徙内地，棄東勝焉。自是寧夏、大同聲援隔絶矣。

嗟乎！此我朝不復四郡之實也。蓋常論之有二失焉：洪熙、宣德之間，玩常而不思其變；景泰、天順之際，守近而不謀其遠。由是偏頭鄰於犬羊，而全晋以北單矣。豈惟全晋，五原、雲中，趙武靈所欲，下甲咸陽者也。此而不守，則右臂斷，全陜危矣。可惜甚哉！余少保極力於獨石，而不注念於東勝，其何意也？

（據《國朝名公經濟文鈔》第一續）

日本論

日本，古倭奴國。天御中主都築紫，號大倭王，傳三十三世。彦瀲尊第四子神武天皇自築紫入都太和州强原宫，仍以倭爲號。迄漢桓、靈，倭奴作亂，歷年無主。有一女子名卑彌呼，年長不嫁，以妖惑衆，乃共立爲王。在位數年死，宗男嗣，國人不服，更相誅殺，立卑彌呼宗女，國遂定。逮唐咸淳初，賀平高麗，稍遂夏音，惡其名不善，乃更號日本，蓋取近日始升之義。先時，秦遣徐福將童男童女數千入海求蓬萊仙，不得，懼誅，止夷、澶二州，稱秦王，國號倭，故中國總呼之曰徐倭，非日本正號。性徂詐狼貪。以疆域言之，東南大海中依山島爲居，西南皆距海，東北隅隔以大山，廣袤四面各數千里。東北山外歷毛八國、文身國約七千餘里，南到侏儒國約四千餘里，西循一支正北望耽羅渡百濟到樂浪約一萬二千里。以州郡言之，所都有山城、太和、河内、和景、攝津五州，共統五十三郡，故曰五畿。畿外所部東海道有伊賀、伊勢等六十四州，共統一百一十六郡；南海道有伊紀、談路、河波、贊耆、伊豫、土佐六州，共通四十八郡；西海道有豐前、豐後、築前、築後、肥前、肥後、曰向、大隅、薩摩九州，共統九十三郡；北陸道有若狹、越前、加賀、能登、越中、越後、佐渡七州，共統三十郡；山東道有通江、美濃、驛信濃、濃野、下野、陸嚣、出羽八州[4]，共統一百三十二郡；山陽道有播摩、美作、備前、備中、備後、安藝、周防、長門八州，共統六十九郡；山陰道有舟波、舟彼、徂馬、因幡、伯耆、出雲、石見、穩伎八州，共統五十二郡。故曰七道。又有一伎島、對馬島、多褹島，各統二郡，故曰三島。其屬國有五十餘，新羅、百濟莫非屬國，皆以倭爲大國，多珍物，恒通使往來。

洪武四年，國王良懷遣僧祖朝貢。七年復來，以無表文却之。其貢僧人，發陜西、四川各寺居住，著爲訓，絶不與通。三十五年復來，詔定爲期十年一貢。成祖嗣位，國王皆受册封，或三年或五年，貢無定期。正德四年，南海道刺史、右京兆大夫細川高國强請勘合，遣使宋御卿貢。正德六年，西海道刺史、左京兆大夫太内藝興强請勘合，遣使省佐貢。嘉靖二年，各道争貢，國王又值嗣立，幼沖，不能制。太内藝興遣使宋設謙道、細川高國遣使瑞佐、宋素卿交貢，舟泊寧波港，互相詆毁，宋設謙道等讎殺宋素卿伴從，追至紹興，地方騷動。嘉靖二十七年起益肆猖獗，閩、廣、浙、直遍受其禍，迄今未寧。

倭人在東海之中，新羅國之東南，本名倭，後自醜其類，改日本云。左右小島五十餘，皆自名其國而臣附之。其國東西五月、西南三月行，並無城郭，聯木栅居之，風土與新羅、百濟類。自山東文登縣成山衛絶海，入匏蘆河，以入新羅，歷大鎮、七真、現三，遂抵百濟之熊津及嘉林、任存二城。此城猶百濟水陸之衝，通此二城則日本之有臂斷矣。

夫新羅、百濟、日本，國於東南，民物豐阜，金銀羨積。好閩、廣糖果，青衣，麻葛，絲羅段絹，川廣藥材，銅鍋鼎銚。又酷慕鬼神，每招約朝鮮，嘗以六月間登萊州定海縣之落迦山賽祭觀音，以邀冥福。若臧邊海條禁，以遂商賈貿遷，仍寬分利以致其來，平價值以息其争，惇誠信以固其意，則利盡東海，墩堡無煙，歲抽其税，不可勝言，上可以益國家之賦，下可以寬東海之征，沿邊征倭官兵永以坐嘯矣。行之數年，海民慣熟，因類汲引，可達福餘。福餘，東北番衛也，與朵顔、大寧、建州四衛互相表裏，爲遼東、薊門之警。陸路遠，未可通，惟自成山經抵新羅，轉達穢貊、沃沮、福餘，可以規制朵顔，收復大寧，以爲京師、陵寢磐石之固，未可視爲末務而不講也。唐置渤海，高麗之使遼，有大寧通吴之軍，已先爲之矣。東湖弓馬偏長，而不敢行舟，南方便舟如使馬，而疾於步鬭，異日有事，大寧、薊門、遼左疲其東西南方，舟師直搗福餘，所謂迅電不及瞑目、疾雷不及掩耳者。况取利於市舶，民力不費，資勢於新羅、百濟，兵卒精强，何所拘泥而不早圖耶？

（據《國朝名公經濟文鈔》第一續）

虔鎮論

南贛盜賊其在南安之横水、桶岡者，諸巢盤結，連於湖、郴；其在贛之浰頭、岑岡者，諸巢盤結，連於閩、廣。正德十二年，提督王守仁先破横水，次及桶岡，又次及浰頭。諸賊惟浰頭最捍，先以計擒其渠魁池仲容，分兵四路同入，一從平和，一從烏虎鎮，一從高沙堡，一從龍南泠水，勁直搗下。浰大巢内九連山勢極高，亘數百里，四面斬絶，東接龍山諸巢，爲賊必據之地。又會昌乃諸巢適中處，東西可便應援，兵備、憲臣宜駐此焉。本鎮轄四省馬步軍二萬八千七百二十三名，寨隘共二百五十六處。

嘗聞之管子云：使民有鳥獸之行而莫之格，山海爲之也。則山海之患，自古而歎之矣。今考虔鎮所轄惠、潮二郡相距七百餘里，而所屬諸縣，如潮之程鄉、大埔，惠之興寧、長洛，各治境相距皆三百里。俱重岩複嶂，深箐密林，幽阻險隘，路非衢午即弗敢行。使在中土，民猶獷然頑焉，矧茲遐裔曲壤，法何能及？且官多匪人，乘時侵削，大家豪姓，因緣爲奸，民被冤茹毒者往往無所控訴。以彼怨恨之民襲此巖險之勢，重以逋逃從附之衆，積以兇殘迫脅之威，亦何怪乎盜賊之日熾而多也。

今必須於惠、潮邊中之地曰興寧縣者增設一府，而割惠之長樂、龍川、和平，潮之程鄉、平遠，使轄隸之。即雖弗稱集合，猶勝於南安、南雄之偏且隘也。至於程鄉之松口，地綿以邈，途衝而要，去縣亦甚遼遠，勢難控馭，亦宜增建一縣。使各據要會，形禁勢格，不惟得後日控扼制禦之宜，兼可定目前泮涣驚疑之志。何也？彼私心必謂上之人以賊畜之也久矣，久必移兵相加，今乃建官置邑，明示存輯，其心已安，而又得人，以善其事而安其生，彼亦何苦必於爲賊而不爲民也。試觀南安之崇義、惠之和平，蓋其效矣。

此姑就惠、潮二府言之耳。此外於福建漳州之月港、滄溪江，惠之贛惠所稱高沙、下歷、岑岡，地險而人衆，猶爲盜賊之囊橐根抵。及會昌之隘羊角水，山深而岐廣，又諸賊之門户，岐徑可以四達。若月港、岑岡、高沙、下歷之等處，不縣則根抵不斷，而諸蔓易蕃；羊角水要隘，不縣則岐徑旁出，而諸路之氣脉聲聞遂以隔絶。僉謂乘今人情事宜，合於月港設一縣焉，羊角水設一縣焉，而岑岡、高沙、下歷又設一縣焉，並割其附邇旁近以增益之。既以和輯訓教其人，因以塞賊門户徑路，更得賢令鼓舞作新，綏懷親附之，則皆我之精兵勁卒，即諸客兵可以盡罷矣。或曰：如財詘何？此則未之思耳。自多事以來，官府費財當不知幾十數萬，至於民間焚劫又不可計數而言，今此城垣官司爲費幾何，亦焉不可辨也？顧在經略何如耳。

（據《國朝名公經濟文鈔》第一續）

麻陽論

湖廣、貴州之苗原有轄屬。其屬湖廣者，曰鎮溪千户所，管苗寨十八；曰筸子坪長官司，管苗寨二十八。屬貴州銅仁府者，曰銅仁長官司，管苗寨一十四；曰平頭長官司，管苗寨一十五。以地勢言之，鎮溪在東北，又西少南爲筸子坪司，又其西爲銅仁司。銅仁之西爲平頭，有山曰蠟爾，在二省苗寨之中，諸苗藏伏之所，如海南之有五指也。總計二省苗地，東西二百里，南北湖廣一百二十里，貴州僅八百里。北廣西古田不能四之一，府江不能三之一，羅旁、渌水可當其半。東北爲湖廣永順宣慰司，正北爲保靖宣慰司，西北爲四川酉陽宣撫司，正西爲銅仁府，東北爲施溪長官司，正西爲麻陽縣，四方旋繞苗寨。嘉靖中，兩省苗俱叛，在湖廣者隨聽招撫，在貴州者甚猖獗，破省溪、印江、石阡等府縣，吴黑苗、龍許保爲之魁。三省用兵數年，辰州開府總督始漸平，龍就擒，吴稱斬首，莫辨真僞云。

自有苗患以來，其談制馭良策者，不過曰撫曰守曰戰，此皆似是而實未中事機者。何也？嘉靖二十四年賊勢猖獗，布政司使石簡親詣銅仁招撫，給以魚鹽，犒以花紅牛酒，巨魁龍許保給以冠帶，幼苗選充生員，賊所需索無不應付，如奉驕子。糧犒入手即出擄劫，未及一年勢愈驕蹇，動言得糧，未肯聽招。此則撫之未可之明驗也。二十七年掣兵之後，調土漢兵五千五百名守銅仁，又調酉陽土兵一千守小橋，平茶長官司土兵一千守毛口，凱里司土兵龍必昇等一千守地架。甫及數月，道路險遠，糧運不給，土兵擅自掣散，龍必昇亦爲賊所衝潰，小橋、毛口相繼陷没。夫兵多則苦於乏糧，兵少又不足分佈；控扼賊路則賊所必攻，聚於府城則緩急難應。此則守無益之明驗也。張總制亦嘗鋭意用師矣，其後印江、石阡相繼破滅。我聚而入，彼散而逃；我掣而回，彼踵而出。彼守其逸，我當其勞；彼之乘我有餘，我之備彼不足。况山箐險阻，賊勢悍勁，今之將帥有能隻身深入如韓、王之擒方臘者乎？此又用兵之未可也。

愚意謂此苗與廣西徭獞不同，原有土官管轄，原有印信文册，原有舊額錢糧，先年之禍起於土官，其後湖廣鎮、筸二司聽撫之苗，俱各認其土官，求爲之主，免於誅殺。如筸子坪之苗，亦請其土官田興爵至寨，刲牛灑[5]酒，妻子羅拜，情願起立衙門，復還舊治。蓋田興爵者往以事繫辰州獄，此時苗尚未叛也，私相語曰：吾父母官久禁，當救之。鳩銀入城，買囑吏禁，以大食器舁之。出獄後，興爵求索無厭，淫苗妻子，群苗方怒而叛之。及後聽撫，又尋其故主，則苗豈無統而不可約束者哉？至於銅、平，事勢頗異於是。該府原是改土爲流，無屬縣，以長官司爲屬。禍雖由於長官衰弱，不能鈐束各苗，亦從前有司不能撫綏所致。然二司苗不盡叛也。且如錢糧一事，叛苗不納，以逋欠責之見户，逃亡責之土官，平頭長官至挈印以逃。而二司逃民散在清浪、平溪、思州、馬口、黄道、施溪等處，無慮數千，傭賃饑殍，願歸本土。若蠲其逋負，於中選强壯者爲兵，量給之食，聚爲屯堡，舊村舊田漸次經理，其利倍於客兵，而各叛苗亦可馴服也。兹非處苗之正法乎？

嘗聞楊僉憲云，苗地縱横不過百五十里，苗不及數千，而敢屢拒官軍，荼毒生民數年無如之何者，奸民投住土官，交通盡之矣。有奸民爲之耳目，故出則必有所獲；有土官爲之窩容，故敗則必有所歸。知乎此，則可以論苗矣。

（據《國朝名公經濟文鈔》第一續）

出入論

萬曆五年，歲入各項銀共四百六萬八千一百七□六錢五分零，銅錢一百一十三萬八千五百文；歲出各項銀共三百一十七萬一千五百九十五兩八錢五分零，銅錢二百八十萬四千八十二文。

歲入銀數較歲出銀數多八十餘萬，歲出錢數較歲入錢數幾多一百九十萬。銀數内更以二十五萬當錢數，上餘銀五十餘萬。内如扣減民兵工食，搜括各衙門紙贖、缺官薪俸、曆日等銀，皆在内，原非歲入正額。且水旱逋負皆歲之常，則入數又未可以今數爲准，而出數斷不可已。未識司國計者何以應之？

（據《國朝名公經濟文鈔》第一續）

營兵論

營兵之制，國初止有五軍營。五軍者，中軍、左掖、右掖、左哨、右哨也。此外又有曰大營、曰圍子手、曰幼官舍人營，皆五軍之支分也。永樂初始以龍旗寶主纛下三千小達子立三千營，内有坐營、管操、上直、披明甲等官，又有隨侍營，則三千之支分也。後征交趾，得神鎗、火箭之法，因立神機營，亦有中軍、左右掖、左右哨。又有曰五千下者，永樂中得都督談廣馬五千匹，今所謂譚家馬者即此，别有坐營把司官統之。此則神機之支分也。以上舊名三大營。常居則五軍以肄營陣，三千以肄巡哨，神機以肄鎗手。駕親征則大營居中，營外分駐五軍，步卒居内，騎卒居外，其外爲神機營，又其外爲長圍，各周二十里。景泰初，兵書于謙奏選三大營，挑選精鋭者分立十營團操，是爲團營。體統尊嚴，條教明肅。四方有警，或用一營兩營三營，以次挨撥而行，不用臨期挑選。其不堪者退回原營，謂之老家軍。天順初罷之。成化初復置，增爲十二營。

今之營兵非古天子之六師乎？南征北伐皆取諸於此，豈止於拱護神京而設耶？成祖三犁虜庭，張輔三縛交孽，當時皆以營兵爲主，而稍益以交省之兵。即今求之各營，有能犁虜庭者乎？有能平交趾者乎？非爲白叟黄童，有兵而難用，亦且陽栽陰挽，有名而無人。其所以致此者雖非一端，權門之强占私役，債帥之包納月錢，其大端矣。戎政大臣少加整理，旋以飛語中傷去之，以故任是者雖無持禄保位之心，多有憂讒畏譏之念，顧忌掣肘，不敢建白，縱有敷陳，悉屬文具其實，未能拔消耗之病源，得注措之肯綮也。

今欲破格整頓，必須揀通敏忠赤之大臣，佐以風力材猷二三司屬以爲耳目腹心，脅謀贊助，其大機括乃得。皇上面加慰諭，令其安心展布，毋抱曾母投杼之憂，毋懷樂羊盈篋之謗，臺諫毋得以聞風彈指，銓部毋得以遇缺推陞。遠以五年，近以三年，當必有成效矣。

（據《國朝名公經濟文鈔》第一續）

慎名器裁幸恩以隆聖治疏

嘗聞帝王之馭世也，莫不以名器爲先。故人君以名器爲重，則天下從而重之，而得之者以爲異；人君以名器爲輕，則天下從而輕之，而得之者以爲常。惟其以爲異也，則恩雖至微，而被其恩者莫不以爲榮而可勸；惟其以爲常也，則恩雖至厚，而被其恩者莫不以爲褻而不榮。惟古之聖帝明王深知乎此，故惜之慎之，持此以礪世磨鈍，爲役使臣工、奔走豪傑之具。故寧割數城之地而重違用隧之請，寧與十萬之富而靳一使相之封者，此也。然名器之重尤莫先於官職，官職者實封也；官職之重尤莫先於武職，武職者世貴也；武職之重尤莫先於錦衣，錦衣者近侍也，又事權之所在也。即官職且不可輕授，况武職之世貴乎？即武職且不可輕授，况錦衣之要秩乎？

臣近睹邸報，見欽升司禮監太監滕祥、陳洪、孟冲等弟侄錦衣衛世襲指揮、同知、僉事、千户、百户、鎮撫等官，多至二十餘員，不勝驚駭。考之國初之制，武職非軍功不授，錦衣非特功不除。已故兵部尚書于謙，功在社稷，僅官其子冕爲錦衣衛千户。又各邊將卒，披堅執鋭，冒敵衝鋒，捐萬死，幸一生，積有年勞，亦不得沾錦衣一命之榮。各監内臣雖奉侍陛下，不過任奔走使令之役，腰金綰玉，足以酬其勞，且多焉。今以勳在社稷之臣不能得之於其子，捐軀棄命之士不能得之於其身，而奔走使令者乃能得之於其若弟若侄，則陛下之恩無亦未權其輕重矣乎？伏乞皇上收回成命，或量賜金帛，或姑與職銜，革其世襲，則名器重而法紀嚴，塞近習非望之求，成清朝無私之政矣。

一旦閹豎聞名，非國之福也。故有堯舜之君，則閹豎不聞於唐虞；有湯禹之君，則閹豎不聞於商夏。石顯、弘恭聞於漢而漢弱，程元振、魚朝恩聞於唐而唐衰，童貫、梁師成聞於宋而宋削。洪惟我太祖高皇帝深覽前代宦官之禍，定其職掌，載之祖訓，不過灑掃、供養並飯食諸物，禮議筵宴、關防出入等事而已，絶不使干預朝政。洪武中有内臣言及政事者，上震怒責之，即日遣還鄉里，諭群臣曰："自古賢明之君，有謀必與公卿大夫謀諸朝廷，則獨斷之於己，未聞近習嬖幸得與謀者。況閹寺之人，朝夕在君左右，出入起居，聲音笑貌，目接耳聞，其小善小信，皆足以固結君心。而佞嬖專忍其體態也，苟一爲之所惑而不之省，將必假威福，竊權勢，以干政事。及其久也，遂至於不可抑而階亂者多矣。朕嘗以爲戒，故立法：寺人不過侍奉灑掃，不許干預政事。今此宦者，雖事朕日久，不可姑息，決然去之，所以懲將來也。"臣又伏聞，我孝宗敬皇帝凡召大臣議事，必左右回顧，各内臣退去數十丈，非惟不使之預，亦且不使之聞。此其深謀遠慮，迴出漢唐諸君之上，而萬世聖子神孫所當朝夕誦詠效法者也。

我皇上新政之初，尤宜加意於此。燕居無事，則三復太祖之諭；有事召對，則取法孝宗之行。凡一應内臣，俱遵祖訓，止掌應行職業，勿與之謀議政事，勿與之進退人材，勿遂其非禮之請，勿悦其諂譽之言；陳乞勿假以温旨，侍立勿假以温顔。國之大政悉謀於輔弼諸臣，而獨斷之。如此，則我皇上英明神武同符於太祖、孝宗；而諸内臣亦得享安静和平之福於有永矣。況國家之任大臣，非爲其藉榮寵而侈顯耀也，正賴其每事奉公執奏，以匡扶其不逮耳。嘗聞先朝欲官太監張欽養子爲錦衣衛官，兵部尚書彭澤執奏至於再三。今兵部尚書趙炳然，躬逢堯舜之君，不能一效彭澤之執奏，所謂大臣以道事君者，果如是乎？此其罪亦難委也。伏乞我皇上重加戒諭，申飭院部大臣，以後凡事關國體綱紀者務須據法執奏，以成我皇上光明正大之業，則明良喜起之歌再見於今日矣。

臣干冒天威，不勝戰慄俟命之至。

（據《湖北文徵》第二卷）

極陰成象災變異常懇乞省圖疏

嘗聞天人感應之際甚可畏也，人事成於下，則天變動於上，若桴鼓然。故《書》曰："吉凶不僭在人，天降災祥在德。"自古及今，變不虛生，感召有自也。臣接邸報，見各省地震有聲，動摇數日，裂爲溝渠，水溢泉湧；又旗竿數火，天鼓再鳴，隕星旋風，在在而有，甚至天雨黑豆，此尤載籍所希聞者。臣不勝憂懼。天心微眇，非淺陋所能窺測，然稽之往牒，裁之大義，亦可得其二三。地，陰也，以安静爲德，以動摇爲妖。水，亦陰也。《洪範傳》云："人憤怨則水湧溢。"火者，陽中陰也。漢儒翼奉云："極陰生陽，不旱則火，隕星成石。"據胡氏"春秋五石隕宋"之徵，亦屬兵象陰類也。黑者，北方之色，壬癸之位，水也，亦陰也。凡此數者，皆極陰成象之徵也。陰陽之義，雖非一端，總其大者言之：君，陽也，臣，陰也；中夏，陽也，四夷，陰也；大小文武諸臣，陽也，内臣，陰也。我皇上文明撫運，陽德當天，召祥履慶，理固宜然，而災異若此，何耶？蓋地天交而爲泰，君臣交而爲治。歷觀古今禍亂之源，每生於壅蔽，而壅蔽之害，常起於上下之不交。故聖祖《御製大誥》以"君臣同遊"爲首篇，其慮至深遠也。

我皇上嗣登大寶幾二年矣，未聞時召輔弼諸臣面加商榷。雖無孤睽間隔之跡，較之賡歌魚水，氣象終是不同。此則陰不上交，其致變者一也。天生四夷，謂之驕子，不恃其不來，恃吾有以待之。邇來虜患彌切，議論日多。朝爲總督，暮即掣歸；旋議巡邊，隨復報罷。以數易之將，馭不練之兵，不必交綏，勝負可卜。萬一有慧黠胡兒，志不在於子婦玉帛，攻城掠堡，留連内地，何以禦之？此則夷患日熾，其致變者二也。夙沙爲殿，古人恥之。近日事係中官，多爲委曲，凡有請求，無不允從。乞免點馬，即奉旨免點矣；乞免查盤，即奉旨免查矣。承天皇莊，仍得親收籽粒矣；太和香錢，官司不得稽查矣。織造之使方罷即遣矣，糾劾之疏間留中不出矣。諸葛武侯云：“宫中府中，俱爲一體，黜陟臧否，不宜異同。”彼若别無奸弊，何苦顧戀避忌若此之深？其尤可駭者，每遇爵賞，僭具謝疏，多得温綸，逈出六卿之上。此尤祖宗朝所絶無者。志得意滿，恐生厲階；史册傳書，均爲不美。此則官勢日横，其致變者三也。

古人云：“不見是圖。”今群陰之象已見矣。見而圖，猶晚也，矧弗圖乎？伏望我皇上鑒災異之非常，察群陰之交固，念上天仁愛之心，勤修省答天之實，清心寡欲，虚己求言，慎賞罰予奪之柄，戒遊幸逸豫之私。凡有大政大議，召輔弼部院大臣面議而獨斷之，以法地天交泰之義。然後以專久任邊臣，使悉心展布，庶得收安攘實效；以禮法裁近習，使各保富貴，無輕犯祖宗憲章。則陰氣潛消，休徵畢應矣。臣干冒天威，不勝戰慄之至。

（據《湖北文徵》第二卷）

贈洞岩周先生榮陟序

洞岩周公，少有志於聖人之學，然學務用世，不襲虚談。乃今年三月，閩省右使缺，銓部簡中外能宣德達情優兹選者，無如公。首以名上聞，帝命焉。公自延平至今官，凡五於閩矣。

予嘗讀兩漢書疏，見當時二三名公，所以能攄藴揚勳隆聲於不朽者，多以久任得之。邇者通練國體之士，嘖嘖争談復古，而竟阻格未能。嗟乎，久任未易矣！即遷弗殊疆，而民風吏治猶所周知，即可便於注措而究厥施，此猶有久任遺意焉。然此則存乎其遇耳，豈可必哉？明興，若劉忠宣四官於廣，彭惠安三官於蜀，近世劉莊襄七官於陝。其在當時，則匹夫匹婦，白叟黄童，罔不交口贊歎，若宋人之所以頌司馬君實者。其在今時，則尸祝之，歌詠之，見一遺墨，睹一遺碑，罔不欣欣然喜見眉宇，指而言曰，此某公舊物也，勿剪勿伐，藹然若周人之所以思召公者。夫三君子誠賢矣，材矣，顧所以得民如此之深者，豈不以積久邪？

向使今年官陝，明年移蜀，又明年而移河之南、山之東，即聖如孔，賢如僑，爲政期年之間，且不免叢謗而罹詬焉，又何以責於三公哉？

閩當山海錯雜之區。内則利歸右族，貧民鮮世業，易動而難安，自古志之矣。外則島夷逋盜，林林總總，伺時而發，如飆風鳥舉者，未可一二計。譬之一人之身，元氣既虚，客邪復盛，則旬宣撫綏之任豈易易哉？非有匡時定變之才，殆難措手矣。玆聖天子所以復挈全閩而畀公也。而公自延平守，爲巡海，爲督儲，爲察使，以至今官，前後十餘年矣，俱在玆土。而公又素留心政教者，即吏屬之能廉若否，閭閻之幽隱細微，與夫利弊之興釐，軍機之肯綮，無不曉暢而洞燭焉。取其素所豫定者以敷施之，内安外攘，奠八閩於生全熙皞之天。異日閩人追思功德而祝頌之，與廣人之於忠宣，蜀人之於惠安，陝人之於莊襄，後先照耀，光盈史册。而予冀共事一方者，庶幾乎藉此以逭於戾，豈不幸哉！

時同寅諸君咸有感於斯言，莫不爭歎公遇之奇，而因以風乎當銓之諸君子焉。

（據《湖北文徵》第二卷）

【校記】

〔1〕從，疑衍。

〔2〕兩，疑當爲“輛”。

〔3〕訖，疑當爲“迄”。

〔4〕此處有誤，文中只列出了七州。脱脱等《宋史》列傳第二五〇《外國七》記八州爲通江、美濃、飛彈、信濃、上野、下野、陸奥、出羽。

〔5〕灑，疑當爲“釃”。

附　　録

郟少尹累封光禄寺丞周魯山先生墓誌銘　王世貞

周之先自漢丞相絳武侯勃，數徙，而至宋爲饒之鄱陽人，復以丞相益國文忠公必大著。至元末而有受七公者，避饒寇，徙於黄，遂爲黄之麻城人。受七公有三子，季曰希孟。希孟之次子仲馗以子河南道監察御史鑑貴，封如其官。鑑之爲御史，雪閻左寃，抗論輔臣之首，循直聲振天下。仕至山東按察使。有子洙爲寧令，以子福建道監察御史廷徵貴，封亦如其官。廷徵爲御史，與中貴人永辨寧夏功，疆出爲江西按察副使。廷徵有三子：都轉運鹽使載、西安同守戴，季則今魯山公也。魯山公之謝郟事歸，無何，而以今大鴻臚卿宏祖官廣東道監察御史最，封如其官。周氏六世相禪，而稱六御史，其實三爲御史，皆能以其最滿考，而三皆生受封。天下之搢紳世家豔名之，以爲無兩。而魯山公之自太學補，吏部選人而得郟也，鴻臚則已成進士，司理吉安矣。呼而謂曰："咄嗟！余所慕稱者，於古得范文正，邇乃得劉忠宣，所願爲執鞭，而今困一丞，弗振矣。勉之！汝尚可以爲吾所欲爲。"鴻臚頓首受教。既而復拊心曰："志伊尹者何人也？吾奈何遽自棄？"遂之郟。

甫月餘而巨盜百人晝劫王兵馬，埽其帑。報至，令膽奪，不能語。公前請曰："令君守藏，當第以兵授丞，丞任獲之。"遂疾馳行劫所，而中道悉其精鋭百人畀一裨校，曰："賊必從某道出，走某道，是皆負重，可徒手縛也。遇而選愞不擊，罪在汝；賊從他道逸，罪在我。"既發，而身從老弱，張旗鼓尾而脇之，賊果負重走某道，伏發，皆就擒，可七十餘人。兵巡僉事林騰蛟聞而激賞之，曰："孰謂丞一書生而不堪大將印？"亡何，令病死，遂檄公攝令，令事秩秩新矣。

而分宜相之私人鄢中丞者，不解臺務，而理天下鹽法，以挾重故恫喝諸御史，諸御史盡茅靡。郡邑無不篚金奏，小者猶數百金。當道郟吏以所見聞請，公歎曰："丞惟一身，有婦耳，何所得數百金？"第令飭張頓，務腆潔而無帷幔筐篚之飾。鄢至，大失望，乃出二故篋付尉緝之。

公曰："此欲借以爲名耳。"陰備二新篋以俟。尉入，而所緝二故篋見。鄢大怒，蹴而破之。使呼公入，盛氣讓曰："丞無耳耶？不知我，當亦知御史。御史，吾奔走吏也。而敢傳客遇我，即二敝篋之不能新，而使委臺牘於草莽！"公陽謝曰："嚮者不以屬丞，丞飭新篋二，不敢遽獻。"逡巡二篋入，鄢顧視篋，則新也，而中猶枵然，愈失望，然亡以難之，笞尉二十而去。於是林公聞，益激賞之，曰："吾屬州邑長三十也，而僅一周丞，男子何寡也！"當是時，不籯金者公與林君二人耳。林君以名御史失分宜意，出補。持風采益峻，即青綬而下不敢一望顏色，而其禮遇公若真令，愛公甚於昆弟。臥病且死，後事悉以屬公，曰："吾不欲死齷齪吏手也。"公自是賢聲愈籍籍。

會令至，遂改攝宜陽令。已，攝盧氏。已，又攝鞏。公治盧氏之旬日，行獄，得一老吏當戍者，洗沐飲食之，曰："以邑一大事報我，我能寬若。"老吏叩頭曰："左藏贏金三千，無知者，請爲公壽。"公乃召三博士同入藏閱之，得金，具以白諸司。治鞏，復得左藏中羡金五百，蓋大豪與吏謀將入橐者，亦以白諸司，後先充縣官用。時張莊僖公景明撫汴，具其事，獎公，且謂公實心實政云。

其最後攝宜陽，而郟令復闕，郟父老泣請於監司曰："周丞故吾丞也，奈何不以惠郟而以惠宜陽？"宜陽父老持不可，曰："今幸宜陽有之，奈何復奪而郟？"監司謂郟父老，直還公郟。郟賦繁，而故有荒額三千石當蠲，第悉以遺薦紳大夫及博士弟子、司府掾史之豪有力者，民代完額困。公廉得其狀，至是乃密以白後兵巡趙君，請悉歸之寢丘。趙君大喜，還語，郟父老益大喜，而諸薦紳大夫及豪有力者争啐。趙君迫，則曰："周丞寔爲之，我不與也。"議自是格。公乃浩然歎曰："天乎！令林公在，直反掌耳。"遂投劾歸。郟父老哭擁車，至不得前，曰："公以一弗獲志而遽棄我，何忍也！即我曹勤力作，猶可以飽諸薦紳豪有力者腹，而齕我公，誰爲我甘心焉？"公之歸麻城，而郟父老可知也，歲候公誕，以車裝棗柿酒麫，造公里而壽焉。公戲謂："予故不負丞，丞今者乃亦不負余。"尋鴻臚君之吉安，政成矣，入有臺拜。公復戲謂："試與我程，勞我之於郟，十女而課，不女逮，則格也。吾嚮所以付女范文正、劉忠宣者，深哉乎味也。”

始公生二歲，而江西公捐館，尋二母相繼没，公起孤童，自樹立，繇諸生陟太學上舍，有經術聲。試順天，不利，而後棄之。居恒謂痛不獲識江西公，其見都運及西安二兄，猶公也，所以事之約略如事公，終其身毋違色。所與宗戚，丈人行者事之，小者弟之，更小者子之，材者拔之。急閭左之難甚於己，尤重然諾，敦氣誼，一結斷金即生死無易，其孤嫠若歸矣。

善決策成敗。嘉靖中，郭翊公勛得幸上，貴甚，里人欲借而得官者。公時尚少，爲度之曰：“翊公固材，而驕，上欲自操大柯柄，奈何狎而弄之？夫以驕臣事英主，未有能久者也。”其人至國門，而翊公敗。

公好稱説直節士。嘗得楊忠愍公繼盛《論分宜相疏》，手録，置褏中，時時取讀之。經歲，其文悉磨滅。至老猶能擊節朗誦，一字不遺。鴻臚君之爲御史，視南畿學，其轉副使，視福建學，而得謫也，寔以御史時論新鄭相見中故。歸而請罪膝下，公笑曰：“若曾太王父持首輔循，王父抗中貴人永，吾恨不得身覩之，今幸覩女。且女非坐私譴謫，何罪也？第吾所用望女以文正、忠宣二公者，殊未既也。勉之！”其後，仲子宏禴以進士爲起部郎，文學論議，有曹署間聲，以欲論諍江陵相失，具草將上，而爲忌者窺，亦當謫，歸而亦請罪門下。公復笑曰：“若能如若祖，如若兄，何憾？幾事不密則害成，慎旃哉！女從女兄，而趣文正、忠宣者，猶有地也，今姑就我旦夕耳。”蓋起部侍公之三月，而公屬疾卒。

公之卒，距其得謝郟事餘二十年，絶跡不入城市。於俗儀酧酢多所簡略，唯弔喪問疾則不廢卑幼，春秋祭掃冢壟則不避風雨。故工爲詩，其警語有云：“晨林弄秋色，微雨落新寒。”識者以爲何必減柳常侍。晚好習養生，誦岐黄之書而悦之，遂廢詩，曰：“奈何劌吾方寸共筆研也。”謂鴻臚、起部：“此事亦以付女曹矣。”

公諱鉽，字女成。娶於汪，屢封太安人，有婦德，先公卒。丈夫子四：宏祖、宏掄、宏袷皆汪出，宏袷太學生；宏珍，貳，王出。孫八：某某。孫女三，婚嫁皆名族。公以正德己巳生，以萬曆壬午卒，壽七十有三，葬地在某所。

鴻臚君於吾弟懋同年，又嘗董吾畿學政，而爲先司馬靖卹也，則時時稱神交矣。起部之以文字知尤久。鴻臚君乃銜卹具事狀，授書，走起部三千里而乞誌銘。嗟乎，余安敢辭！獨念公有子，而貴稱封公，以老壽死，可無恨矣。所少可恨者，縣官以格持公，露公之穎而不盡出之也。雖然，公之丞郏，其人不言令而言丞，歸麻城里，其人不他之而之麻城里，亦安能限公哉！

銘曰：直臣之子，直臣之父，公於其間，不愧仰俯。出爲循吏，歸爲鄉先生，尸而祝之，誰云不應？嘻嘻！不泯者名，名女名者銘。

（據王世貞《弇州續稿》卷九十三）

周宏祖傳 《明史》節録

周弘祖，麻城人。嘉靖三十八年進士。除吉安推官。徵授御史，出督屯田、馬政。

隆慶改元，司禮中貴及藩邸近侍廕錦衣指揮以下至二十餘人。弘祖馳疏請止賚金幣，或停世襲，且言："高皇帝定制，宦侍止給奔走掃除，不關政事。孝宗召對大臣，宦侍必退去百餘武，非惟不使之預，亦且不使之聞。願陛下勿與謀議，假以嚬笑，則彼無亂政之階，而聖德媲太祖、孝宗矣。臣又聞先帝初載，欲廕太監張欽義子錦衣，兵部尚書彭澤執奏再四。今趙炳然居澤位，不能效澤忠，無所逃罪。"報聞。已，請汰内府監局、錦衣衛、光禄寺、文思院冗員，復嘉靖初年之舊，又請做行古社倉制。詔皆從之。

明年春，言："近四方地震，土裂成渠，旗竿數火，天鼓再鳴，隕星旋風，天雨黑豆，此皆陰盛之徵也。陛下嗣位二年，未嘗接見大臣，咨訪治道。邊患孔棘，備禦無方。事涉内庭，輒見撓沮，如閲馬、核庫，詔出復停。皇莊則親收子粒，太和則榷取香錢，織造之使累遣，糾劾之疏留中。内臣爵賞謝辭，温旨遠出六卿上，尤祖宗朝所絶無者。”疏入，不報。其冬詔市珍寶，魏時亮等争，不聽。弘祖復切諫。尋遷福建提學副使。大學士高拱掌吏部，考察言官，惡弘祖及岑用賓等，謫弘祖安順判官，用賓宜川縣丞。

（據《明史·列傳第一百三》）

亞中大夫三代進士傳 洙分廷徵公之後自八世以下，周維騫

亞中大夫諱宏祖，字元孝，號少魯，中憲大夫廷徵公之孫，中議大夫鈛公之長子也。生而靈敏，迥異中人。少時威儀瀟灑，議論清高，長則秩秩焉若不能言者，薑桂之性益厲也。爲文則灝瀚千言立就，有聲庠序，鄉先達皆豔稱之。試於省，寓染工家，閲案間登記簿，閲畢焚之。工人索簿，公曰：“予焚之矣。”工瞿然曰：“貨出入皆此登記，奈何焚棄？曷由稽焉？”公笑曰：“易爾。”索筆楮書之，不差一字。衆皆驚，以爲異。

嘉靖乙卯舉於鄉，己未會試登丁士美榜進士，授吉安府司李。時分宜嚴嵩。柄國，江右士君子得聯翼者聲勢赫奕，横恣閭里，在廷諸公皆不能問。公至，一裁以法，而民之田廬子女被奪於勢家者無不立復。時有同年友與爲同官者，重以咥虎爲戒，公敬謝之，持法益峻，無少寬假。蓋惠以綏閭閻，而嚴以繩豪猾焉，吉之人至今尸祝之猶桐鄉也。會分宜相敗，以三年考最，廉能著聲，舉天下卓異，科階文林郎。行取御史，過於家，適魯山公亦謝郟事歸。公曰：“大人謝政，兒不得時親膝下，菽水怡顔，致子職有虧，罪甚罪甚！”魯山公諭之曰：“從來無愧於臣者即無愧於子。吾向即志范文正公與劉忠宣之爲人也，今格矣，不能逮矣！能志予志者汝，爾行矣！靖共爾位，直哉惟清，汝其勉之！”公即治裝赴都，至，授以廣東道監察御史。

時華亭徐公諱階，華亭人。已繼分宜，拔取善類，引用正人。公更正色

朝端，直言讜論。其所彈者不避權倖，故華亭公稱之曰："御史爲朝廷紀綱之地，百官喉舌之司，能不愧其職者，惟林子潤、周子某而已。"癸亥冬，差巡視北城。甲子秋九月，差視兩淮鹽務。時鹽法壞於中丞鄢懋卿之後，商民困弊，凋瘵難堪。公至，咨訪父老，悉心究畫，而且身歷廠泊，諸務洞悉端倪，具疏上請。會事竣當去，後使者爲徐公爌，公年友也。乃遺徐公書曰："兩淮舊額六十萬，率多可裁，爲貪夫驟加百萬，遂至商民兩困，病商斯以病民，病民斯以病國矣。僕還臺時，首當言此，惟仗兄以繼其後也。"及入，乃亟請於華亭公，而徐公疏亦至，遂得減復原額。丙寅春，復差巡視陝西茶馬。時茶馬之政亦弊於中官、戚畹，而公力爲清剔，利歸縣官。丁卯隆慶元年。還臺，報最，進階承務郎，而魯山公亦得生封如其官，且邀莊皇帝□□直之旌矣。

時昭陵初立，貂璫奸權，用取予奪，不節於禮。□命太監李佑督織造於蘇杭，公首疏抗論其不可。戊辰四月，萬全衛白晝晦冥，冰雹所擊，牛羊悉死，而河東、河南、延綏、宣府等處亦復冰雹，夜見火光；五月，陝西民李良雨有男變爲女之異。公於是上《修省弭災疏》，譏切時政，直侵群璫。禮監尚文持其疏，至目瞬而舌摇焉。遂中寢不報。當是時，言官章奏有涉内璫者，無不廷杖削籍，至於緘口相戒。公兩抗論之時，雖有鳴鳳之譽，而未嘗不爲批鱗之危也。時有以公補天垣都諫之議，己巳二月止差視學南畿，見中於新鄭高拱，新鄭人。故也。先是，新鄭入樞，即與華亭公争柄，陰囑御史齊康論之。華亭徐公爲人望所歸，而公尤道義與合，遂論新鄭。至是徐已致仕，而新鄭召還，故有是命。公至，則又屏絶情面，去取惟文，故得人如管東溟先生諱志道。以屢躓之餘，特爲拔首，即成名元。其他詞壇赤幟、士林翹楚者又何可勝道。會内閣某之子，以文劣試下第，府縣懼而請焉，公復不爲之少易，益銜之。壬申夏，遂再遷福建提學道副使。甲戌秋萬曆二年。報最，得進光禄寺少卿，尋歷南尚寶卿，並進鴻臚寺卿矣。

壬午，以外艱歸。甲申起復，補太常寺少卿；最，進階中議大夫，而魯山公亦誥如其官。乙酉萬曆十三年。三月，復陞南京光禄寺正卿，階亞中大夫。秋八月，朱衣謁陵，服色失儀。時糾儀御史公門生也，私啓公曰："謁陵失儀，例應罰俸三月。"公曰："吾蓋心病也。"即於軒輿上市蔗食之，旋告病歸。

至其奏議剴切，史稱爲一代之儁。並生平文集，每爲湯若士先生諱顯祖。所極稱，惜至觀政公時，以崇禎乙亥秋暮遇賊火其居，并二魯公合刻集稿板同歸一燼耳。所倖存者惟《孤山阻雨》一詩，其詩曰："獨坐孤山最上頭，客舟風雨幾時休。狂波聲撼蛟龍窟，遠樹雲迷杜若洲。出水芙蓉浮晚翠，沉江鐵柱枕中流。相知賴有追陪興，裁罷新詩當酒籌。"觀此，可以知公之英詞偉氣、壯志深思云。其纂刻《周氏宗譜》，先輩搢紳諸傳皆公手勒，既使本宗支派弗至混淆，且使先世遺跡無虞湮没，公之功誠偉矣！公生於嘉靖己丑，八年。卒於萬曆丙戌，十四年。壽五十有八。崇祀鄉賢。

按公原祔葬於臥牛石始祖受七公墓左。以始祖之墓原葬於張姓居室之後，凡歷七世，祭掃維艱。公巡方時，致其戚李某，曲奉多金，乃得封樹而表榮之。僉議祔葬，所以酬也。後公孫觀政公於崇禎二年冬十一月遷葬黄安縣雙河口西張家灣之左，復遷公配項太孺人補公原穴。元配淑人余氏祔葬於馮家園黑沙公繼配孺人張氏墓左。生二子，皆項太孺人所出也。長即博士公，行五。次諱應衡，字叔南，號九嶷，行七。年十四即補弟子員，與博士公俱以聰穎絶倫爲世稱許。公任符卿時，授二子以《文獻通考》《十三經註疏》及《性理大全》《六臣文選》四大書，期歸檢背。然叔南公資性少遜於博士公，私囑兄曰："檢時兄得先背，弟從旁聽之則可。"果如其言，亦能成誦。惜年方十九，卒於京邸。後歸葬鵝籠司竹林嘴。

博士公諱應嵩，字子中，號中嶽，亞中公之長子也。資性過人，讀書每七行并下。拈題爲文，不喜爲帖括式，恒以論體行之，故一時里中所傳四書論皆公所作，後戊子闈中，主司馮公琢庵刻程論策俱採公筆。少時與鄒公誠吾諱恩哲，己卯舉人。締婚，往造焉，同入書肆，見有《新刻房文》一本，遊戲閲之，歸即手録，其默識類如此。遊學於南寓承恩寺，篋中有資斧五十金爲同舍生所竊，僮僕疑之，私啓其匣，得緘金如故，持以白公，公曰："吾金固在，無恙也。"囑僕仍置其處，無得輕言。《縣志》詳載其事。丙戌春以丁父亞中公艱，讀《禮》於家，見業主有貧不能堪者，輒檢契還之，慨然無吝色，《志》所以稱盛德云。

戊子孟秋服闋，應舉子試，與吴公曲魯、諱化。周公鶴陽、諱家東。周公岐陽、諱制。鄭公中秉諱天懿。五人同寓，鄭以新進就試，公素重其材，望同館彀焉。榜發，吴公第一，鶴陽、岐陽二公亦同舉，公中二十七名，鄭後十九年丙午歲亦登賢書。同寓五人俱皆獲售，噫！異矣！己丑春，公與鶴陽先生同捷南宫，吴至乙未亦登黄甲。公殿試得丙科，例選有司，及謁選，公白諸部曰："嵩短於才，不堪煩劇，願得儒官，以卒所業。"於是授以南京京學教諭。公至，講論不輟，裁抑居多。

是時，溧水令缺，監司加以民社之任，署攝令事。屢辭不得，乃就。吴俗向稱難治，公獨鎮以清静，即吏民之豪猾者亦不忍欺。古稱循良之治，殆庶幾焉。歲暮，入左府藏，多舊籍，閲之，悉高皇時典故，盡爲蠹蝕。公乃檢其要者，俾内役毛有倫五人入爲謄寫，意在繕録一新，存諸故府，以待文獻之徵。而吏以夜寒醉卧，遂遺火焚之。公急起撲滅，書已殘毁，公笑曰："當官寫書，風流罪過，宜矣！"乃自檢舉，不以爲諸吏之罪。會上臺共諒就其"無他，以延火誤燒廢書"爲請，故公得例轉南雍博士。

公素多病，至是以病辭。處林下者十有三年，身不入闤市，足不履公廷，悠然長嘯以終老。按公生於嘉靖壬戌四十一年。十二月二十七日，卒於萬曆甲辰三十二年。歲杪，忌日失傳，年四十三。原葬巢家林後，觀政公於崇禎二年十二月改遷於黄岡縣道觀河木果山之陽，故墓碑刻"天啓四年"，乃巢林舊碑也。配太孺人黄氏，進士黄公明恒之女也。勤儉持家，卓於婦道，相夫訓子，遠播賢聲。生於嘉靖庚申六月二十九日，卒於萬曆辛亥年，壽五十二，葬於殷山畈之翠石山。

觀政公諱振，字若臨，號汝凡山人，博士公之子也。幼雖聰穎，猶自謂天資敏妙不逮前人，毅然以篤學力行爲己任。年十四爲邑庠生，衆皆豔稱之。甲辰歲丁外艱，至己酉就試，不遇，功益加勉。辛亥歲，黄太孺人繼卒，丁内艱。甲寅春起復就試，仍小困。公於是秋援入貲例北學成均，移家以卒業焉。按國學例，入監必待集分前列乃能轉堂，公屢試第一，凡六試而登率性堂。時雍試与公頡頏、互爲前茅者，惟宗伯顧公錫疇一人耳。公與顧公同受筆削於邱公毛伯先生，諱兆麟。裁成砥礪，爲益滋多。乙卯鄉試復見遺，遂寓居龍華寺，絶跡不歸，引繩爲席，圓木爲枕，目不交睫者三年，桑公鐵硯幾經穿矣。戊午秋闈，始與顧公同舉；顧第二，公第五。己未會試，聯登高第。當時有賀邱公者曰："一班玉筍，盡出公門！"

己未冬，萬曆四十七年。公有所感，舉家而南，不復爲功名計。其入山吟云："展轉尋山辰至酉，樂此忘疲君知否？眼前不見利名人，相逢盡是黄髮叟。不著衣衫不禮文，笑語親親恒執手。社鼓聲催濁酒杯，醉後高歌齊擊缶。不知抱甕苦爲勞，但見溪鷗相傍久。爲言城市樂紛紛，笑而不顧惟搔首。避暑何須百尺樓，門前種得五株柳。解黿炙鼈羅百珍，何似露葵及園韭。張陳田竇轉相傾，輸我忘形白頭友。五陵兒子多輕肥，我教讀書緣南畝。勿言猛虎在深山，猛虎耽耽衢市走。"讀是詩，知公之審時慮事者深矣！

公性樸儉，悉屏繁華。至家門叔姪子弟有以文事會者，則又盡興盡殺，極歡而罷。閲文則直筆從事，無所隱飾。庚申歲輔長婿魯元公，育之如子，時囑家僮嚴催課藝，積至百首，犒十金以獎之。癸酉鄉舉，公之力也。家居，從事青烏家學，如昔之治舉子業者。於丁卯歲天啓七年。十二月癸丑葬黄太孺人於殷山畈之翠石山，己巳歲崇禎二年。十一月遷亞中大夫公葬於黄安縣雙河口西張家壿之左，十二月又遷博士公葬於黄岡縣道觀河木果山之陽，繼又遷項太孺人於臥牛石，以補亞中公之原穴。凡公於先世遷葬處，後必數過其地，居守月餘，有如廬墓之禮，而復泯其跡者。己巳歲舉長子維騫，癸酉歲復舉維蹇。昔傳里有善相者，測公寒薄，而且無子，僉憲公語人曰："如吾家弟某者，論功名則業成進士，論嗣息則已雙童，福自己求，天且不能制，而豈相者所能定乎？"

公自歸里後，十有七年絶跡公庭，官吏曾無識者。嘗於從堂叔子魯公讌邑侯蔣公於家，公以子姪居末坐。蔣公論他事，言涉不中，公正色辨之。蔣公怒，側目以視，且見其坐主人末，意必可陵者。太宰李公乃曰："此舍親周某，公必未之識也。"蔣公素高公名，改容慚謝。族有應瓊者爲金壇典史，以採辦邊務，悮火其舟，爲黠吏所告，坐贓至一千七百有奇，身繫刑獄矣。事下撫按，郡縣皆爲奪色。舉族惶懼，莫敢爲計。公獨奮然就道，捐貲直辨其誣，爲之移其追比之文於京庫，而家之全庇者實多。更爲之懇乞於官司，而追比得從寬緩。往者免禍，居者保全，其家德之。公曰："禍出非常，即切己之災也。此而坐視，是薄吾宗也，忍乎哉？余亦但爲其所能爲者而已矣。"

公之生平約略有如此者。乙亥秋，流寇入楚，家世文籍湮於一炬。公於是移家於大江之南，就欒莊濱湖而居。尋患瘧不愈，沉困經年，忽思北歸。行至淘金山，休小寺中，一眩暈而玉棺遂降矣。公生於萬曆乙酉十三年。六月二十日，卒於崇禎丙子九年。十月二十日，壽五十有二。葬於鴨子港。公之元配邱孺人，遊擊將軍長孺公之女也，生於萬歷癸未三月十六日，卒於順治乙酉八月初一日。後室劉孺人舉男二，長維騫，次維蹇，生於萬歷己亥正月初十日，卒於康熙丙辰六月初七日，壽七十有八，葬於公墓之左。

丁巳仲夏，蹇兄師巨公先生，繼蹇曾祖亞中公纂修宗譜，并修《搢紳續傳》，授蹇，俾訂梓焉。且命曰："子家三代進士，七世祖魯山公以八世亞中公贈御史，五世祖文振公以六世黑沙公贈御史，三世祖茂達公以四世孔明公贈御史，又二魯公以符卿兼陝西道御史，閱視寧夏，子門可謂三代四進士，六世七御史，子宗科第之盛，斯爲至極，子其自爲傳之，予將擇焉。蹇受命而不敢辭。竊念蹇也性質愚蒙，材能譾薄，何能文言以記先人行事？然又不敢以不敏謝也，因漫言以記之。亞中公事或垂諸鑒史，或見諸遺書，固確有可據者。博士公生平遺跡亦且昭然。至觀政公，內有孺人之面授，外有族眾之傳聞，蹇即據實録之，而就正於巨公先生。先生酌定，爰付之梓。

按《三代進士傳》乃錫卣公令修仲公所自述，舊列卷末，不列正集，示謙也。昔修仲公嘗自言之矣。但亞中公本爲馮園季分之長，論世次理應列此。今於重編之下按序升登，亦原昭穆不混之義。厚載謹識。

（據麻城《周氏宗譜》卷五）

【箋】

弘祖長子應嵩，字子中，明萬歷十七年進士，官南京國子監博士。應嵩子振，字若臨，號汝凡，明萬歷四十一年進士，未官。此所謂“三代進士”。

周維蹇，字仲修，周弘祖曾孙，周振之子。

與周少魯　耿定向

其　一

昨別兄歸署後，情景甚惡。兄所謂靈臺大宇者，真不知安在矣。隨擬攜一壺追送郊外，且以自遣，偵知報旌節發已遠，乃止。搔首踟躕，更益惘然。移時，始還我本體也。

比來兄懷況何似？竊念此際正可悟學，敢布淺膚商之。夫情景隨感而起，恐即聖人不無，顧能覺之而徐化之，自將廓然矣。聖人惟覺之蚤，化之速，故曰：“所過者化，所存者神，上下與天地同流。”夫吾人廓然時，即是與天地同流體段也，在人識取而保任之耳。如情景不舒時，一覺便不得力，且須設法調遣，節要法最莫如會友。會友滋趣大段形容不得。夫子論學，纔云時習而說，便云朋來而樂，意可見也。蓋即此樂體便是吾人生機。《記》曰：“斯須不和不樂，鄙詐之心入之矣。”顧此樂由朋來而有，亦須從時習而後識也。今人不知友朋滋趣者，因他未學，世業障重，自生隔礙故耳。然往往到逆旅窮途中，亦自發見是其本來生機不容已也。

弟年來更無他長進，只是討得些此中滋味過活日子，蓋亦區區曝背之趣也。謾爲兄陳道焉，不識以爲何如，幸終教之。

其　二

承手教，知兄近於學日若誠切矣。良慰，良慰。每常聽别人話説與看書册上言語，縱是句句明曉，無所扞格，畢竟與自己身上全没干涉。此學只是自己大發願心，真真切切肯求，便日進而不自知矣。蓋只是肯求便就是道了，求得自己漸漸有些滋味，自家放歇不下，便是得了。此等處只是脉脉自會，向人説不得也。夫子曰："我欲仁，斯仁至矣。"此語甚是分明，只那一"欲"，"仁"就至了。此是夫子指點人直截頓門，顧人多忽而不省，賢智者又或求之過耳。即兄近日求之真切如此，便已是在道中了。唯兄自信而反識之，日真日切，其進惡可已哉？弟虚耽爲學名目若干年矣，自省一些没有也，只是不肯輸志，倚靠兄輩大家夾持，日日懵懵在求。若説已有所得，又是欺兄以自欺矣。想兄亦自見得，不待弟自供也。至於諸老先生家宗旨，與前古往聖的微言，雖是也都參會得去，也都向人前説得，終是與自己無干也。惟兄亮之。

（據《耿定向集》卷之五"書牘"，華東師範大學出版社2015年版）

别光禄周公　湯顯祖

光禄大夫奉常士，在昔符卿孝廉子。曾遊此地醉飛花，今日飛花復遊此。戴公蕭散帥郎真，酒中駘宕風雲新。煙波出没邈難見，我亦簪裾纏此身。正喜君來君亦病，交情吏跡恒難并。拚知世業改容華，爲惜流光與明鏡。

（據《湯顯祖集全編》詩文卷七《玉茗堂詩》之二）

荆楚文库

周弘論集

目　録

何之子

何之子序

鬻熊知道，文王諮其餘文遺事，録爲《鬻子》，子所自始。逓至《淮南》以後，子書絶響。非無子也，不知道也。道失而求之騈藻新響無當也。何之子知道矣；深峭沉醖，管子也；精微奇變，老子也；抑塞支離，關尹子也；倄詞瑰異，鶡冠子也；摸擬變撰，子華子也；宗虚順適，列子也；淵博崇古，墨子也；鈎箝揣摩，鬼谷子也；喻引玅發，孫子也；沈鷙峻刻，商子也；辯真晰贗，孔叢子也；痛疾名實，公孫龍子也；吞吐出没，韓非子也；蟺卷絞紛，淮南子也；抽義宏秘，楊子也；憤激遐舉，抱朴子也；微言桀論，文中子也；生死坐忘，天隱子也；恢譎跌宕，玄真子也；旨遠詞文，譚子也；洸潰自恣，莊子也；動合機宜，尉繚子也；大地盡徹，亢倉子也。一子能子，衆子何之子也？何之子知道矣，合子之初，繼子之絶者耶。

天外覆，地中藏，語大而一。天地者，恕地也。日洞達，月曲蔽，語明而齊。日月者，護月也。水通險，山居方，語用而同。山水者，党山也。玉完白，金易形，語寶而等。金玉者，譽金也。蘭輕逸，芝重滯，語香而並。芝蘭者，諛芝也。兩形並宣，千古入評。泥常襲故，孰衡孰權？誰謂史册而可盡信哉？

山居上，水居下，山其君子乎？山居争，水居棄，水其君子乎？山居方，水居曲，山其君子乎？山居固，水居通，水其君子乎？山居易，水居險，山其君子乎？山居常，水居變，水其君子乎？處宜上不宜下，而上者衆争，下者人棄。守宜方不宜曲，而方者固執，曲者流通。行宜易不宜險，而易者泥常，險者適變。故參之伍之，其道不窮，君子居焉。

未見而慕，既見而親，去而懷，所藏者厚矣。未見而先聞，及見而敬，已去而畏，其機弗可測也。遠而無聞，就見而愛之，去矣而若無所係，其味淺矣。千里而名闻，促席而心邳，少語而稍異，積久而浹，慎毋以貌棄也。聞所聞，憾不即見，見所見，且悔所聞，我故幸無聞矣，人實幸無所見矣。

子羽持重璧渡河，河伯欲得璧，命二蛟夾船而奪之。子羽怒，擊殺蛟，竟渡而後投璧于河。河伯弗敢受，子羽碎璧而去。叔舍旅處，養其獒。館人乘其怒晋也，而請獒，叔舍弗予。少間，晋歸舍，舍即烹獒而食館人。夫子羽非愛璧也，惡其挾我也。叔舍非愛獒也，惡其懼我也。然則君子安可挾而可懼也。

村家貨帛，帛亜，驚爲希，捧而適通都，啓重裹而呈珍，通都士人厭棄之矣。都邑小子獲羽禽，緑毛朱吻。其老長謂非雛鳳，亦異也，籠以金絡，食以梧桐。鄙陋山叟，閉不使見。山叟跪請，焚香而出禽，則翡翠也。山叟笑而退曰：“嘻吁！何辱我跪？我歸以十百遺汝。”夫重無常重，重所罕有；輕無常輕，輕所狎見。使世無都人，則亜帛埒文錦矣；世無山叟，則翡翠齊鳳凰矣。悲夫！

蚊遇蠅，匪曰蠅大；蠅遇蟒，匪曰蟒大；蟒遇蟬，匪曰蟬大；蟬遇雀，匪曰雀大；雀遇鳩，匪曰鳩大；鳩遇鴛，匪曰鴛大；鴛遇鴻，匪曰鴻大；鴻遇鵬，匪曰鵬大；鵬遇蚊，匪自曰大。何哉？小不見大、大不矜小故也。

治世比居室。時草昧則度址搆材，其道爲創，創宜大而固；時承平則封户掃砌，其道爲守，守宜謹而静；時中葉則完牆補漏，其道爲緝，緝宜密而勤；時末路則改棟易榱，其道爲更，更宜通而變。

集毫爲穎，字書由之；集絲爲帛，衣服由之；集水爲池，魚鱉由之；集木爲材，宫室由之。集之功用大矣哉。是故治世者集人，治心者集義。

昭明梟鳥而似鳳，雛虞仁獸而類虎，貌之難以知人也。車貍哮咆而衛主，化玃柔語而攫婦，言之難以知人也。糞蛙負穢而脩清，木蟻飲流而飽朽，跡之難以知人也。卵可擊不可再，玉可碎不可污，一事之難以知人也。

真儒殆能徹佛之巔，上佛亦能窺儒之際。認知識爲佛者，智慧也，佛之中乘也。鹵莽者驟得其説，更面貌而秘之爲寶，乃徑寸之玞也，遇石崇當以鐵如意碎之。

鸚難言而解縛，默之所寬也；鶴善鳴而完壽，語之所延也；鵲避歲而多育，巧之所奪也；鴿重搆而仍巢，拙之所便也；駝徐步而察水，遲之所詳也；驢疾驅而渡深，速之所超也；豹隱霧而文蔚，深之所藏也；喙起口而見心，淺之所露也。

鳩積歲，易羽化鶻，其陳良乎？雀溺水，染污化蚌，其陳相乎？鸐惜尾，棲標死餓，其石崇乎？鷄斷尾，毁形免犧，其司馬懿乎？良昌正而變俗，相入邪而改常，崇抱貨而速亡，懿僞疾而脱難。甚矣，相、崇之不如鳥也。

經年旱忽雨，幸雨者如越國而見父兄；月旱且雨，如孤寥而遇故人，相得歡甚。若日一雨，則人共疾惡之，如寇仇矣。夏日集陽，萬物銷鑠，冬分其餘，曝者熙和。固知仁不可流，義不可勝；仁流則溺，義勝則決；決者賊物，其溺亦然。

列炬燃膏，夜光如晝，何如晝也？千甕抱汲，流水若雨，何如雨也？巧女剪彩，林花若春，何如春也？三軍撾鼓，聲聞若雷，何如雷也？是故任天者便，任人者勞。

魯以重税廢井田，而適得聖人之權；秦以私意廢封建，而適得聖人之變；漢以姑息廢肉刑，而適得聖人之仁。

劍光曜昼，投暗失彩；珠光燭夜，遇日遁色；螢光照藏，外觀弗顯；水光鑑象，内照混然。物之有所適蔽也。物靈含光，含光而普。是爲神光，神光合内外，通晝夜而常明。

兩小不能相容，兩上不能相容，兩實不能相容。是故容也者，以大容小，以下容上，以虚容實。

事不如意，安得以意料之？人不循理，安得以理料之？

人有所短，亦有所長，修己者貴補其所短，用人者貴取其所長。

松柏挺立而不樛，藤蘿朋從而好附，則易同者莫如小人，難同者莫如君子。君子難同，小人固皆疾之；小人易同，君子亦常喜之。

蠅鳴户，蟬鳴林。細人之名，不出境也，有以夫！如鳳凰翔嘯，龍虎哮吟，極若撞黄鐘而震雷霆也。天下聞之，非豪傑與？聖人則又異是矣。古之聖人無名者與？無可名而非常名，故謂之大名。

登高故能見其遠，容多故能成其大。然則吾爲太山乎？爲東海乎？太山莫高于天，東海莫深于地，何可已也？

先其機則天下莫争，秘其機則天下莫測。機由于我，而若不在我，則天下莫趨；機由于人，而能默運之，使之在己，則天下莫疑。

持寸斧者，必不伐十丈之木；操百金者，必不駕萬斛之舟。小之無補于大用也。飾金玉者，必不爲戰陳之刃；多雕彩者，必不爲適遠之車。文之無裨于實用也。

亮也賢，胡失之謖？好奇也夫。光也賢，胡失之確？好同也夫。好奇則誕者間中其求，好同則諂者多投其曲。

益莫益于自虚，損莫損于自實。然無定見者似于自虚，有執持者似于自實。

樂遯而遺棄者，高流也；蹇途而果藏者，智士也；深潛而睥睨者，曠俠也；窮路而坐困者，齊民也；僞退而鈎進者，淺夫也；孚合而師事者，夭相也；抱異而籍試者，世豪也；感激而馳驅者，良弼也；制伏而奔走者，徒奴也；溷養而服役者，獸畜也。斯數者，出世處世之大較也。若夫出而不出，出可以處，處而不處，處可以出，無出而無不出，無處而無不處者，聖時也。

素信而卒離者，疑我也；漸離而急合者，嘗我也。天下皆同我，我其奈何？曰舍其所同以避之。天下皆異我，我其奈何？曰取其所異以招之。招異而無乎不同，舍同而無乎或異。蓋異同同異，同之術也；同同異異，異之根也。

無爲人先，無爲人後，先後之間，可以藏身。無爲人厚，無爲人薄，厚薄之間，可以處世。無爲人譽，無爲人毀，毀譽之間，可以完名。

治大者宜簡，愈大則愈簡，故簡莫簡于君，而相次焉。治小者宜密，愈小則愈密，故密莫密于令，而守次焉。

錦以寸，吾知其不如丈布也；金以絲，不如鈞鐵也；珠似粟，不如巨石也；璉以碎，不如完缶也。何也？物以能用者貴也。夏以裘，吾知其不如敝葛也；陸以舟，不如蹇驢也；薪以楝，不如荆棘也；弓以玉，不如竹角也。何也？物以適用者貴也。

狷夫道雅，介徒指墨，其言正，懼其不通也已。談宗彫天，慧口風辨，其言大，懼其不經也已。道流志寓，禪會使意，其言玄，懼其不典也已。學士遠引，賈儒雜述，其言博，懼其不當也已。俗子話今，村老數曲，其言切，懼其不文也已。甚矣哉，言之難也。

上者出世，次住世，次處世。處世之道，任其突，隨其窟，故能和其俗。住世之道，平其突，補其窟，故能守其獨。出世之道，窟其突，突其窟，故能物物，而不物于物。

巨貪者，誘而激之，其貪益甚，貪甚而昧死，可以先嘗。喜詐者，詭而激之，其詐益巧，詐巧而行險，可以中疑。持力者，抑而激之，其力益奮，力奮而決往，可以排難。尚氣者，就而激之，其氣益鋭，氣鋭而思騁，可以陵暴。富智者，度而激之，其義益熟，智熟而出奇，可以料遠。好義者，獎而激之，其義益堅，義堅而傾心，可以權變。惟至人不可激，庸人亦不可激。不可激者，隨所用之；亦不可激者，無所用之。

人之心非我也，安得以人而度之於我？我之心非人也，安得以我而度之於人？故知我則可以自度，知人則可以度人。自度而度人，行之終身可也。

嵐氣不竭，以其無也；源泉不窮，以其有也；門樞不朽，以其動也；頑石不崩，以其静也；谷神不死，以其虚也；喬木不折，以其實也。

士不幸而有才，女不幸而有貌。貌異便淫，才異便傲。

日月啓明，明通日月。不知雨露迴稿，稿生矣，雨露若無。海濡渴，渴厭溢，而海晏然；山普用，用者取足，足用而山不色矜。夫爲而不有，宰而不持，亡論天地，日月、雨露、山海亦如之，是谓“六大”。世人施顆粟，累寸土，回步而施，施何小也。故仲尼聖同于兩宗，子淵賢比於“六大”。

累石爲山，崚峋突兀；鑿池引水，曲折紓迴。奇矣哉！遇真山真水而失其趣矣。古洞幽崖，禽木環笑；温流清沫，漱石鳴風。奇矣哉！遇華岱洞庭而失其觀矣。吾于是知文章貴于自然，又貴于大也。

急名者，思以得名始也，必勉露其長。幸名者，思以完名終也，必曲護其短。

欲人同己，異之隙也；欲人信己，疑之根也；欲人尊己，卑之漸也；欲人服己，陵之堦也。矧己異人而緣異求同，己疑人而隱疑示信，己卑人而因卑挾尊，己陵人而用陵强服，惑殆甚矣！

管仲才敏而功集，晏嬰見遠而識超。管、晏未可羞也，而孟軻氏羞焉。惟軻固可羞也，然亦此軻之所以不及仲尼也。後之人標説而輒羞管、晏，吾竊爲管、晏羞之。

琴音平，聽者不煩，故君子之交欲其平也；谷味淡，食者不厭，故君子之交欲其淡也；寒暑漸，受者不病，故君子之交欲其漸也。狐審地而窟，鸛審木而巢，故君子之交又欲其審也。如弗審，則平也淡也，漸也，俱爲謗交矣。

無食饑死，無衣寒死，死所不足。善泅溺死，善騎墜死，死所有餘。

括八城，共三百萬里有奇，而東震不過萬八千里。計元會，共一十二萬年有奇，而傴生不過百年。耳目所覩記者幾何？而又何笑乎蠻畜蜉蝣哉？

争名者以争得名，飾名者以飾得名，讓名者以讓得名，毁名者以毁得名。争名之名小，讓名之名大，飾名之名遲，毁名之名速。大小遲速，爲術不同，好名之心一也。

侈盈傲分，不如操約；負重疲力，不如舉輕；綜繁馳神，不如理要；索奇駭俗，不如安常；違素移數，不如守一；標利見穎，不如含光。約則要，要約則一，一則輕，一輕乃常，常乃光。

持賤器者懼其忽，忽則遺亡；捧重寶者惧其慎，過慎則墜棄。是故輕生者死，重生者亦死。聖人重以持輕，輕以捧重，輕重均則忘，忘則無有，無有則能常有。

師道難矣哉？猶醫然。通五運，察六脈，諳百草，而後能視疾。泥執古方者，利害半之。舉己所服食而投之人，人百不一應。如謾無所深入，勦浪説而稱岐黄，人惑，誤寄死生，無益又害之矣。

蟬語噪，蚯語聒，犬掉尾，鶺鴒步摇。君子觀此，而可以謹言慎動。

［附］

四庫全書總目·何之子一卷提要

《何之子》一卷浙江巡撫採進本。

明周宏綸撰。宏綸字元孚，麻城人，萬曆甲戌進士，官至尚寶司少卿，事迹附見《明史·李沂傳》。是編乃其初謫代州州判時所作。汝南吴同春序，稱其語似關尹子。然九流競起，雖多以怪譎爲宗，要無不可尋文索解。宏綸此書乃以常詞，故爲澀體。其命名之義，似取《禮記》“倀倀何之”之語，已爲好異。至如書中“太虚奚無，無以無無，無無無無則無無，無無則虚，虚虚則實，實實則極，極極則易，易易則始”諸語，殆至不可句讀，則尤爲無取矣。

詩文輯存

乙酉貶代州壬辰貶澄海俱旅宿高碑店

風塵何處問銜杯？南海浮槎更可哀。古道垂楊應笑客，逐臣何事又重來？見光緒八年《麻城縣志》卷三十五，另見朱竹坨《明詩綜》。

擬登太華山不果悵然賦此

雲迷仙掌聽鳴鐘，路向青柯樹幾重。紫簡玄符迎白帝，黄裳碧眼駕斑龍。石羊避俗如相失，玉女遊春似可逢。待取昌蒲生羽翰，他年飛上最高峰。見清廖元度編《楚風補》卷二十三。

抵澄海

層巒盡處海波平，空鎖樓船半近城。島嶼絶無田二客，詩書多似魯諸生。眼看草木難尋譜，市得魚蝦不辨名。況有荔枝三百顆，流人莫厭嶺南行。見乾隆二十九年《澄海縣志》卷二十七、嘉慶二十年《澄海縣志》卷二十六。

雨中謁陸丞相祠

六橋煙柳鷓鴣飛，義士何人賦采薇。身死崖山勤少帝，魂歸南澳戀慈闈。孤帆帶雨潮聲急，雙石摩空樹影微。斷碣頹垣荒草合，楚臣漂泊淚沾衣。見乾隆二十九年《澄海縣志》卷二十七、嘉慶二十年《澄海縣志》卷二十六。

謁景韓祠 二首

蔡州新破鬢毛班，持節東都甫賜環。肝膽一封排佛骨，姓名千載識韓山。惡溪水浄魚歸海，秦嶺雲深馬度關。五百年來重去國，妙高臺下淚潸潸。

萬里摳衣一瓣香，人從山斗見文章。弭交豈令投皇甫，嚴譴終須出未央。右尉官非唐刺史，瘴鄉地是古潮陽。雙旌石上多情月，曾送啼烏過女牆。見乾隆二十九年《澄海縣志》卷二十七、嘉慶二十年《澄海縣志》卷二十六。

宿沙澗驛

西來車騎好誰共？雲鎖關門近幾重。拾字何須尋補缺，採薪還自問開封。山中介子書難就，江上陶潛酒未逢。會得禪心無去住，五臺月朗照高峯。見道光十六年《繁峙縣志》卷之六。

代州志序

綸先時居長安，極知不能慎守其官，妄陳罪言，天子不即誅死，猶存籍而俾其效力於邊，故綸得以判官判太原之代州。然綸註銜於代，非代之額官，故官無事，亦無舍，僦居於民，旦夕閉户。越月，行部使者張大夫檄州之上吏曰："鴈門，秦漢來稱雄郡，何典故未備？予與若安所委責？今周判官閒無吏事，且判官素諳文墨，其以郡之志俾判官卒業。"

綸不能文，何得重違大夫之命？乃謀之上吏，更白大夫，再檄學之張博士橋並六七青衿文學之徒彙集。而綸竊采其義，且就事於吴生繼美之稿，而芟其煩，補其所不足。其志有九：蓋亘古今，此山川疆里也，故志輿地；古胙土，近世分官司牧之，故志官師；土所産，而官師所不可緩者，民之命也，王業之本也，故志田賦；然國之大事在戎與祀，故志祀典，志禦戎；禦戎未可盡言也，實未易言也，干戈不興，既富方穀，選舉其急乎，故志選舉；而進用广矣，官司選舉備其人，豈俱得其人？故志人物；羅所必備，而組織以成其完，故志襍類；文之不足，是謂無華，足則吾能徵之矣，故志藝文。

大端以事勝也，事沿所見聞也，匪敢侈談，匪敢蔽故，匪敢任臆，匪敢狥同。草具而已，故在部使者及州之上吏而斟酌潤色之。萬曆十三年夏六月西陵周弘禴書。

（據《萬曆代州志》）

［附］

代州志序 衡陽陳宗凱

槩寓内，亡論通國大都，即嗛嗛一邑，猶然以志争鳴，所以紀山川，揚文物，階之爲史。

代州從徂稱巖郡，雁關、滹水，輿地不甲天下哉？而土産、田賦且蒸蒸也。問誰官師，則守臣捍城；問誰俎豆，則勤事定國；問誰軍旅，則安夏□□。鄉有舉，會有選，鳴玉曳組，趨翔廊廟；歷所人物，罔不肩崇距豎，踔絶曹然，猋相下上。且也天垂異，地吐妖，事在“雜類”語中，何代無之？而擅場藝文者，擷美吐華，闡奇登藻，則又家操一觚，人握一管，各各勒牘登壇不肯下，以□山川文物，施竹素，垂簡編，豈不炳炳麟麟相望於册？

而今二百年來，將泯泯焉不表於後，何以故？創始者難爲功，味哉乎其譚矣！代自□□科頭跣跔、吹唇拂地，掃國而來，虔劉我黎庶，蓋征讼至於隆慶之初，材官、牧吏，一切繕甲治兵，迄無寧日。其遑游神典籍，采經摭傳，搜繁擇實，用以徵往而貽之來？洎今□□倪倪伈伈不敢南下者登年，囷鹿告静，抑鋒止鋭。而傳舍之官弛鶩虖棼棼耳，槐棘目案牘，直以覗一日遷去，間有一二垂情古典，抑且閉喙而休，投牘而廢。幸賴憲大夫張公首念典故未備，始以志托之乎周君。周君鉅儒宿學，婆娑虖術藝之場，休息虖篇籍之囿，辯知閎達，溢於文辭。且負倜儻大節。頃以冒忌天子，下其官，註判於代，投閒置散，又得以肆力於文章。迺就所見見聞聞者，收齒焉，咨訪焉，揚幟立言，焦唇乾嗌，整齊其世傳，以成一家語。門部彙分，先後定敘，繪形模像。蓋山川雖廣，舒之不盈庭，而爲碩臣，爲良將，爲詞人墨士，一披閲皆在目也。庶幾哉可以謝憲大夫矣！

走不佞於周君爲世好。家當接代乏時，握符而西，則周君業已移車，吾吾然猶未炙其爲人。第觀其所爲志，華辭渺論，斐然盈帙。且不徇私，不骫法，歸乎昭美顯榮，默勸後人，侃然當於大軌。試與馬班度長絜大，疇能軒輊之。嗟嘑！志之作，徧天下郡縣矣，然率之曼辭漂句，不俟瀫歲已庸庸焉；腐唇陳齒，令綴文之士得起而刈芟其間。詎有如我代乘闕焉二百餘載，一旦周君爲之，遂以高翔文苑，雄睨詞林，鴻裁妙緒，俾後之挾鎚鑿者蔑以駕焉。前無古人，後無來者，斯殆良史也乎哉！

其以付之工人，金鏤石鐫，彰爲一郡令典。旹。萬曆丙戌秋杪奉直大夫知代州衡陽陳宗凱撰。

（據《萬曆代州志》）

黄離草序

詩文俱祖六經。六經之文，窮理盡性，格整章肅，高出秦漢。而秦漢之所云“利鋒峭壁，淩駕千古”者，則六經之文之餘也。三百篇之詩，陶情會性，而適景託物者，則若有若無，而遠軼晋魏。顧晋魏之所稱“夷猶雅澹”者，則又三百篇之詩之餘也。詩與文少厄於宋，以刻舟按圖而模擬六經之過也。何也？六經可會不可擬也。會之則得其精髓，擬之止得其皮毛。以皮毛而求六經，淺矣。明興，諸先正之文與詩多出入宋元之間，似有求工而未能工者。要之其大義未支，骨力未弱，殊少潤色之東里子産耳。宏、正及嘉、隆間，何、李昌其運，王、李肆其流，故人握隋侯之珠，家藏卞氏之玉，大端文非秦漢、詩非晋魏初唐不道也。

不佞常北面王元美先生，謂“先生何酷似蘇長公”，先生尚退讓不敢當。而太原先生序元美之集，亦稱先生獨步同輩，而實似長公。何也？文章詞賦，雖名雕蟲，而實通神理，且關氣運，進於技矣。以神運技，則技工而神附；以技求技，技縱工，於名教何裨？故濟南公之詩，泱泱大風哉！其文則余不敢議公，而實有不能窺公之際者，若目近則又異矣。

標字襲聲，纍貝組錦者，衹竊史漢之餘俎，建安七子之遺唾，披讀似覺俊爽，迨不終卷而厭心生，厭其湊合而無匠意獨詣之趣也。甚者，依希二氏之影響，牽引法華、楞嚴、廣成、青牛公之半偈殘經，而漫爲不可句讀之語。或爲可左可右，而託潭月鏡花之像，至談兵訓刑，説劍評史，俱以禪解爲宗，而逃於一通萬通之境，大可咤也。

若美命之《黄離草》，則余實有私契焉。蓋美命之文，談名理則根彝極，緣經常，祖周、孔、姚、黄，而取則於《檀弓》《典謨》；談吏治則本漢唐而律以國憲，取則於《史》、《漢》、董、賈；談兵戎則約孫吴之中；談藝術則縱横於諸子百家。而一繩之以正，三法彰明，氣淳格雅，讀之堂堂朗朗，而綺思俊語，每每散見於節奏之間。譬之危磯孤嶼，出没於洪波巨浪，望者驚以爲奇，而不知非所以語江海之大也。美命之詩，五七言律開豁渾雄，取法王、杜。五言古沈畜淵停，則法曹、劉。七言古時巧時拙，時縱時斂，則法王、駱。極之不必盡似，而神化遠矣，無復有剽羽促柱之悲，決堤飄絮之態，則其大概也。間有修橋修塔等記，遊寺送僧等詩，方露流沙葱嶺之秘，而洩三乘三寶之微，終不以之而混我六經，雜我姚、黄、周、孔，而强名混一也。

夫教以道異，文以教異，境以事異，詩以境異。會象會心，總之因物附物。蓋吾元美先生之爲文爲詩亦若此，然美命則似昌黎公焉。長公，昌黎公，俱非以皮毛求六經者。故余書與美命，謂其“不肯砌字錯采以爲奇，不肯鉤玄染禪以爲超”；而美命謂余之二語，實得其心。而且謂“文章道喪，學術路歧”二語者，足以正人心而回世道。夫余何人斯，所負者不宏，所乘者不便，即欲正人心回世道，誰則信之？然私有慨於中久矣！

詩盛而唐盛，詩衰而唐衰。當今文章，制義以下，大有衰唐之風。美命之才之氣，足以振之，而位與望並，望與時並，固欲竊蘇長公之頌昌黎公者以頌美命，美命其勉之！昔人云：“江左有管夷吾在，吾無憂矣。”如以其文也，以其詩也，則京山有李太史，雲夢有鄒考功。舉所知也，三君者鼎足而可以張楚，皆非余之所敢望也。

（據《湖北文徵》）

王西塘集序

世人有志見欲樹立者，輒薄文章曰：“是技雕蟲耳，惡能於時爲重輕?”而文章家則沾沾喜傲，翹翹標指，曰：“卒此爲大業。”彼揚子雲云：“雕蟲小技，壯夫弗爲。”壯夫弗爲，而聖賢而豪傑可知。子雲豈不稱文章家？而何自貶損也？抑《太玄》諸書非雕蟲耶？此其故吾得而縷數之矣。

蓋文章之道，與心通也，與行俱也。心通而言謂之妙解，行俱而言謂之實際。上索《典謨》《風雅》與夫《伊訓》《魯論》，以及思、孟之徒，類有創作，何不通之心、俱之行乎？第解有深淺，際有遠近，要之解不可謂之不妙，際不可謂之不實。子雲之書，縱未能窺究深微，敷陳平易，管之所見，豈無一斑？斑無全豹，而要亦見之。見之則語真，語真則言立，言立則不朽。嗣是王通之著述，杜甫之篇什，類能歆多衆而垂永世者，亦以於心自有所通，於行自有所俱耳。馬遷之雄未解其領要，太白之敏未際其真誠，惟以健筆綜核於存亡興衰之會，仙材縱横於煙霞雪月之間。故讀馬遷之《史記》，則道往昔於聞睹；誦太白之諸詩，則生風雲於几席。而後之論文者止馬遷，論詩者止太白，不復知有《典謨》《風雅》矣。是文章之一變也。顧馬遷、太白之文章豈苟作哉？融以神，運以意，貫以事，繪以章，定以格，承以調，響以聲，錯以句，潤以字，而其神也，意也，事也，章也，格也，聲也，調也，字也，句也。文復與詩異，蓋酌所不得已，而各出之以當，如和五味焉。然馬遷曉其文，而於詩有不徹，太白曉於詩，而於文有弗工，技之窮也，亦見名家之難也。唐昌黎氏起而兼之，自謂直接羲皇、周、孔，而實只能繼司馬遷、太白耳。能繼馬遷、太白，而且兼之，亦異矣！顧昌黎間能泄全，秘達時宜，庶幾所謂心通行俱者。則昌黎氏未可少也。宋元來名詩文者，吾惑甚焉。掠馬遷及諸漢人所爲文而補砌組織，羅太白及諸唐人所爲詩而裁割綴縫，驟目之，則字句漢也、唐也，聲調漢也、唐也，彼自謂馬遷、太白，人亦從而馬遷、太白之，彼其字句其聲調真漢，真唐矣，真馬遷、太白矣。何也？固漢唐人所已語者也，其糟粕也。萃薈其字之奇穎、句之險異者而爲字句，摹擬其調之飛揚、聲之儆動者而爲聲調，固字句則信無弗類，聲調得千百之一二耳。所以格以條章，章以授事，事以達意，意以出神，吾誠不知若何，或者得億萬之一二，則已傲唐昌黎而下之矣。謂昌黎無足與語，是豈知昌黎亦心通行俱者，擬上古作者實弗逮，何至讓馬遷、太白？第各有所入，不相盜襲耳。人惟心所不通，行所不俱，更面貌而語，固弗達此。

嘉、隆間文士群起，畢力求所未至，一時稱盛，其少司徒王先生時之宗盟也。然先生不嘵嘵然向人人談詩文，如所謂沾沾翹翹者。且先爲柱下史，日有建白，非只空談而已。而先生固不輕以示人也。久之，盈盈成帙矣。帙多，更逸亡，而門生故吏懼也，裒而緝之，得所不逸亡者，文凡若干篇，詩凡若干篇，奏疏又若干篇，總而託之木。褕茲郎版曹，得結事先生，獲所新梓而讀之，讀未竟，慨然歎曰："嗟嗟，胡云古今人不相及也！"

文以和平通正、根極理要、默據事情也爲上，詩以沖融涵蓄、發抒性靈、聯絡景物也爲最。奏疏則異是，言弗直則弗動，言弗省則弗覽，言弗大則弗當，言弗犯難則弗費。先生之文和平通正矣，根極理要而默據事情矣。先生之詩沖融涵蓄，發抒性靈，而聯絡景物矣。先生之奏議，言直，言省，言大，言犯難矣。於先生見古人所爲文章者，顧先生之文非不漢，先生之詩非不唐，蓋本吾之神，運吾之意，貫吾之事，意之所指，事之所值，而格定焉。格定而章就規，章就規而調協度，調協度而聲諧律，聲諧律而句足聲，句足聲而字成句，則字句吾所自爲字句，聲調吾所自爲聲調，章與格吾所自爲章與格，無論唐漢，即上而《典謨》，而《風雅》，亦只如是。何也？古今人之神同也，其意同也，事或異耳。事異而意緣事異，意異而神由意異，神意完而事所欲言，則而格、而章、而調、而聲、而句、而字，如化工造物，千態萬狀，如大海潤物，隨取隨足，奈何强字句入所不類之聲調，而又强聲調、章格以就所不類之事哉？

先生澹養性體，虚育英靈，而心通於道，故心通而語所自解；介絶流俗，和容物我，而行俱於道，故行俱而語所自際。先生於詩文也，以無意得之矣，逼昌黎而躋揚雄氏矣。雖然，無稽之語何貴於金玉？無用之言何裨於饑寒？甚哉，立言之難也！

綸讀《逐客》，則悲世之漸染；讀《法吏》，則悲世之深求；讀《心誓》，則悲世之趨改；讀《一政疏》，則悲世之紛更；讀《肅政新疏》，則悲世之容隱；讀《邊事疏》，則悲世之苟安；讀《肅戎政疏》，則悲世之避寵；讀《幽居》詩，則悲世之自擾；讀《長至》等詩，則悲世之急名。至《發諭》《療鶴》《長信》諸作，先生其有憂乎？其有思乎？嗟嗟！當事者重，切用者珍。卷中數萬語，何不如金玉，何不裨饑寒者？綸則欲廣心誓而號之衆，緝《肅戎政疏》而更轉聞於朝，玆蓋時所尤重而用所尤珍也。固知僅可與先生言耳。先生多自得，揚歷中外，樹策勳猷，文章實不盡先生，而予言又惡能盡先生之文章？

（據《湖北文徵》）

唐玄卿三集序

玄卿弱冠登壇，馳聲海内。海内士人無論知不知，咸以文章推委玄卿。夫玄卿豈只文章之士乎哉？玄卿近有三刊：曰《家居》，曰《北遊》，曰《南遊》。夫玄卿誠富著作，三刊其詩也，不及其他。姑論詩。

彼玄卿者，亦當盈盈汗毛，則玆三刊者，抑亦存千百於十一耳。玄卿《家居》詩，省稼參玄，呼朋登眺，澹然忘情世味。《北遊》稿何其慨慷激昂，深悲而多怨也。其《南遊》諸作，則和渾怡雅，無復怒張。異哉，玄卿之於詩也！夫玄卿之北遊，以祠郎起，病語世俗，亦所爲通顯，其慨慷激昂，深悲而多怨，則胡爲也？其南遊也，予與玄卿同。其半當流放時，浪跡江湖，與楚屈平、賈長沙爲伍者。和渾而雅，則又胡爲也？噫嘻！此其故難言之矣。當玄卿官祠部時，故江陵相以門下士客玄卿，待玄卿誠不薄，而玄卿雅不樂爲之客。無何尚璽郎去，江陵相欲以玄卿佐璽郎，玄卿三辭弗受，江陵因此猜玄卿。且更有以重逆其意也。往者，予以疏狂，弗當故相，視罪榷關，自知必逐。人有私以玄卿《至日感懷》詩示予者。予曰："玄卿亦逐矣！"無何，予與玄卿俱不免。而玄卿買扁舟過清源，傾蓋論心，相得歡甚。夫仕人見逐，胡以歡爲？則知玄卿曩者之所以慨慷激昂、深悲而多怨也。

漢唐來咸輒訾詆文士，爲其不能備鉛刀一割之用，且緣王輞川、柳柳州急於自顯，輕辱其軀。又咸爲文士之趨卑而好進也，鮮有雄心。夫往昔無論，近者荆川先生非海内號稱文章之士乎哉？然當其抗疏落職，抑何雄也！晚年起家督撫，視師海上。予嘗身至海上，至問之故老，云："唐督撫使介馬操戈，登先戎伍，其戰場壘壁，依依猶存。"玄卿親爲荆川先生之子，何其酷似先生。故今交遊中，知玄卿之文章者十有其九，推玄卿之氣節者十有其六。然氣節文章，舉不足以盡玄卿。玄卿窺陰符之微，曉諸葛之秘，且也擊劍則白猿號雨，彎弧則明月出懷，搠矛則梨花飛雪。玄卿固未輕以示人也。予嘗謂絳、灌無文，隨、陸無武，四子之不遇，非不幸也，固妄意屠龍、揣摸畫虎者多。

二十年來，材力有制，兼之未能，思得具資文武者，甘心爲之執鞭。而屏跡家居，莫由遠攬，四方豪傑，握手者稀，多有聞名而竟未一識其面者，私心殊深憾之。其不鄙棄予而予得與之周旋者，則有顧益卿、管登之、沈君典二三丈，最後則識玄卿。矢志盟心，誓終犄角，或者藉手而俱得勒之竹帛。奈何君典以疾死，登之以言廢，惟益卿持節理兵事，行當有所樹立以不負生平。玄卿則介用與不用之間，第自勉焉。

玄卿之詩，有"少不如人今且老"之句，讀之未嘗不泫然下淚。嗚呼，燭之武非老也？"老馬伏櫪，志在千里"，孟德不云乎？擊唾壺而歌之，英氣勃勃動矣，玄卿勉焉！

（據《湖北文徵》）

阻交結暢言路疏

謹奏爲内臣交結外臣、言官阻滯言路，懇乞聖明奮乾斷復祖制以肅臣紀，以昌治道事。

臣聞正己無私交，大臣之義也；守局無外事，内臣之恪也；言所當言，而猶願益廣進言之路者，諫臣之忠也。故内臣而招權於外者，其勢必至於亂政；大臣而交結於内者，其勢必至於背公；諫臣而以言爲滯者，其勢必至於壅蔽。先時，大學士張居正與司禮監太監馮保等比周爲奸，而一時臺諫之官，或鉗口結舌而自固其位，或陽攻陰擊而用張其威。間有閒置藎臣條陳建白，大者杖遣而投之荒裔，小者褫職而錮其仕進，十年之内垂首喪氣，綱紀蕩然矣。賴皇帝明威，罰居正而暴其既死之愆，逐馮保而撲其方張之焰，蒙蔽者間正其辜，流放者漸復其職。臣以爲私交可絶，言路少開矣，豈知馮保逐而内監之狡黠者尚踵其遺奸，居正罷而廷臣之貪婪者尚襲其故智。蒙蔽如陳三謨等既已量處，而繼居諫垣者尚習其餘風，有如兵部尚書張學顔、太僕寺少卿李植、吏科都給事中齊世臣、司禮監太監張鯨之所爲乎！

臣微職也，忿諸臣之敢於負皇上，而又忿臺諫之臣畏忌而不敢言，更倡議而欲禁諸臣之言事也，故敢不避斧鉞，向皇上陳之。

夫張學顔之被論，屢矣；皇上以學顔之故，逐二給事中、三御史矣。昨者御史張文熙之論劾也，則皆諸臣之所已言也，事誠疑於牽摭，不知揭陷。劉臺形跡昭著，處分未及，何以懲奸？舉世之所共忿也。然學顔曾爲户部尚書，臣備員户部，謹舉臣之所知而諸臣未及知者言之。臣以主事奉勅監收臨清鈔關商税船料。其先臣司鈔者則主事周希舉也。希舉貪墨，商旅怨唾。臣至關之日，刷洗前弊，希舉以其形己之短也，公然向臣出學顔手書三紙，前後共取緞綾布帛及銅鉛雜貨凡二千餘兩，而又云交代時更以千金饋送其家，則户部主事劉廷芥、工部員外金從洋及臣之所耳聞目見也。蓋希舉以此脅臣，欲臣習同其污而自免於衆口也，抑亦欲臣預爲之地，而待學顔不時之需也。故臣焚香誓天，萬人争駭，此受贓之明證也。

漕院参運糧把總住俸停升，旨下户部，學顔失於移咨兵部，故兵部尚書方逢時未逾日將前官混推，則學顔、逢時之誤也，俱無大過也；縱有大過，進退亦在皇上。當兵科參駁之日，方逢時則具彩服見張居正而白事，張學顔則改素服見張居正而乞哀，其奴顔婢膝，傳者哄然。用是居正喜學顔而怒逢時之抗也，其調旨批發，薄責學顔而重罪逢時，此其諂屈權貴之明證也。夫小事而屈禮，數年之趨承，何所不至？則曩者劉臺之揭，實陷忠良，而以深中其私曲部屬，而責賄九邊之誅求，何所不爲？則近者金絨之卻，聊假細微而欲以盡掩其生平。

學顔之不齒於士論久矣！夫大臣之正直者多被搆於居正專横之日，大臣奸回者多顯斥於居正敗露之時，惟學顔則始終無恙矣。蓋往附同鄉而托里閈於馮保，近緣同姓而結兄弟於張鯨。二三言官指論學顔而不敢輒及張鯨者，畏鯨在皇上之左右，又竊懼鯨之敢於爲惡不減馮保也。若植之劾馮保也，臣在遠方聞之，意在必爲忠讜正直之臣，豈知陽假公義而陰爲利禄者乎？蓋閹宦，天子之所以供使令者，無論其賢與否，均之不可與外廷交相爲歡也。植之論馮保當矣！得非張宏門客樂新聲爲之謀主乎？因論馮保而交好於張宏，更以張宏之勢誇脅同類，恣肆胸臆。其巡按順天時，娶順天之娼王氏爲妾，風紀安在哉？倡狂干紀，殊無顧忌，則恃張宏之爲内應也。皇上逐居正之後，事有不下部院竟從中票者，必皇上之獨斷也。張宏、張鯨等既竊獨斷之權，密號於植，而謂其悉由司禮之調發，李植等又竊司禮之勢明號於眾，而謂其悉由御史之指揮，内外傳聞，轉相驚訝，則植之論馮保何心？其交張宏者又何心也？超轉太僕，益感私恩，稱門生而叩巨璫之座，不其穢臺端而辱縉紳乎？況與張宏往來者，李植一人而已，而同時共事之臣素負激昂之名，謬蒙交結之跡，此更臣之所私惜也。

夫張學顔附張鯨之宗而久固其位，李植結張宏之黨而驟遷其官，公論之所最不容也。交結内官及近侍人員，漏泄事情，夤緣作弊，而符同奏啓，非律例之所重禁者乎？若朝廷以耳目之任付之六科十三道，吏科者則首諫也。然祖宗之意豈爲六科十三道盡直言之臣乎？姑以是爲專官而責之重也，實未嘗謂六科十三道之外概不許其有言也。祖訓有云："今後大小官員並百工技藝之人，應有可言之事，許直至御前奏聞。其言當理，即付所司施行，諸衙門無得阻滯，違者即同奸論。"故先朝進士王守仁之論劉瑾，主事李賢之直陳時政，故典昭然，已往無論矣。張居正擅權之日，臺省諸臣群頌功德，而員外艾穆等投劾而首發其奸，則部臣言事果何負於國家哉？惟居正謂臺省之人少，少則易於牢籠也，而私結其心；部侍之人衆，衆則難於收拾也，而重顯其罰。故艾穆之捶楚最酷，流逐既遠。其次惡管志道之條陳也，御史龔懋賢則承其風旨，乃疏其剛愎而斥以老疾；惡主事趙世卿之條陳也，尚書王國光則稟其成算，乃數其誕妄而錮以王官。趙世卿幸蒙昭雪，管志道尚屬沉淪。論者咸切齒於王國光、龔懋賢，爲其附權奸而棄直言之臣，以長壅蔽之禍。

齊世臣既爲首諫，不能盡言，奈何又欲人之不言，乃敢明倡建白，蔑視祖訓，而禁諸臣之言事乎？今張學顏之附張鯨，李植之附張宏，張鯨等之敢於竊權，潛引外黨，世臣豈不聞之？而世臣不敢言也。況前任吏科者周邦傑也，又前任吏科者秦耀也。秦耀、邦傑俱當居正之時身爲諫官，在秦耀則排陷攻擊，甘爲獵犬，在邦傑則依違觀望，自等寒蟬。今秦耀官太常矣，邦傑官太僕矣，諫職無補，坐陟京卿，尚爲臺省之足恃乎？而乃禁諸臣之言事也。

夫逐一人之言者其罪小，禁諸人之言者其罪大。往者奸臣嚴嵩、張居正等痛恨部臣言事而尚不敢明立此禁者，畏有祖訓在也，何世臣之略無忌憚，一至此哉？臣謂張學顏之内交而固其位，其罷不可賴也；李植之内交而干進，其隙不可開也；張鯨等之外交而布黨，其漸不可長也；齊世臣之忍於不言而敢於禁言者，其心不可測也。大端時各有所重，勢各有所偏。當居正時，咸謂事權在内閣矣，故人敢指斥乘輿，而不敢以一字影射臺閣。今則咸謂事權在内監矣，故人間有指陳臺閣，而不敢以一字干涉宦官。臣之愚忠，知有皇上而不知有閹宦，不知有臺閣，亦不知有堂官。惟願皇上採輿論，奮乾斷，將張學顔、李植即時罷斥，而儆外臣之趨附私交；張鯨屏之閒居，而杜内臣之竊弄威福；秦耀、周邦傑分别以處而究其既往，齊世臣奪其諫職而懲其將來。管志道辨其無疾，惟趙世卿例，不次敘用，以朝廷之受言也，而不終以言棄敢諫之臣。仍遵守祖訓，嚴飭司禮監太監張誠等止掌冠婚喪祭一應禮儀及書畫筆墨等事，而不許其干黜陟興革之權，其應當黜陟興革者，職掌分之部院，擬票總之臺閣，而裁定斷之聖心。其不時内批，乞賜停止，一則可以防内臣之竊弄，一則可以正閣臣之推諉。設部閣大臣敢有阿附如王國光、專權如張居正者，則以論駁責之臺省，臺省畏勢則以公論普之庶僚，庶僚之中有懷怨挾私、摭拾鄙猥者，則明正其罪而投之有北。如此，則耳目可廣，事權可一，奸黨可清，而治平可保矣。

若臣，以卑官而犯新禁，不無出位之嫌，以舊屬而論堂官，不無訕上之誚，内攻閹宦，外指臺諫，不無犯衆怒而有掉虎尾之危。但臣先任户部，草疏欲論張居正，自分其必死矣。臣父年七十有三，臥病在床，臣重以親老爲念，含淚而止之。今臣父已矣，往者姑存不死之身，以慰年老之父，今者終酬必死之志，以報聖明之君。臣干冒天威，無任戰慄隕越之至！

（據麻城《周氏宗谱》卷七，原題爲《二魯公疏》）

明改折敘 見《喻氏宗譜》第五卷首册

余邑三面阻山，其西稍近河。然河水一帶，春夏雨漲，二三日内可行小舟，故運道難甚。而黄安其分邑也，利害大約相似。往者肅皇帝狩承天，優顯陵六軍，停其兑，停兑共三萬餘石。水近米賤者，民不甚利折銀，然折銀則山邑之利也。耿恭簡公家黄安，見獨先，先請於當事，得永折。蓋恭簡能信於合邑，且邑有王生者，能人也，總其事，而恭簡公調公費給之，任出入故也。余兄大光禄少魯公曰："耿中丞不念故里乎?"時文侍御令吾邑，最稱廉明，亦調公費百金。而光禄兄書請於監司，得改折。折未期年，文候内召去，光禄兄捐館，而余以流逐東西，邑有貪簿許楠者，與三五猾吏陰壞其法，仍征本色。至近年暴水淤東北腴産，米出無多，而新例令征白粲，民愈稱苦。

先年，閩進士沈君爲《他郡丞校全書》，書云："麻城阻山，與黄安同，黄安得改折，而麻城士民何寂無一言?"余乃糾衆告於郭大中丞公。郭公隨即升任去，而沈亦罷歸。任事者夥，纔一往返即費二十金。而邑士夫有中糧廳狡計者曰："改折何益?"余度不能得之於衆，歎曰："余誠非耿恭簡，何邑無王生耶?"

無何，鄒公館舉於鄉，昌同舉伸其請。余曰："鄒公新進即不忘梓里，余奈何自委? 顧卒難得任事者。"適吾友曾君嘉懷曰："鄰有儒生喻儀號麟野者誓任其事。"余寓曾宅，介曾君邀喻，喻至，曰："儀不敏，誠得先生主之於上，儀當竭心力。"余曰："費安所從出?"喻曰："以私帑先之。"余曰："余邑人不始事，亦不樂成，設事成，所費必無償。"喻曰："安敢責償。"余曰："事之成敗未可知，倘事成無償，猶可得名，如事不成或半成，等費耳，費如棄之水。"喻曰："爲名而捐金，非儀心也。"余大歎息，曰："末世乃有喻生!"然尚謂一時之慷慨耳。

余邀邑士人同往省，士人無應者，惟梅給舍瓊宇與余偕行，而隨行者鄒孝廉、梅茂才雲鴈。余與梅止備行糧，其公費俱儀給。時廣德李公撫楚。余同梅給舍五見李撫公，反復辨論，聽者色動，李公亦心動，然實憤余邑有先領廣德郡者種禍於其郡，意正猶豫，但議無以奪，余與梅姑從其半。而方伯王公、儲糧韓公、守道荆山陳公則咸欲全折吾邑，而荆山公争之尤力。無賴廣濟中争，而右轄陳公者右廣濟，而王公又暴卒，故折三分之二，而喻生所費多百餘矣。

歸之日，余老友同五七山老踵門而謝予，予曰："何可不謝喻?"邑人尚未知喻之備公費也。喻曰："折不全改，與未改同，吾誓始終之。"故每歲春夏，喻必捐金跨蹇，攜二三蒼頭往返齊安、武昌之間，雖廢耕所不惜也。久之，私帑竭，乃鬻産，産價竭，又稱貸。而邑之猾吏復欲陰壞之，故停漕折銀，以怒陳公。陳公曰："予爲麻城改折，折銀不解司，是我爲法自苦也，何如仍舊?”喻生聞之，五夜造予問其故。予復上書謝陳，且言責在猾吏，非士民，停折則中猾吏計，失民望。陳公亦悔，曰：“早知故，得全折矣，且剩存□之偶折，原許麻城，行有待耳。”陳公去，黄梅輒私據之。余因喻生之請，再同衆士大夫連名訴於撫臺趙公，趙公下其議於藩司，而視司事者則趙後撫臺梁公也。梁公與趙公議合，然力請於院司者，則郡之司理高公也。高公視余邑事，即家人予邑曰：“麻城三面阻山，黄梅三面濱江，運道異。麻城前後永折四千餘石，黄梅前後永折五千餘石，多寡異。奈何黄梅尤欲有争争不已?”高公秉公持正，與監司争，古所難也。於是麻城始得全改折色。然喻之所費又不貲矣。而喻無德色，亦無吝容。未幾，黄梅復假災傷欲偶折，聊分其半，而實欲久假不歸。賴高公力拒。而喻又效奔走，室如懸罄矣，謀以餘産值子錢。予與衆憐之而公處其費，費今僅得其半。

喻生固義士也，微高公則喻勞而無功，費而無補耳。世之人席厚積營子孫計，即豪而賢，則飾居室、選聲妓以自娱，況喻生家不豐，而出其多半以佐公家之急，業已爲百世之利矣。喻生先無兒，年來兩得舉男子。造物遠矣杳矣，邑有紫微侯之神，念予邑之急而施德於冥，前後莫可縷數，豈神佑喻生也?

但黄梅之争釁未忘，而余邑之落成已怠，萬一有許簿者出，遲漕折之解以激怒儲司，而借他邑之口，是則非喻生之所能常料理也。且余亦老矣，久棄置，言多不爲重輕，固世世年年望賢有司以漕折爲急務。望賢士大夫念梓里者，惓惓無忘喻生，而尤以漕折爲言，可也。

（據麻城《周氏宗譜》卷七）

劉孺人節孝傳

吾伯氏都轉運使愚齋公繼配、伯母劉恭人，舉男子四。長宏祚，字元錫，號少沙，家之奇豪士也。襁褓時骨格標聳，劉端簡公諱采，四部尚書，謚端簡。甚珍愛之。端簡公與都轉運公幼共筆席，弱冠同舉於鄉，時又同卒業南雍，元錫兄已生二年矣，爲肅皇帝之丁亥。而嫂氏劉孺人生，生彌月，都轉運公爲元錫求婚於劉。劉端簡公雅善都轉運公，而珍愛元錫，謂董夫人曰："女字於周，固吾願也。"故嫂生月餘，而聘爲周氏婦。繼端簡公舉進士，歷官閩、粵，嫂以女隨官多十年，漸長矣，叱咤之聲不聞於閨闥之外，其事父母則誠孝不怠於久，愛其弟及伯叔之弟恩至而有禮，處婢嫗則肅如也。董夫人嘗欲授以書，嫂曰："讀書男子事也，女習女工，何用是爲?"端簡公熟其動静而喜曰："是女也，他日必爲佳婦。"

年十九而歸元錫兄。嫂惟凝静自處，旦夕相對，儼若嚴賓，故元錫兄亦甚重其行，而敬禮焉。越十年，元錫兄病，嫂毁容盟志，焚香籲天，祈以身代。入侍夫則容貌如常，不欲以死憂夫也。夫病四月，知不起，嫂屬有孕，曰："若舉子，則夫之幸也！夫必不起，予必不生。有二子，或可不絶如線。"生子二十七日，而元錫兄死，其先生子僅一歲，女僅五歲。嫂即欲以死從，屏飲絶食，旦夕撫棺而哭，搶首拊胸，形容盡槁，幾不能頃刻待者。然都轉運公及劉恭人時官滇之楚雄，端簡公及董夫人時官於閩，嫂曰："未亡人夫死矣，翁姑父母俱宦於遠，奈三孤何?"無何，幼子暴死，嫂益慘切，曰："夫死，幼子復死，予何以生？予既不能延命以俟翁姑，而子女幼，又不可使之無托。"乃以女屬二叔母余孺人女之，子屬吾母汪太恭人子之，曰："婦不幸失所天，二嬸氏重念其死，並念其生，子女視若己子女，俟吾姑歸，以子女付之，吾不能俟吾姑，惟是從吾夫於地下已耳。"語畢，叩首以謝，悲絶，擁衣瞑目，歷七日，勺水不入口。諸姑羣婢晨昏相伴，俾其不得自盡。且更番勸之曰："死爲夫耶？撫孤爲夫耶？昔人有謂'死易，立孤難'者。況汝姑汝母聞汝夫死，勢必歸，歸而汝死，傷甯有極耶？哭子者兼以哭媳，哭壻者重以哭女，是汝以死而反促汝姑汝母之死也。汝何不忍死以待!"嫂聞言，稍自强，曰："姑也母也，何日至也耶？至則予死瞑目矣!"劉恭人聞元錫死，未能遽歸，先馳書諭之曰："賢孝薄命婦，汝性激烈，夫死，汝必不自愛，但烈猶難中之易，節則易中之難，汝須爲其難，俟兒女成立，以慰汝夫不足之衷。且有姑在，倘爲顧念，我可解憂於萬一耳。姑歸在即，相依爲命，心心不患無印矣。”而端簡公與董夫人自閩藩聞元錫死，亦馳書諭之曰：“婦人死夫，義也。但與夫死，上有翁姑，必欲體其心以盡孝，下有子女，必欲體其心以盡慈，故從夫死不若體夫之心。”嫂持二書，泣曰：“姑命之，母命之，且姑、母之歸近矣，予其忍死以待。”乃召還子女，命庖人日進粥食不盈器。

後六月，劉恭人歸自滇，嫂持姑泣，逾時，僕地幾絶，決志不食，殉夫之志至此無貳也。恭人曰：“吾念汝羸瘦甚矣，計爲食肉則可，乃復於食而絶之，豈姑之歸反以速汝之死耶？且吾已老矣，亦不能久生於人世者，汝還念汝子女，强爲之食，以無重傷死者心。”嫂始解顔曰：“姑命不敢違，肉食則不忍。”食粥如故。

朞年矣，病益甚，僅延喘息耳。端簡公再以書諭之曰：“《禮》：‘子居父喪，朞年食菜果。婦居夫喪，極孝，亦與子同。’即今變食，何不可者？”嫂曰：“吾已厭聞五葷矣，慎勿强。”故食素以終其喪。坐臥一樓，足不履地。越五年，卜葬元錫於近宅之塋。嫂仍縞素三月，撫棺欲絶者屢。喪畢，還坐樓上。

葬元錫之明年，孤女死，其孤子應伊則就外傅矣。端簡公巡撫山東，念女孤，留董夫人於家，欲時時視女。嫂曰：“母以女故留，父獨往，孤身宦遊，女何忍？母其往！母留則女心益苦。”端簡公聞之，輒不禁淚下也，曰：“吾生子一女一，子已死矣，而女復無歸意，欲使母與女常頭作團圞，而女竟不受也。其爲父謀者，則得矣。獨計吾女命薄，亦何至於此極耶！”

嫂之寡居也，瞬焉十五年矣。孤子應伊，冠而字之曰邠。初補邑弟子員，娶於梅，授以室，非復前此之幼不曉事者。嫂乃命之曰：“汝父死時，予應死，予勉從姑母命，延此未亡身，撫汝以至成立，汝今娶矣，汝其克自振拔，求畢汝父未竟之志，以無忘先人業。”

又三年，都轉運公及劉恭人老而倦勤，析其子若孫，而嫂時年四十有四，始移樓就寢，以主蘋蘩，稍進雞暀。嫂事翁姑孝而能敬，每聞咳唾聲必囑婢密伺其所以，知所欲則先意以承之。故都轉運公與劉恭人嘗默感其禮，而又慨然長歎也，有與言及嫂氏者，輒爲稱道不置云。歲時祭其祖及夫，舉凡品物，必手自揀擇，不欲以不潔而登諸俎，昭誠敬也，其諸事死如事生者歟。

然致仕而歸者，不又有端簡公乎？念其女，歲必數視焉。後病，嫂年五十始一歸甯。前此念親雖至，而夫喪罔極，絶不知有人世間往來事也。都轉運公及劉恭人相繼而没，哭泣盡哀，端簡公謝世，哀亦如之。自是以往，乃以家事授其子婦，仍斷葷茹素，口誦《金剛》《楞嚴經》，手不釋卷，至“應無所往而動其心”，其心泮然若有所解，雖病足支離，步履俱廢，而其持誦不衰者如故。垂絶時有侍婢泣，張目曰：“無用亂我種性屬。”子應伊至，亦無語，合手頂禮而逝。

嫂氏生於丁亥之七月十日，死以乙酉之十二月十一日甲寅。夫死時，嫂年二十八，孀居三十一年，哀慕之心遠而彌篤。三十年内，素食居其半，淡裝終其身，操行皎潔，親疏内外，舉無間言。故郭侍御按楚，以禮幣獎之。彼不死於三十年前丈夫死喪之時，而死於三十年後孤兒成立之日，嫂氏者可以死矣。

（據麻城《周氏宗譜》卷六）

薦　　父

痛惟幼丁孤苦，長值艱辛。生來六十四年，實有千百萬想。形單影隻，心憂兩世一身；骨瘦魂消，腸斷三迴九轉。六科不第，空餘滿腹詩書；四壁蕭然，未得半生受享。伸眉何處，拂意堪憐。短歎長吁，每對青燈下淚；捶床倒枕，幾番黄卷生愁。兼以外侮之侵淩，重以兩兒之孤立。萬感焦心，一朝殞命。生平英秀，隱然蓬矢桑弧；半世光陰，竟爾鳥啼花落。百身莫贖，一去無蹤。書幌蕭條，遺稿只封蛛網；屋梁寂寞，虚堂空照流螢。憶過庭之數語如存，思往日之音容何在。蓋棺乃定，永訣無言。抛寡母以無聊，結髪竟成斷髪；棄孤兒於何地，膝前永隔靈前。《陟岵》興悲，昊天罔極。啓薦仙靈於蓬島，敬藉羽客於鴻都。

（據民間抄本）

附　　録

碑　　傳

周弘禴傳　《明史》摘録

弘禴，字元孚，麻城人。倜儻負奇，好射獵。舉萬曆二年進士，授户部主事。降無爲州同知，遷順天通判。

十三年春上疏指斥朝貴，言："兵部尚書張學顔被論屢矣。陛下以學顔故，逐一給事中、三御史，此人心所共憤也。學顔結張鯨爲兄弟，言官指論學顔而不敢及鯨，畏其勢耳。若李植之論馮保，似乎忠讜矣，實張宏門客樂新聲爲謀主。其巡按順天，納娼爲小妻，猖狂干紀，則恃宏爲内援也。鯨、宏既竊陛下權，而植又竊司禮勢，此公論所不容。《祖訓》，大小官許至御前言事。今吏科都給事中齊世臣乃請禁部曹建言。曩居正竊權，臺省羣頌功德，而首發其奸者，顧在艾穆、沈思孝，部曹言事果何負於國哉？居正惡員外郎管志道之建白也，御史龔懋賢因誣以老疾；惡主事趙世卿之條奏也，尚書王國光遂錮以王官。論者切齒，爲其附權奸而棄直言，長壅蔽之禍也。今學顔、植交附鯨、宏，鯨敢竊柄，世臣豈不聞？己不敢言，奈何反欲人不言乎？前此長吏垣者周邦傑、秦燿。當居正時，燿則甘心獵犬，邦傑則比跡寒蟬。今燿官太常，邦傑官太僕矣，諫職無補，坐陟京卿，尚謂臺省足恃乎？而乃禁諸臣言事也。夫逐一人之言者，其罪小；禁諸臣之言者，其罪大。往者，嚴嵩及居正猶不敢明立此禁，何世臣無忌憚一至此哉！乞放學顔、植歸里，出燿、邦傑於外，屏張鯨使閒居，而奪世臣諫職，嚴敕司禮張誠等止掌内府禮儀，毋干政事，天下幸甚。"帝怒，謫代州判官，再遷南京兵部主事。

十七年，帝始倦勤，章奏多留中不下。弘禴疏諫，且請早建皇儲，不報。尋召爲尚寶丞。明年冬，命監察御史閲視寧夏邊務。巡撫僉都御史梁問孟、巡茶御史鍾化民，取官帑銀交際，弘淪疏發之。詔褫問孟職，調化民於外。河東有秦、漢二壩，弘淪請以石爲之，濬渠北達鴛鴦諸湖，大興水利。還朝，以將材薦哱承恩、土文秀、哱雲。明年，承恩等反，坐謫澄海典史。投劾歸，卒於家。天啓初，以嘗請建儲，贈太僕少卿。

（據《明史·列傳第一百二十二》，標題爲編者所擬）

中憲大夫科貢蟬聯傳 洙分廷徵公之後自八世以下

中憲大夫公諱宏淪，字元孚，號二魯，中憲大夫廷徵黑沙公之孫、中議大夫鈛公魯山之仲子也。生而穎異，爲小兒時即善作文。及長，博洽羣書，熟於星象，爲古文詞，揮筆立就。年十六入庠，尋食廩餼，以《春秋》中萬曆癸酉鄉魁第五名，甲戌會試聯捷，二甲出身，授户部主事。因失上憲歡心，差臨清榷税，轉工部員外。時江陵子溷登鼎甲，公欲上疏，而其謀先泄，遂謫無爲州。倅家居，丁父憂，後量移順天。別駕公[1]復有《内臣結外臣言官阻滯言路疏》，疏見後文集中。遂再謫代州。倅又量移處州司理，陞南兵部主事，轉北尚寶寺丞。時選取御史巡邊，人材不足，獨簡公以京卿兼陝西道御史，閱視甯夏。按史，萬曆十九年洮河告驚，上特遣科臣廵九邊，邊各一人，無拘以期。時尚寶丞周宏淪往視甯夏，有舉用番將哱拜子承恩事。已陞南尚寶少卿，及哱拜反，公由是謫潮陽尉。又按邑志云，公弱冠，讀書射獵，慷慨有大志，所爲詩文雅俊豪邁。鄉場五策，爲弇州所賞。雋南宫，謁江陵，望其氣宇，曰是必麻城之周某矣。時與屠赤水諸名流頡頏海内，頗有聲稱。

失職十年，優遊自得，寄情陶寫，賓客日至其門。凡邑之公事，言無不盡。獎進後學，薦拔沉淪，凡士類善作而抱有用材者，遇試輒薦之。蓋雖林下，而不忘以人事君之義也。而受其薦者，且歷終身而不知公之所爲也。即如孝廉王成位、司理謝南臺、廣文鮑侶蘭，微時嘗受公薦矣，其人果知之乎？如此類者，何可枚舉。又逢人有急難事，定爲營救。庚戌歲，江夏陳靖之以冤繫獄，擬重辟矣，公憫其罪涉於疑，走省救之，遂從輕典。而公以是留止於洪山寺，竟以是年七月晦日卒於寺中。公生乙巳，時年六十有六。

後光廟立未一月殂，熹宗繼位，出神廟時一切章奏，差次等級，並召還罷斥諸賢。公以諫儲疏次第五，贈中憲大夫、太僕寺少卿。元配汪氏，封安人；繼配董氏，系侍御董公妹，亦善文工詩。

公與汪安人俱葬檀樹沖，在縣北紅石堰之東不遠，各另塚，有碑表識。董氏、余氏俱葬青山。

按公生六子：長應泰，即奉直大夫公；次應元，即苑馬寺監正公；三應呂，字子望，無嗣；四應崙，即建平公；五應岐，即別駕公；六應鍾，字少都，庠生，亦無嗣。

奉直大夫公諱應泰，字子登，號五長，中議大夫魯山公之仲孫，中憲大夫二魯公之長子也。由文學歲薦任武昌儒學教諭，陞四川定遠縣知縣，復陞陝西甯羌州知州。時陝西爲流冦初起之地，又值歲饑，公堅守數月，力困被陷。賊縶公文廟中，公不屈，罵賊而死。時撫按題敘廕一子入學。公之次子諱蕖亦隨任遇害。家僮扶櫬歸，葬南湖畈；劉宜人祔葬。元配熊宜人葬窯泥陂。大清嘉慶戊辰蒙恩詔入忠孝祠，賜謚節愍。今墓有“奉旨旌表，忠孝傳芳”字樣石刻，其墓碑曰“明忠臣周應泰之墓”。碑旁曰：“孝子周蕖，逮己巳吉，本家請忠臣、孝子二牌位，入縣忠孝祠。”

按公生二子：長諱拱，即明經公；次諱蕖，字穉涵，廩員，隨任遇害，無嗣。

明經公諱拱，字蒲臣，奉直大夫五長公之長子也。哀父之死，抱恨終天。孝自性成，實有難解。以恩詔准入功貢，考授州别駕，未仕，念親不忘也。

按公生二子：長子維麻，字以廕，庠士，無嗣。葬石橋灣。次子維廣，字以儀，庠士。遇衛生堡之變，罹禍而死，亦葬石橋灣。維廣死時，其母與祖母尚在堂，三世寡嫗，門無穉子，閱數月而生遺腹子，以爲三世之慶幸哉。

監正公諱應元，字子魯，號魯孫，中憲大夫二魯公之次子也。工於詩學，故二魯公凡有佳句，公皆得侍其側而覽讀焉。由太學生授滄州鹽運經歷，陞苑馬寺監正。以壽卒於家，葬所未詳。

按公之子諱楷，字天行，庠士。天行之子諱維軾，字孟瞻，庠士。

建平公諱應崙，字叔柱，號夢臺，中憲大夫二魯公之第四子也。中萬曆庚子鄉試第四名，凡十上公車，不售。公曰："黄榜不登，父風莫繼，奈何!"遂筮仕南直建平縣尹。公之經藝甚佳，一時名士皆極稱之。卒葬金錢湖。元配耿氏，繼配鄒氏。

按公生三子：長子諱柟，即歲進士公；次子諱楨，即藍山公。柟、楨二公皆鄒氏所生。三子諱樽，字若彝，妾馬氏所出，無嗣。

歲進士公諱柟，字若調，號芝園，中憲大夫二魯公之孫，建平夢臺公之長子也。公性明敏，少食廩餼，以例敘准入歲貢。壽六十有八，生於萬曆乙巳，卒於康熙壬子。

按公無子，立姪維郃之子爲嗣。孫諱熺，字次廷，改名英，入太學。次廷子封渭，字西有，太學生。

藍山公諱楨，字若獻，號思皇，中憲大夫二魯公之孫，建平夢臺公之次子也。公性和藹，而操行又極嚴毅。以恩貢中順治丙戌，補乙酉鄉試副榜，署藍山縣知縣。壽五十有八，卒於吕陽。

按公之子維郃字厥初，太學生。維郃生六子。長子諱熺，即出繼若調公者。次子諱熏，即明經公。三子諱炃，字恢度，太學生。恢度次子封巒，字疊峰，府縣屢次優取，縣太尊孟公欲選爲批首，爲貪緣者所奪，卒困童子試中。四子諱熯，字晏山，太學生。晏山之孫銘武，字繩孫，太學生。

明經公諱熏，字偉猷，改名炳枝，爲邑庠士，隨合廩餼，藍山思皇公之孫，國學厥初公之次子也。才高學博，氣宇軒昂，談吐間絶遠鄙倍，能使聞者斂襟。雍正癸卯以例敘出貢，即於是年卒。

按公生二子：長子封泰，字青岳，太學生。封泰長子鍾亮，字未詳，庠士，無嗣。次子諱蓮，字未詳，庠士。明經公次子封華，字連岳，太學生。

考授别駕公諱應岐，字季邑，號魯庵，中憲大夫二魯公之第五子也。側聞公以禮自守，人世短長，耳有所聞，口絶不言也。樂道人善，又其所性則然矣。由太學生考授州别駕，未仕，卒。與繼配劉氏俱葬鳳陂河黄土嘴之後。元配侯氏葬周茂六面前毛家園，與周姓祖墳同塋，但彼列西邊，侯氏居東，各葬一邊。

按公生四子：長子諱檣，即廣文公；次子諱桔，字若交；三子諱椅，字若琴。皆庠士。若交僅一傳，與若琴俱無嗣。四子諱桐，字若啓，廩員，屢次觀場，卒困棘圍。若啓長子維豐，字芑水，庠士。芑水次子諱鯤，字景准，社學。若啓次子維鎬，字卜是，改名級，庠士。

廣文公諱檣，字若庸，號室伯，中憲大夫二魯公之孫，别駕季邑公之長子也。初爲縣學增廣生員，於崇禎十年奉撫臺余建砦縣西梅侯山，變父祖所遺田産備之，一方男女皆集焉。公親執戈杖，躬練步武，更勸以孝弟忠信，一砦之人和如一家。本年，有賊從光山來犯砦，公以計殺賊，砦民無傷。具報詳院，撫臺余批云："變産建砦，忠信居鄉，更能躬犯矢石，郤賊全民，偉偉奇功，匪玆土之長城已也，仰縣優獎。"十一年，夜忽有賊犯砦，又有賊從黄安來寇砦南之尹家山，公皆以計獲賊，解縣，詳報。如此者屢。又擒歸賊之南營頭目張三隊，原名張靖，并其隊長徐槐等，解縣，轉詳解院道，監軍道張批云："周生以奇致捷，十萬甲兵胸藏如許，名將中尚不數數覯也。事屬地方，理宜題薦。"理院熊批云："生員周檣，和衆禦寇，品才堪任，仰麻城縣給匾優獎，仍候本院彙題。"十二年，賊從北來逼砦，掠砦東之鄭家灣。公與賊相持，自巳至未，殺死頭目。本縣詳報，兵廵道袁批云："周檣屢挫賊威，克戢鄉民，俱以徵其品行。其獅子等小砦准併附彼團練。"十三年，賊由北突至，公與之相拒，本砦煙民安全無恙。撫臺方憲牌行道查公守禦實蹟，擬題准貢縣，據實詳復，兵巡道轉文督學道，内有"設奇設伏，而賊爲避鋒；必信必忠，而鄉共推譽"等語。是年八月，砦内居民葉近溪悮火，延燒百十餘家，而公之器物盡焚無遺。公又徧鬻田産，重爲修理，安集如常。

十四年，撫臺宋按臨驗功，咨移禮部，授河南商城縣教授。配詹氏，葬窑沖。公祔葬周茂六面前毛家園。

按公之子清臣，字仲醇，庠士。仲醇子墨，改名世美，字知守，社生。知守長子基朋，字行志，號魯溪，庠士。知守次子諱基道，字行久。其子聞謨，改名厚載，字繼豐，號樸齋，庠士。能文章，嫻詩賦，更熟於各大家講旨學庸精義，安、麻二邑遊其門者，入泮水，列賢書，蓋濟濟多士焉。乾隆甲辰，闔族重編宗譜，修飾潤色俱其手筆。觀場數次，卒困科名。厚載之曾孫焕文，字成章，從九品。

（據麻城《周氏宗譜》卷五）

【箋】

此傳爲周弘綸及其後五世子孫的合傳。作者未署，據康熙丙申《續刻宗譜凡例》，有“自吉軒公以下搢紳諸傳皆秬所竊撰”句，則知撰者爲周維秬。維秬字錫卣，號巨公，清順治癸丑進士。

董夫人傳 馮夢禎

董夫人者，楚人，吾友周元孚之繼室也。元孚前室汪宜人甚賢，中外稱之，生五男一女而逝。擇繼甚難其人。夫人有堂妹爲元孚某侄婦，夫人閨譽夙著，周氏故知之，而意未之及。方遣媒如某氏，未報。其夜，元孚夢汪宜人謂己曰：“勿議某氏女，某氏女傲，勿宜吾子女。某侄有堂姨，賢淑女也，盍委禽焉。”且曰：“即勿聽吾語，悔晚矣。”元孚既寤，急白父夢若此。立謝某氏而議夫人。夫人之母熊太孺人者，賢母也，亦夢汪宜人入室視其女。明日媒至，大異之，曰：“是故當爲婚。”於是遂歸周氏。

五子者，長未冠，幼方在襁褓。交禮之夕，列坐夫人之旁，夫人一一審慰之。既廟見，召諸乳媪，問子女起居狀甚細。父若兄聞之，喜曰：“新婦新來，便能念子女，甚善!”元孚亦喜曰：“有婦，令子女有歸，足矣，安敢望如前室之儉勤以佐吾貧也?”惟時翁命側室署家事，而賓夫人。夫人曰：“中饋婦職，婦女子時嘗學於母，甚習，其敢以煩庶姑？且先宜人之成法在。”遂悉召舊所役使若而人，令各執其事，而身綜理焉。曰：“先宜人之舊，吾不忍更也。”未踰月，家政井井。而諸子女益安，夫人日牽裾繞膝，不異親出。内外親黨咸爲元孚賀：“新婦賢能若此，子又得高枕矣。”夫人事翁甚孝，事少魯先生如翁，翁與少魯先生亟稱之。無何，賢聲遍宗族，且滿薦紳之耳矣。夫人居，常道汪宜人不去口，衣汪宜人舊衣，無所拘忌。汪宜人生辰若忌，則設酒殽，召子女奠哭之。母視汪宜人母，而兄視汪宜人弟。汪宜人母或使來乞衣，即無有，從身上解付之，曰：“宜人在，母不得衣，無憾。今不得，母且悲，感念其女。吾不欲以一衣傷人母也。”其委曲善人意，大率類此。

夫人聰慧絶倫，喜讀書，一二遍即成誦。初嫁時，識“之”“乎”字耳。比元孚命諸子屬對，間從旁代屬一二，語甚明麗。元孚曰：“若當善爲詩。”遂從元孚學詩。讀唐人詩若干首，又進讀《三百篇》及《史》、《漢》、諸子書，凡元孚所嗜，幾涉其半。試爲五七言詩及小詞，率有韻致。元孚曰：“子勉爲之，他日成集，爲子托諸木。”夫人笑曰：“妾不幸爲君婦，何以詩爲？”元孚曰：“子爲予婦，何不幸耶？”曰：“君才名滿天下，妾即有佳句，人且謂假手於君，或潤色成之耳。”以故隨作隨毁，不多流傳。

元孚才識議論，今之賈生、陸贄，每以抗直忤時，兩遭貶謫。躕躅十年，間關萬里，皆與夫人共之。方貶鴈門，道靈丘、廣昌間，其日風沙蔽天，舍逆旅，市米夜炊，三鼓尚枵腹。婢僕欷歔悲嘆，夫人談笑自如也。居鴈門，苦病，手書《般若心經》《法華》諸偈，焚香蔬食而誦之。自鴈門量移栝蒼，道彭蠡湖，風浪大作，舟幾覆，夫人神色自若，但口詠唐子方“平生仗忠信”句而已。夫人神氣清羸，噉飯甚寡，至栝蒼踰年，竟以羸病死，時年二十九。死猶念幼子，屬老婢曰：“兒多飯即病，汝善視之。”幼子即汪宜人最後出者。夫人實無子，訣時，元孚以爲言，夫人曰：“妾幸無子，有子即牽腸綴心，妾不瞑矣。”索遺稿，僅得數十篇，多鴈門時所作，元孚序而刻之，語甚哀酸。夫人以庚辰適元孚，迄丁亥，凡八年。

舊史氏曰：去年春，余晤元孚于此，留連信宿。元孚從容爲余言其嫂夫人能詩，且舉其佳句，不一而足。余笑謂元孚：“嫂即能詩，君或小爲潤色。今之閨閣，寧有如此人哉?”元孚云云，則董夫人之所謂不幸者也。因嘆羡久之。歸而誇諸婦，同爲艷慕。未及歲，而夫人之訃至矣，傷哉！比再見元孚，語及夫人，元孚嗚咽不自勝。因贈余夫人存稿一帙，索余爲之立傳。嗟乎！以夫人之賢，得爲周元孚婦，故當不朽！況其文采之麗，又炳炳若此乎！媿余拙筆，何能少佐夫人萬一？姑以元孚交情論次之云爾。

（據馮夢禎《快雪堂集》卷十）

西陵董氏少玉小傳　錢謙益

西陵董氏，小字少玉，麻城周弘禴之繼室也。弘禴字元孚，抗直談經濟，以賈生、陸贄自命。元配汪，封安人，生五子一女，少玉撫之如己出。元孚抗疏，兩遭貶謫，間關萬里，少玉皆共之。貶雁門，阨於靈丘、廣昌間，三日不火食，僮僕皆悲泣，少玉哦詩自如。量移括蒼，道彭蠡湖，舟將覆，口詠唐子方“平生仗忠信”之句，以慰元孚。居括逾年，以羸病死，年二十有九。元孚屬馮開之爲立傳，而輯其遺稿，求序於王元美。元孚曰：“少玉自于歸後，始從余學詩，詩既成，欲序而行之，少玉笑曰：‘妾幸而爲君婦，得稍知詩，亦不幸而爲君婦，即有一二佳句，而人必以爲出君手也，何以詩爲?’今吾悲少玉之死，乃輯其遺詩，而又悲其早死而未見其止也。”元美曰：“固也，令少玉不死，其詩日進，元孚它時篇什流傳，又安知人不以爲出少玉手乎?”檇李戚雲雁曰：“元孚詩漁獵百家，牢籠諸體，而少玉則居然唐調。少玉今日之詩固已能自别於元孚，而元孚它日之詩，亦前知其不爲少玉所掩。元美何慮之深也。”元孚好自負其詩，又謂少玉之詩經其指授，故二公之微詞如此。

（據錢謙益《列朝詩集》閏集第四，題目爲編者所擬）

董夫人詩輯存

從夫赴鴈門

鴈門西近胡，一片黄沙地。烽火夜連天，角聲入雲際。風月盡悲悽，草木多憔悴。況是逐臣妻，那能不洒淚。見《明詩正聲》卷九。

送夫元孚

紉蘭輕解珮，萬里别南征。岐路雲山合，深閨歲月驚。朱顔愁裏變，白髮夢中生。日暮天涯望，行人隔幾程。見《明詩正聲》卷三十。

午　日

處處石榴花，菖蒲任歲華。鳥啼風色淡，虫響夕陽斜。霧障關山遠，雲迷道路賒。故鄉歸未得，微月照窗紗。見《明詩正聲》卷三十。

憶　别 二首

其　一

憶别河橋柳，青青送馬蹄。妾心與羌笛，無日不遼西。

其　二

試把金錢卜，天涯憶别離。問君何日至，慰妾幾回思。見《明詩正聲》

卷五十。

子夜歌

其　一

涼風吹北窗，槐陰深幾許。帶露摘荷花，笑共鴛鴦語。

其　二

團扇不禁秋，而况人千里。新月下《明詩妙絶》作“上”。簾櫳，空庭落桂子。見《明詩正聲》卷五十。

閨　怨 二首

其　一

嶺南春色正堪悲，數盡梅花淚半垂。十二玉樓人别後，年年芳草負歸期。

其　二

素柯蕭瑟海天寬，露濕空堦夜更寒。明月近人秋已盡，滿簾花落帶愁看。見《明詩正聲》卷六十。

雪中憶夫

蕭蕭落木朔風寒，獨坐深閨嘆路難。等待雪消春色遍，玉蘭花好共誰看。見《明詩正聲》卷六十。

送夫南行

飛花片片逐江流，君自南行妾自愁。十二欄干春色淡，相思人倚夕陽樓。見《明詩正聲》卷六十。

秋　　思

其　　一

梧桐秋色草萋萋，幾樹寒蟬向妾啼。夢遶雲山連碧月，随風夜夜到遼西。見《明詩正聲》卷六十。

其　　二

落盡梧桐葉正飛，征人塞外未曾歸。庭前已覺西風冷，明月黄昏獨掩扉。見《明詩正聲》卷六十。

其　　三

每逢摇落不勝愁，病起無聊懶上樓。月近玉堦寒露滴，殘燈相對兩悠悠。見《明詩正聲》卷六十。

寄　　夫

客路秋風獨掩關，愁心飛遶萬重山。洞房舉目雲霄近，不見青鸞帶信還。見《明詩正聲》卷六十。

裁　衣

芙蓉江北鴈飛飛，燕子磯邊人未歸。只怕沈郎腰已瘦，遲回難寄舊時衣。見《明詩正聲》卷六十。

塞上憶家

雲横紫塞暗天河，迢遆邊城不易過。遥想故園歸去路，楚江荒草夢魂多。見《明詩正聲》卷六十。

社日懷兄妹

愁来到處聽栖鵶，千里關山道路賒。村社酒酣人盡散，一家兄妹各天涯。見《明詩正聲》卷六十。

雨　望

睡起凭闌望，殘雲晚較多。雨删花織錦，風熨草鋪羅。嫩篠平穿閣，垂楊半近河。蕩舟儂豈敢，莫唱采蓮歌。見錢謙益《列朝詩集》閏集第四。

題西施浣紗圖

白石澄流水，春來坐浣紗。青楊愁隱鳳，玄髮亂飛鵶。倚玉渾無色，傳神賴有花。蛾眉如淡掃，不在野人家。見錢謙益《列朝詩集》閏集第四。

塞上晚春憶家

新草滿長堤，思鄉望月遲。露桃深中酒，烟柳淡塗眉。秋塞關難掩，春江棹可移。此身同越鳥，夜夜想南枝。見錢謙益《列朝詩集》閏集第四。

憶兄妹

秋後梧桐彫落，故園兄弟銜杯。旅夢三更燭影，歸心千里塵埃。見錢謙益《列朝詩集》閏集第四。

七月寄衣

雁鴻何處飛鳴，滿目蕭條黄草。書來先寄寒衣，風雨太原秋早。見錢謙益《列朝詩集》閏集第四。

送　別 二首

其　一

相看疑是夢，别恨好誰知。驛路花將發，離亭柳漫垂。淺渚孤舟泊，深山匹馬遲。凭欄無個事，日日數歸期。

其　二

飛盡楊花别，相看不自由。征人望絶塞，少婦倚空樓。易換春前色，難聽角裏愁。無情江上水，日日送行舟。見錢謙益《列朝詩集》閏集第四。

採蓮曲 二首

其　一

看山望湖南，乘風望湖北。綽約蕩輕舟，荷花減顔色。

其　二

楊柳遮大堤，游女往何處。雲破棹歌寒，鴛鴦時飛去。見錢謙益《列朝詩集》閏集第四。

寄夫在岢嵐

流落客邊州，刀環在馬頭。莫憐楊柳色，管取只封侯。見錢謙益《列朝詩集》閏集第四。

宫　詞 二首

其　一

晝鎖深宫鶴夢遲，御堦花木接瑶池。月明獨照長生殿，無復尊前捧玉巵。

其　二

西飛紫燕落花多，歲歲惟愁老去何。别却昭陽人更遠，經年翠輦不曾過。見錢謙益《列朝詩集》閏集第四。

海棠花

小樓風定月初斜，紫玉新枝綰落霞。睡起不堪重秉燭，春來愁殺海棠花。見錢謙益《列朝詩集》閏集第四。

題天台採藥圖

洞口鶯啼寂寂春，桃花流水自相親。青山碧月還依舊，不見當時採藥人。見《明詩妙絶》卷五。

雨後曉起

湘簾輕捲散庭柯，爲問春愁近若何。啼鳥不知人意懶，夜来風雨落花多。見《明詩妙絶》卷五。

中秋感懷

晴光萬里遍長城，玉鏡高懸處處明。故國登樓魚鳥近，他鄉作客夢魂驚。浮雲絶塞征人意，落日深閨少婦情。莫倚朱顔還易老，年年白髮伴愁生。見《名媛詩歸》卷二十七。

曉　起

輕拂流蘇曉不眠，惱人春色試金錢。銀鉤淚濕三千字，錦瑟香迷五十絃。風送鳥聲喧鼓吹，日移花影亂鞦韆。劉郎別後無消息，碧海書来借鶴傳。見《然脂集》卷三十一。

看　劍

肅肅雪霜鍔，寒光不可親。柔情持自遣，俠氣對逾真。照面春山蹙，回眸秋水新。時時勤拂拭，欲擬負心人。見《盇泐續補》卷二。

友人贈詩

周選部弘綸　王世貞

周生應公車，故多天人略。駘蕩一世名，匠心成述作。上書欲有陳，雅非絳灌樂。鼓雪停楚雲，秇蘭芬叢薄。毋聽漁父談，清時寧濩落。見王世貞《弇州續稿》卷三。

寄黃州鄒使君迪光兼簡周弘綸選部　二首，王世貞

其　一

黃州黃菊遍地黃，太守飡英齒頰香。若少醇醪助秋興，祇應懸榻待周郎。

其　二

蒼頭信去頻丁囑，赤鼻磯頭賦在無。聞說使君開碣石，不妨千載配雙珠。見王世貞《弇州續稿》卷三。

黄州周二選部居憂，作此寄之。君故以星變言事，忤貴人見謫 二首，王世貞

其　一

七月十五憶黄州，中有豪賢重姓周。任使綸巾爲布帽，也能雄辨壓曹劉。

其　二

占星疏草勝君房，匡鼎揶揄石顯忙。今日中天蒙氣盡，可能無意向明光。見王世貞《弇州續稿》卷三。

周元孚至京 梅國楨

經年消息隔雲林，千里相看意轉深。爾自官同潘令拙，余今病是越人吟。青山應笑浮沉夢，明月堪憐去住心。莫問别來何意緒，恐添憔悴兩難禁。見民國麻城《梅氏族譜》卷六。

送周尚寶左遷海澄[2]典史 代作，袁宏道

其　一

羯虜終無賴，余波横及人。清時驕魍魎，平地蹶麒麟。去國寧辭謗，投荒幸有身。邊籌終及爾，勿復歎沉淪。

其　二

幾度青門柳，榮枯送爾行。廟謀何日定，邊事仗誰成。名以批鱗重，恩因市虎輕。知君心獨苦，萬死亦關情。

其　三

十年聲籍甚，一日去長安。作賦元投楚，爲文欲吊韓。雲開龍首出，雨過鱷溪寒。到處青山好，何憂行路難。見錢伯城箋校《袁宏道集箋校》卷二。

寄户部周元孚三首　並序，湯顯祖

良書末有"未同"之語。未同者，謂附緇塵之人，非結青雲之士。亭州近汝潁，又楚人善悲怨，以故激亮淫沉之嘆，常絶他方。初見第六丈時，其文章達士。省書，不謂能於死生之際，解定如此。夫善養氣者，雖病不罷；善養心者，雖罷不亂。用是惝然感懷。

其　一

悠悠江漢涯，恢恢南北垂。誰謂一帶水，隔契兩人期？相期不能遣，有夢詎能知？龍角睠已旦，烏羽欲成飛。顧兔復何利？甘泉誰所晞？朝霞燿叢薈，絪緼殊可疑。願備五色雲，夾日向中馳。

其　二

二大轉包承，四序還推遜。逝者歷終星，故物俱成艮。故物有新喜，逝者淹長恨。長恨詎得知？徒遺生者怨。與子各煙塵，良書生繾綣。驚秋常苦寒，驚春豫愁困。園梅素方謝，陌草青猶嫩。幽憂徒有懷，弱植非殊建。所以往時人，加餐以遥勸。

其　三

朝遊紅泉磴，夕宿青雲垂。四顧皆行人，悦生聊爲持。春原望有緑，霽色晻無時。雙扉古亭下，竚立迴天倪。流雲依積水，初鶯鳴曉枝。聲光暢流靄，巾裾閒自宜。念子雖殊壤，書馳儻見知。見徐朔方箋校《湯顯祖集全編》诗文卷四。

送武部周元孚歸黄州　湯顯祖

波瀾拂青鳥，風雲翔翠螭。俛仰各有致，浮沉中自知。楚客詠蘭芷，江煙渺佳期。及此晤言笑，已惜青春時。我心殊鬱陶，世路良參差。關河氣未死，江海人猶饑。王氣緬終古，輕心常在玆。武庫新留仗，羽林舊孤兒。略約未敢問，精整存有司。當官廣有人，須材今復誰？君當江陵相，天出蚩尤旗。契闊上封事，的皪施顔眉。長星十年後，流人千里思。邊風鴈門影，海氣青田姿。賴有董夫人，雅麗精文詞。奉倩惑傾城，安仁惜瑶姬。棲遲長路意，婉孌洞房私。有情能不極？多才難自持。秋色何蒼然，懷人益淒其。風塵淮楚路，煙波河漢涯。誰能世紛淺，願言顔髮滋。見徐朔方箋校《湯顯祖集全編》詩文卷九。

周生歸黄州　魏允中

涼風吹客帆，落日過湖南。握手空相送，離心不可堪。片雲縈楚岫，一葉下江潭。何地偏相憶，朱家酒夜酣。見《明詩綜》卷五十二。

寄周元孚　魏允中

爲郎仍被謫，世事那能知。才子原無罪，明君未有私。楚鄉芳草日，江路落花時。五嶺流人遍，非君獨可悲。見《明詩綜》卷五十二。

贈周元孚尚璽　鄧原岳

孤臣抗疏幸生還，寒色憑陵虎豹關。嶺海風煙催白髪，楚江蘭芷怨青山。十年感事空譚劍，此日蒙恩合賜環。謾向岩居賦《招隱》，君王元未許投閑。見鄧原嶽《西樓集》卷七。

周元孚過訪見贈奉答，時元孚方有南都司馬之擢 胡應麟

翩翩詞客氣淩虚，朗潤周郎玉不如。佐郡蚤持三尺劍，安邊頻著萬言書。霞飄雞舌黄金殿，霧擁螭頭白玉除。四百樓臺春雨後，看花何處不停車。見胡應麟《少室山房集》卷五十。

爲周元孚悼亡 二首，胡應麟

百琲明珠照畫樓，閨中林下并難儔。新詞盡壓周公瑾，絶唱先傳宋子侯。落月素琴千里夢，西風團扇十年愁。亦知王母遥相憶，肯放雙成到白頭?《古樂府》，宋子侯有《董嬌嬈曲》。

十幅鸞箋麗彩雲，雙飛龍劍惜離羣。哀傷奉倩傾城語，慟絶安仁祭墓文。夜雨乍堪琴瑟斷，春風長憶珮環聞。天台咫尺誰攜手，落盡桃花越水濆。見胡應麟《少室山房集》卷五十。

寄周元孚 胡應麟

含香猶是舊蓬萊，躍馬長干定幾回。搦管客留鳷鵲殿，吹簫人去鳳凰臺。黄陵異日傳仙夢，赤壁今時擅將材。見説秦淮春滿座，新詞何限篋中裁。元孚方失偶，而主駕部事，故有鳳臺、赤壁之句。見胡應麟《少室山房集》卷五十。

送周計部餉邊 孫繼臯

大漠平連薊北天，向來前箸急籌邊。將軍已佩通侯印，使者仍輸太府錢。幾處鼓鼙聞落日，何年烽火避甘泉。君行會有匡時略，試問金城塞下田。見孫繼臯《宗伯集》卷十。

答周元孚尚寶　孫繼皋

其　一

舊識行邊使，曾煩尚璽臣。一爲萬里客，老却半生身。皓日孤懷耿，荒烟淚眼親。頗聞新雨露，沾灑到流人。

其　二

謫宦爾何久，休官我不遲。雖然千里隔，肯負百年期。世態江河異，閒身日月私。白雲如可贈，亦足慰相思。

其　三

書來雲夢澤，問我五湖波。浩渺同明月，差池隔絳河。鬫畦分雨竹，結屋帶烟蘿。東下江風便，揚帆試一過。見孫繼皋《宗伯集》卷十。

别周元孚作，周時被譴歸楚　趙用賢

衡門高掩尚湖田，忽報文星墮楚天。肝膽乍傾盃酒後，死生相憶覆輿前。停雲賦奪千秋雪，抱葉吟同五月蟬。君到懷沙如有問，衡陽宿雁起聯翩。見張應遴輯《海虞文苑》卷六。

周元孚過訪話舊　趙用賢

逢君初泛洞庭舟，共説中朝戀舊遊。爲楚昔曾同趙客，渡江今始得周侯，飛蓬有問青衫淚，短劍無歌白日愁。良夜總拚酬酩酊，可因盃酒托沉浮。見張應遴輯《海虞文苑》卷六。

送周元孚謫澄海 郭正域

一日黄風滿路塵，黑雲隊隊擁征輪。不聞塞上誅梟虜，先見中朝逐虎臣。海外蠻煙迷紫燕，漠南胡騎嘯青燐。鱷魚莫遣潮陽近，到處風雷吼殺人。見郭正域《合併黄離草》卷十二。

送周尚寶閲邊 馮琦

五雲辭玉璽，千里擁兵符。今日看邊略，終年仗廟謀。金城空築塞，鐵騎不防胡。歸向明光奏，窮荒有泣隅。見馮琦《宗伯集》卷三。

送周尚寶以寧夏事謫潮陽尉 三首，馮琦

其　一

雞肋官仍薄，羊腸路轉難。可憐秦逐客，更遠楚江干。事云空談劍，憂來盡指冠。潮陽碑尚在，寂寞待君看。

其　二

兵亂誅晁錯，時危厭禰衡。不眠憂國事，久念使人驚。聖主終無意，孤臣敢自明。未須嗟按劍，寵辱盡浮名。

其　三

絶塞烽烟動，西征將卒驕。如何慷慨士，遠去聖明朝。隴首春蕭索，旄頭夜動摇。廟謨能自定，謫官敢辭遥。見馮琦《宗伯集》卷四。

友人函札序論

答周二魯　李贄

士貴爲己，務自適。如不自適而適人之適，雖伯夷、叔齊同爲淫僻；不知爲己，惟務爲人，雖堯舜同爲塵垢秕糠。此儒者之用，所以竟爲蒙莊所排，青牛所訶，而以爲不如良賈也。蓋其朝聞夕可，雖無異路，至於用世處身之術，斷斷乎非儒者所能企及。後世稍有知其略者，猶能致清静寧一之化，如漢文帝、曹相國、汲長孺等，自利利他，同歸於至順極治，則親當黄帝、老子時又何如耶？僕實喜之而習氣太重，不能庶幾其萬一，蓋口説自適而終是好適人之適，口説爲己而終是看得自己太輕故耳。

老子曰："挫其鋭，解其紛，和其光，同其塵。""處衆人之所惡，則幾於道矣。"僕在黄安時，終日杜門，不能與衆同塵；到麻城，然後遊戲三昧，出入於花街柳市之間，始能與衆同塵矣，而又未能和光也。何也？以與中丞猶有辯學諸書也。自今思之，辯有何益！祗見紛紛不解，彼此鋒鋭益甚，光芒愈熾，非但無益而反涉於吝驕，自蹈於宋儒攻新法之故轍而不自知矣。豈非以不知爲己，不知自適，故不能和光，而務欲以自炫其光之故與！静言思之，實爲可恥。故決意去髪，欲以入山之深，免與世人争長較短。蓋未能對面忘情，其勢不得不復爲閉户獨處之計耳。雖生死大事不必如此，但自愧勞擾一生，年已六十二，風前之燭，曾無幾時，況自此以往，皆未死之年，待死之身，便宜歲月日時也乎！若又不知自適，更待何時乃得自適也耶？且遊戲玩耍者，衆人之所同，而儒者之所惡；若落髪毁貌，則非但儒生惡之，雖衆人亦惡之矣。和光之道，莫甚於此，僕又何惜此幾莖毛而不處於衆人之所惡耶？非敢自謂庶幾於道，特以居卑處辱，居退處下，居虚處獨，水之爲物，本自至善，人特不能似之耳。僕是以勉强爲此舉動，蓋老而無用，尤相宜也。

白下此時，五臺先生在刑曹，而近溪先生亦已到。僕愧老矣，不能匍匐趨侍，兄既同官於此，幸早發興一會之。五臺先生骨剛膽烈，更歷已久，練熟世故，明解朝典，不假言矣。至其出世之學，心領神解，又已多年，而絶口不談，逢人但説因説果，令人鄙笑。遇真正儒者，如癡如夢，翻令見疑。則此老欺人太甚，自謂海内無人故耳。亦又以見此老之善藏其用，非人可及也。只有丈夫志願，或用世，或出世，俱不宜蹉過此老也。近老今年七十四矣，少而學道，蓋真正英雄，真正俠客，而能回光斂焰，專精般若之門者；老而糟粕盡棄，穢惡聚躬，蓋和光同塵之極，俗儒不知，盡道是實如此不肖。老子云：“天下謂我道大，似不肖。夫惟大，故似不肖；若肖，久矣其細。”蓋大之極則何所不有，其以爲不肖也固宜。人盡以此老爲不肖，則知此老者自希；知此老者既希，則此老益以貴矣。又何疑乎！

僕實知此二老者，今天下之第一流也，後世之第一流也。用世處世，經世出世，俱已至到。兄但細心聽之，決知兄有大受用處也。然此言亦僕之不能自適處也，不真爲已處也。何也？兄未嘗問我此兩人，又未嘗欲會此兩人者，我何故説此兩人至此極也，豈非心腸太熱之故與！一笑！一笑！

（據《李氏焚書》增補一、《李温陵集》卷四）

周元孚 四則，王世貞

自兄往返晋楚間，凡三得書，而所報者或不達。及見括蒼除目，意可以毋敝郵筒矣。偶有傳兄得金陵轉，亦會山僮，無可使者，以故中沮。今乃辱大教，詳懇多致，殊愧僕之落落，蓋巖穴例不可施之兄也。所敘山水之清勝，刺史之朗洞，足以忘謫，即不免隨臺牒行望邑，而所至輪吐方寸，了然無纖芥累。子厚罪人不足論，賢於退之潮陽遠矣。

僕爲一大事委身明真，而未有所就。近偶從容受却病法而馳，或可苟延歲月，以俟師期，他非所敢望也。

太原公不獲終香火，緣亦出無奈。中間與言事諸雋時左，要自别有意。

曹子念者，僕甥也，而與邦相石交，日夜來促爲其太公壽言，而未及許。兄之見委，與邦相之深指，既不忍負，又不能無愧色於曹生，故敍略中及之。然亦繇文通才盡，作此有限狡獪耳。僕實無可以代筆者，兄勿疑也。

數日内，山妻中風疾，幾殆，差得小挺，尚是牀笫間物。

卒卒不竟所吐，亮之亮之！

又

前括蒼丞使者去，附一報言，匆匆不知作何語。昨遇一客來，云公自會稽還郡治，尋復繇郡至會稽，笥輿行千巖萬壑間，争流競秀，且具稱公意度軒豁，不作遷客牢慅態，私甚快之。老人健忘，竟不記客作何姓名也。

僕巖居稿坐，就木爲期，都不知世間有苦樂事，一時乃爾駢集。先君子身後爲忌者所尼久矣，賴兩臺之疏以有祭葬。僕本上疏乞沾老母，而太原公爲之道地，先君子遂得贈大司馬。僕即瞑目從地下足矣！

霖雨襄陸，饘粥之業；白波捲空，食指既眾，不免饑寒。催徵迫責，蒿目剥膚，苦又當何如也！然此皆僕一身事耳。主上食息全委三吴，一旦狼狽至此，譬之人腹，膏腴耗竭，何以支吾？且聞大江以北，秦晋燕周齊魯之地，草根樹皮皆盡，莩死枕藉。桴鼓卒起，比之江左又不可言。此則僕與公輩共之者。公今在事行，當更甚耳。金明門内光景機局，非僕所預聞。

偶余生便，附此不悉。

又

自納鄖節歸，於今三年矣。既畏作燕中書，而執事又時有使命，不能究鱗羽所嚮，故間者闊焉。而執事再辱慰存，乃至拳拳以出處爲念。何執事之篤舊故、好行誼也！僕故下中人耳，世以雕蟲之技而過稱之，已而苛責之，皆非也。家有園池圖籍之類，酒漿脯醢不乏，雖用送日，每一小間芒刺中起，此不能與人言之。家衆内外絶不習聲伎，墨墨以死耳，而妄以東山之樂加我，良可嘆也。

自足下别，無幾而南北之奇貨學士君者，亦波及僕，幸雞肋無深味，獲見寬於漁樵之計，無恙。私分已踰，乃執事猶隱隱起方寸五嶽，謂世人前後三忌僕。嗟乎！世人何當忌僕，僕亦何足忌，此但以名義見繩耳。足下不覩《金剛經》所謂先世罪業以輕賤，故消滅者。假令僕乘此一懺宿障，脱無明，結善果，爲幸不亦大哉！

承有太夫人之變，蠖伏團焦，不能絮酒千里，如何？

沈君典忽爾淪逝，令九子挫鍔。威明俊人之痛，千古如新。然聞頗傷所恃，足爲龜鑑。又傳沈繩甫亦死戍矣。足下謂人間世覩此當何如也？

管使君口，足下不置所云。先慈九京之托，有吴明卿在，足下奈何近舍持正耶？

適鄒使君人便，附此，惟以禮自抑，勉進饘粥，不宣。

又

兩日負病，侍足下盃勺，别後復病，復負病而强從事筆研，得數語，倦即乙之。無何，而沈吏部、屠儀曹兩君至矣，不能即謝絶，病益甚，草草塞白。

近謂家弟，尊父丞郲，與肖甫平浙變，皆凜凜有生氣，而付之孱手，可恨也！

佳集亦以病不克卒業，毋但欲效雌黄而不敢。雖然，足下能抑才以保格，舍象而先意，去色澤而完風骨，大難！大難！所望入思更沈，就琢加細而已。然亦已在叔嗣繼之間，非當塗翩翩可擬也。

（據王世貞《弇州續稿》卷一百九十一）

周二魯　郭正域

耿司馬品格姑置勿論，老丈一片肝腸，一肚經綸，人猶不見信，何也？承諭，南方諸賢不以弟爲非。弟生平孟浪，差以自信。世間有清議，亦有横議。韓子有言："動而得謗，名亦隨之。"每一念及，尋常茶飯，猶有惶愧之色，敢問世事乎？省中大水滔天，大旱赤地，弟稍向中丞請緩通省二月之征，此外不敢望礦税之恩。今擬被災地方請改折，又留南兑稍緩。目前貴縣豈遂在格外？即前疏偶遺，不妨後來一例行也。此在父母官力請耳。貴邑父母憂民甚切，當自有處分。

（據《合併黄離草》卷二十七）

與周元孚　郭正域

壬辰之春，得共笑語，促膝之頃，便可千古。而翁丈命駕，把臂失之矣。今海宇多事，四門不闢，白駒空谷，千城在野，徒令肉食之徒有慙負乘。貴族諸賢司徒謝世，儀郎早埸，翁丈松柏之標，薑桂之性，周宗大業自在老成，天心一轉，河清可俟矣。辱惠德音，具感存。注《盥誦》諸什，不啻朋錫。寄去小稿二册，請正。

（據《合併黄離草》卷二十八）

與周二魯　郭正域

熊君來拜手教，同心之言，讀之不忍什，惟恐盡也。拙集過辱奬借，不敢當。然謂不肯砌字錯采以爲奇，不肯鉤言染禪以爲超，則弟之大意盡矣。今文章道喪，學術路多，逐耳吠聲，千百爲群。丈此二語，可以正人心，回世道，學文學道者均當奉爲指南也。山居無事，肯以一言冠小集不？李卓吾不勝匹夫之憤，遂以書刀自裁，生平説無生，講最上，天花亂墜，而小境現前，便墮溝瀆行逕，道安在乎？貴鄉善男信女，可以少回心矣。

（據《合併黄離草》卷二十九）

答周二魯尚寶　馮琦

向讀門下一二封事，私心甚壯之，以爲通達類賈太傅，鯁直類汲長孺，不佞即爲執鞭，所忻慕也。丈夫意氣，萬里比鄰，豈必接塵而游乃稱平生驩哉？客歲校文之役，七澤之材，不可勝收，而不佞形過鑑窮，重爲大國觀笑。獨得一二國士，如令姪比者，私以自快耳。方將因令姪爲紹介以交於門下，介書未及發，而尊翰□然臨之。且讀且怍，見以未先施爲愧。及閲所著子書，超超遠著，當在柱下史、關令尹之間，非徒懸書國門，一字千金而已！置之几案，永以爲寶。

（據馮琦《宗伯集》卷七十九）

答周二魯　馮琦

門下謫所，比子瞻稍遠，比子厚差近。聖明之世，文網頗寬，去住得自便，比二賢所遇皆過，此亦主恩也！何物嶺表，乃爲自古才人之藪，須之久終自定耳。不佞以省覲歸，再以病請而再得假。久客乍歸，耽情雲壑，未有入國門之日也。公子學業計當精進，秋來必首應弓旌矣。謹拭目以俟。

（據馮琦《宗伯集》卷八十一）

答周元孚　馮夢禎

元孚仁兄足下：去歲七月五日，處州吏至，得足下里中問，獻歲廿三日始來索報，知足下十一月到任。纏綿之意，方欲輕舟一訪足下，而未及。足下出處定作何狀，弟青山之人，豈敢以隨緣勸足下，但審機度變，晦以俟時，亦救時君子所不廢也。幸少安暇而無急，可乎？

齒藥奉去，佛書僅得若干種，歲前付楞嚴僧印造，今着此吏至楞嚴領去。尚有續印者，弟自檢寄。

李卓吾先生何時可來？久聞此翁，甚願接其議論，不知緣在何日。別諭及弟被斥之故，弟何嘗得罪於此公，或有使之者耳。弟已得平等三昧，若冤若親，俱作眷屬想，使心用心，幸無干涉。食芹而甘，願獻之足下，足下以爲何如？一笑。

連日欲作報，據案即忘之。方出門與王恒叔爲湖上之會，書奴道及，始能記憶。捉筆布此，十不盡一。京口書及詩俱領悉。春氣方酣，惟勉旃，眠食自愛。

（據馮夢禎《快雪堂集》卷三十五）

與周元孚　馮夢禎

別足下兩年矣。去夏晤朱汝虞，始悉足下動止，且出疏草相示。時得足下一書，竟未及報。冬間閲邸報，足下轉尚璽丞，甚爲生色。足下由大江還楚，竟無由覓一晤。時事至此，會當有變，足下姑徐徐家食待之，何如？

中閨久虚，夜卧誰爲搔癢？足下大多情人，安能遣此？一笑。諸郎學業比何似？次郎多病，誰爲撫之？

江浙連荒，弟幸不饑餐。去春偶復舉一男，今已踰晬，甚黠慧可喜。大兒已婚。先君子去秋葬范村，其地似平穩，待足下他年過此，一寓目焉。

欲語足下者甚多，非筆札可盡。又不知何時面足下，念之黯然。

殷郡丞行便，布數字。殷欲刻足下《何之子》，問序于弟，延滯至今，遂虚宿諾。弟當乞他檀越，終完此一段事耳。

南鴻如便，幸數數惠音，慰我懸渴。

（據馮夢禎《快雪堂集》卷三十六）

答周元孚 馮夢禎

别兄後數日得一札，及《西湖弔古》諸作，且示五雲新卜果佳云云。兄二扎并寄物俱到，兄意大都目擊已備，況煩誨勑。

弟本山中人，造物勉驅就軒冕，鐘鼓享爰居，豈性所樂？一旦以青山白雲還之，不減天帝九錫，快不可言，非但不悶而已，其故弟亦不知。或者以弟超放自恣，不可以縧鏇養耳。不然則直心之人，美美惡惡，如日月在天，不可掩匿，易指摘耶。

兄亦不必作歸計，順其坎止爲佳。弟幸一造及兄，兄未必能一造及弟。弟且以此傲兄。一笑。

茂吴云兄當以初秋至越，此時定不失良晤。前蒙喻邦相尺書見存，未及裁答，乞先爲道謝。此日方從茂吴採茶，龍井難得真者，故不敢寄。《春秋删正藁》序尚未屬草，即日且遊天目，歸當命筆，嗣報。

（據馮夢禎《快雪堂集》卷三十八）

西陵董媛少玉詩序 王世貞

周元孚氏以節概冠一世，凡再上疏再得罪以謫，而直猶未已。其於星歷、弧矢、劍術無所不通精，而尤好爲古文辭，即世之作者無以踰勝之。始婦得安人汪，美而賢，爲元孚舉五男子，皆育。汪尋卒，元孚痛，不欲置偶。久之，感異夢，乃問繼於董而得。少玉者，董女字也，兄曰侍御叔玉。

既歸元孚，即能撫其五子如汪。已出謁舅姑，即又能奉事舅姑如汪。已而相元孚，御臧獲大小理家，秉無弗如汪者。元孚心異之，問能讀書否。曰："僅識字耳。"然見元孚時時誦唐詩，則亦誦唐詩，所臆記可千首。更問元孚："詩止此乎?"元孚曰："《三百篇》其祖也。"遂益誦《三百篇》，以至漢魏六季諸名家亡弗誦者。乃稍稍出其奇，以與元孚酬復。元孚益大異之，謂："若詩成，吾當敘而梓之，以傳後世。"少玉莞然曰："吾婦也，而又君之婦，婦何必以詩傳。即傳，而以君之婦，天下孰不謂出君手，何梓爲?"元孚服其言而止。

元孚才高而氣雄，間不勝其用壯，而少玉則清潤婉秀，往往發於情而止於義，有不盡爲閨閫所束者。當其得意時，即元孚恍然不覺其左次。而亡何少玉以羸疾卒，卒之年二十九耳。元孚鳩其遺篇什，多散佚，所存僅若干首，乃梓之，而請序於余。

余讀之，曰：元孚而不見夫《三百篇》乎?二《南》而下，多出於貞婦良媛之作，删者蓋録其語，而不必盡徵其人，謂可以風，可以志而已。至於漢而始有能舉其人者，獨司馬之文君、秦之淑能與其夫子相偶敵。文君之不以禮合無論，然淑亦寥寥乎不能數章，何敢望少玉哉?少玉調雖止於唐，然不落宋元矣，使天假以年，有自唐而上者，咄咄逼元孚。世且以元孚詩或出少玉手，元孚甘之乎?少玉他婦行尤工，具元孚序及馮開之太史所爲傳中。

（據王世貞《弇州續稿》卷五十五）

序周元孚《二三場》　馮夢禎

吾友周元孚以沉鬱浩博之才，慷慨談時事，至於再起再逐，而氣益壯。如此人故當與湘纍長沙争名天壤間，乃何以舉子業觀之。而來生行學，有《二三場》之刻，毋乃愛人以姑息乎?余謂不然。舉子業者，淺言之，則中庸以下，餖飣誦記，足以眩主司，易青紫；深言之，則非窮經學古之士不能工。師子王搏一兔，其用力與搏香象等。所謂不欺之力。不具此眼，以讀元孚舉子業，此與群盲摸象何異?遂書此質之來生，其然吾言不?

（據馮夢禎《快雪堂集》卷三）

諫難 下，鄒觀光

余友元孚，一日上封事，言宦官擅政及諸大臣附離宦官，慷慨憤烈，凡數萬言。

或語孚如生曰：“自昔建言之臣，身詘而道伸。周子得辠去，固當。顧不免遺議焉，何居？”

如生曰：“近世之言有六，而元孚不與焉。氣類既殊，彰癉亦異，于是有擯詆善類，比周邪流，公滅私，佞伐直，肆然而無顧忌，其名曰罔。上虞威靈，中懼柄貴，下難清議，躊躇四顧，劑度所不急而細微是苛，其名曰竊。掇拾陳詞，補綴綺語，老生豎儒所棄不道，而彼栩栩然談策爲治安，其名曰誕。辨之晰，争之强，庶幾哉稱諍臣矣。夫諫官與史官異，則奈何祇衡其仆弗起者而弹擊之哉？而其人與骨則已朽矣。其名曰荏。抑又有慧而善揣摩者，黠而善偵伺者，幾所伏巧，歷不能計，而彼隲其微，陽託折檻請劍之忠，而陰爲附會將迎之計，抑折于此而取償于彼，其名曰盜。抑又有已雖不言，而度不乏言者，言虞不先也，已則不言，而度終無言者，噤莫可發，一再言之而不勝，而度終無大觸忤者，聒不遂已也，其名曰狡。繇斯以談，周子有一於是乎？而訴病周子，斯何以稱矣？

或曰蓋謂周子激云。夫賈生豈不稱天下才哉？而立談之頃，輒痛哭流涕，儒者猶然惜之。夫宫闈肘腋之間，亦難言矣，周子非有投知之愫，而一旦排詆禁近，故曰周子激也。嗟夫！世之言激者，我知之矣。巽輭從臾之流，習於浮沈而無所激。沈捷儇儈之儔，托於中庸而不肯激。長顧却虞之士，較於利害而不敢激。夫時君世主，非激則無以聞其過；儉士壬人，非激則無以伐其萌。激何負于國乎？嗟夫！由今之道，而欲以高言讜論效其悃款，則難矣！則難矣！

（據《明文海》卷九十六）

【校記】

〔1〕别駕公，通篇但稱“公”，只此處稱“别駕公”，且傳主平生未有此任，故此處“别駕”二字疑衍。

〔2〕海澄，應爲“澄海”。